# 法華とは何か

『法華遊意』を読む

菅野博史

本書は、一九九二年九月二〇日、春秋社より刊行された。

# はしがき

昨年の三月頃、春秋社編集部の佐藤清靖氏から「法華とは何か」という題で『法華経』に関連する古典の全文講読を執筆しないかというお話を頂いた。私は即座に吉蔵(五四九―六二三)の『法華遊意』を選ぶことにした。それにはいくつかの理由がある。第一の理由は、私はかつて「嘉祥大師吉蔵の法華経観」という題目の修士論文を執筆したことがあり、その後も最も力を入れて研究したものが吉蔵の『法華経』の注釈書であったからである。大学院の修士課程に入るための口頭試問において、大学院に進学したらどんな研究をしたいかと問われた私は、天台三大部(『法華玄義』『法華文句』『摩訶止観』)を研究したいと答えたが、ある先生が「若いときは広い視野に立って研究を進めるように」と指導してくださった。そこで、私は修士課程に進学した後、天台三大部をひとまず横に置いて、吉蔵の『法華経』に対する注釈書を中心に研究を進め、上記の論文を提出したのである。

このように、はじめに吉蔵を選んだのであるが、これは今から振り返ると好運であった。

一つには、天台大師智顗（五三八―五九七）の『法華玄義』『法華文句』は智顗自身の執筆に成るのではなく、弟子の章安大師灌頂（五六一―六三二）が吉蔵の『法華経』の注釈書を参考資料として整理したものであることが学者によって大いに明らかにされ、『法華玄義』『法華文句』を研究するためには、どうしても吉蔵の注釈書との厳密な比較をなさなければならなくなったからである。二つには、吉蔵の注釈書の大きな特色の一つに前代の仏教書が豊富に引用されていることがある。吉蔵の書を読むと、自ずと六朝時代の仏教に目を開かれるようになる。これまで日本では、日本の宗派の直接的な起源をなす隋唐仏教の研究が盛んであったが、隋唐仏教を正確に理解するためにも、前代の六朝時代の仏教を思想史の上に乗せて研究することが必要不可欠である。三つには、吉蔵の注釈書はたいへん優れた内容のものであり、たとえば『法華義疏』など、注釈書の模範のようなものである。このようなものをはじめに研究できたことは幸せであった。

第二の理由は、全文を講読するためには、『法華遊意』が適当な分量であったからである。しかも吉蔵は『法華遊意』を著わす前に、『法華玄論』『法華義疏』というかなり長い書物を著わし、これら先行する二著における『法華経』研究の精髄を簡潔な形に整理して仏教徒、知識人たちに提供したものが『法華遊意』だったのである。したがって、内容、分量ともに『法華遊意』がふさわしいものと思われた。

以上の理由で、『法華遊意』を選んだのであるが、本書は序論と本文解説から成り、後者は現代語訳、訓読、注、解説から成る。解説は分かりやすいよう心がけた。また、巻末に索引を付した。とくに、先学の研究のなかで、丸山孝雄『法華教学研究序説――吉蔵における受容と展開』（一九七八年、平楽寺書店）と平井俊榮『法華玄論の註釈的研究』（一九八七年、春秋社）とに裨益されるところ大であった。ここに記して両氏に感謝の意を表したい。

本書ができるまでには、企画、編集、索引作成など全般にわたって、春秋社の佐藤清靖氏、上田鉄也氏にいろいろとお世話になった。両氏に心からなる謝意を表したい。

最後に、私事にわたって恐縮であるが、本書を亡父菅野文七に捧げることをお許しいただきたい。私は大学二年のとき、所属していた経済学部進学コースから文学部印度哲学印度文学科への進路変更を決め、父の許しを得るため帰省した。忘れもしない一九七二年七月九日であった。私は自分の決意と、将来この学問によって身を立てることは大変困難であることが予想されることなどを話した。当時経済的に決して楽な状態ではなかった我が家ではあったが、父は一言「頑張れ」と暖かく励ましてくれ、進路の変更を許してくれた。父が亡くなったのは、それから半年も経たないその年の十二月七日のことであった。あれから、早くも二十年の歳月が経ってしまった。

ともあれ、生来怠惰な私が曲がりなりにも仏教学を学び続けることができ、ささやかながら本書を刊行することができるまでになったのは、この二十年の間受けることのできた、東京大学の印度哲学研究室の先生をはじめとする多くの先生がた、先輩・友人たちの学恩の賜である。厚く感謝の意を表したい。

一九九二年七月

菅野博史

## 目次

# 法華とは何か——『法華遊意』を読む

# 序　論――『法華経』と中国仏教

本書は吉蔵《きちぞう》の『法華遊意《ほっけゆうい》』を通して、『法華経』の思想、中国における『法華経』の解釈について明らかにすることを目指す。『法華遊意』の本文解説に入る前に、予備知識として必要なことを、以下の六項目に整理した。

## 一　『法華経』の漢訳

『法華経』(*Saddharmapuṇḍarīka-sūtra*)はインドにおける初期大乗経典のなかの代表的なものの一つであり、そのインドにおける成立は紀元前後頃から二世紀頃までであろうと推定されている。中国における現存する『法華経』の漢訳には次の三種がある。第一には西晋の竺法護《じくほうご》(生年およそ二三〇年代で、七十八歳示寂《じじゃく》)の『正法華経《しょうほけきょう》』十巻(二八六年訳)である。第二には姚秦《ようしん》の鳩摩羅什《くまらじゅう》(三四四―四一三、あるいは三五〇―四〇九)の『妙法蓮華経《みょうほうれんげきょう》』七巻、あるいは八巻(四〇六年訳)である。第三には隋の闍那《じゃな》崛多《くった》(五二三―

六〇五)と達摩笈多《だつまぎゅうた》(?—六一九)の共訳の『添品《てんぽん》妙法蓮華経』七巻(六〇一年訳)である。第三訳は鳩摩羅什訳の補訂版である。鳩摩羅什の訳が最も流行し、多くの注釈書も彼の訳本を対象としたものである。

## 二 『法華経』二十八品の要旨と吉蔵における構成把握

鳩摩羅什訳『妙法蓮華経』(以下、単に『法華経』と呼ぶ)は、提婆達多品《だいばだったほん》を欠く二十七品であったが、後に別人によって訳出された提婆達多品が編入されて現行の二十八品となった。吉蔵の注釈した本はすでに二十八品であった。ここで、二十八品の内容について簡潔に紹介しておこう。方便品第二と如来寿量品第十六については、『法華経』の中心思想としてとくに重要なので、次項においてあらためて解説する。また、『法華経』の構成をどのように捉えるかは、中国の注釈家によって異なるのであるが、ここでは吉蔵の『法華義疏』によって、吉蔵が二十八品をどのような組織構成を持つものと理解したかを見たい。

(1)序品は、『法華経』全体の序にあたるもので、はじめに『法華経』を聴きに霊鷲山《りょうじゅせん》に集まってきた聴衆を列挙する。その後、釈尊が無量義という名の大乗経典を説いた後に、無量義処(無限の教説の基礎)という名の三昧に入ってしまうが、天から花が降りそそぎ、大地が震動し、さらに釈尊の眉間白毫相《みけんびゃくごうそう》から光が放たれ、東方の一万八千の国土が明々《あかあか》と照らされ、それらの国土における衆生や仏のありさまが聴衆の眼前に展開した。この不可思議な現象に疑問を抱いた大衆を代表して、弥勒《みろく》菩薩が文殊《もんじゅ》菩薩に質問をする。文殊菩薩は自己の過去の体験、すなわち、過去世における二万の日月灯明仏《にちがつとうみょうぶつ》の最後の日月灯明仏のときに、今とまったく同じ現象の後に、仏が三昧を出られ『法華経』を説いたこと、自分は妙光《みょうこう》という名の菩薩として『法華経』を聴き、仏が涅槃に入った後に、仏の出家以前に儲《もう》けた八人の王子を教化したこと、その八番目の王子が成仏して燃灯仏《ねんとうぶつ》になったこと、また妙光の八百人の弟子のなかにいた、利益に執著し、経典を読誦しても理解ができず、忘れてしまうことの多い求名《ぐみょう》という者が今の弥勒菩薩であることなどを語り、今の釈尊もこの三昧から出られたならば、きっと『法華経』を説くであろうと答える。

次に、(2)方便品から(9)授学無学人記品までは一連の緊密に関係したストーリーなので、まとめて解説しよう。この範囲は一乗思想とそれに基づく声聞授記《しょうもんじゅき》を中心とするもので、この範囲の物語の展開の全体像を理解するには、中国における図式的解釈が参考となる。釈尊は、三乗方便・一乗真実の思想を、上中下の三段階の機根の声聞に対応して、それぞれ法、譬喩《ひゆ》、宿世《しゅくせ》因縁を説くという仕方で三回にわたって説法する。つまり、上根の声聞である舎利弗《しゃりほつ》に対しては(2)方便品において法説《ほっせつ》が与えられ、中根の声聞である須菩《しゅぼ》提《だい》・迦《か》旃延《せんねん》・迦葉《かしょう》・目犍連《もっけんれん》の四大声聞に対しては(3)譬喩品において譬喩説（三車火《さんしゃか》宅《たく》の譬喩）が与えられ、その他の下根の声聞たちに対しては(7)化城喩品において宿世因縁説(大通智勝仏《だいつうちしょうぶつ》の物語)が与えられる。

以上がこの範囲の構成の骨格であるが、あらためて物語の流れに沿って説明する。(1)序品において無量義処三昧に入った釈尊が、(2)方便品において三昧から出られ、舎利弗を相手に語りだす。そして、仏の智慧の偉大さを讃《たた》え、「ただ仏と仏とだけが諸法の実相を認識することができる」ことを説き、その実相がどのような範疇において認識されるのかという文脈で、有名な十如是《にょぜ》を説く。その後、舎利弗は、釈尊に三回にわたって説法を請い、釈尊もそれに応《こた》えて説こうとしたところ、五千人の増上慢《ぞうじょうまん》の者が退席してしまう。釈尊は残った聴衆は純粋な者ばかりであると言って、いよいよ釈尊がこの世に出現した理由を明らかにする。それは唯一の偉大な仕事のため(一大事因縁)であり、その仕事とは衆生に仏知見を開き、示し、悟らせ、入らせることであった。換言すれば、一切衆生、すべての生きとし生けるものを成仏させることであった。ここに仏のこの世に出現する目的がはっきりと示され、これまでの長い教化と『法華経』との対比を、三乗方便・一乗真実という形で説くのである(法説)。

舎利弗は法説を領解《りょうげ》(理解の意味)し、(3)譬喩品において成仏の確信を抱き、釈尊によって授記(将来の成仏を約束すること)される。しかし、法説を理解できたのは舎利弗だけであったので、舎利弗はその他の声聞のために、譬喩によって三乗方便・一乗真実を説いてほしいと釈尊に願った。釈尊はその願いに応えて三車火宅の譬喩を説いた(譬喩説)。

(4)信解品において、譬喩説を領解した四大声聞は、これまで大乗を真剣に求めなかった自分たちの態度を厳しく自己批判した後に、自分たちの理解を長者窮子《ちょうじゃぐうじ》の譬喩に仮託して示した。(5)薬草喩品において、釈尊は四大声聞の領解が正しいことを認め、三草二木《さんそうにもく》の譬喩を説いた(述成《じゅつじょう》という)。これは、種類や大きさの異なる草木(三草二木)が、空一面の雲から降り注ぐ同一の雨に当たって平等に潤いを受けながら、それぞれの種類や大きさに応じて成長するという譬喩である。四大声聞が一乗を正しく理解したので、釈尊は(6)授記品において四大声聞に授記した。

しかし、譬喩説を理解できないその他の声聞がまだいたので、釈尊は、(7)化城喩品において、はるか過去の大通智勝仏の物語を説いた(宿世因縁説)。はるか過去(三千塵点劫《じんでんごう》という)に大通智勝仏という仏がおられ、出家以前に儲けた十六人の王子に請われて、『法華経』を説いた。仏がその後八万四千劫の長い間禅定に入ったので、十六王子は『法華経』を代講した。これを大通覆講《だいつうふっこう》と呼ぶ(師の説を弟子が反復して説くことを覆講という)。その後、十六王子はそれぞれ成仏し、その十六番目の王子が釈尊その人にほかならないことが明かされ、釈尊が沙弥《しゃみ》(具足戒を受ける前の二十歳未満の出家者)だったときに教化した衆生が、今この集会に集まった声聞、および未来の声聞であると説く。この過去の物語によって、声聞はこの世ではじめて釈尊の弟子となったのではなく、三千塵点劫の昔から深い師弟の関係のあることが明らかとなったのである。声聞は釈尊との深い縁を感得して一乗を理解できたのである。また、この品には化城宝処《けじようほうしよ》の譬喩が説かれる。

次に、その他の声聞も一乗を理解できたので、授記される。(8)五百弟子受記品では、富楼那《ふるな》と千二百の阿羅漢が授記される。このなかの五百の阿羅漢は同一の名の仏となるので、とくに品名に五百弟子とあるのである。また、この品には衣裏繋珠《えりけいじゆ》の譬喩が説かれる。ある人が自分の家で酔いつぶれた友人の衣の裏に宝石を縫いつける物語である。その友人はそれに気づかず生活に困窮するが、後に宝石を縫いつけてくれた友と出会って、そのことを指摘されてはじめて気がつくのである。本当は成仏のできる声聞が、それを知らずにちっぽけな小乗の悟りで満足してしまうことをたとえたものである。次に、(9)授学無学人記品においては、阿難《あなん》、羅睺羅《らごら》と二千人の学・無学の声聞への授記がなされる。

次に、(10)法師品からは、これまでの声聞を相手にした話と打って変わって、菩薩が説法の相手となる。(10)法師品において、釈尊は薬王《やくおう》菩薩をはじめとする八万の菩薩に対して、仏前において、または仏が涅槃に入った後に、『法華経』の一偈、一句を聞いて少しでも心に歓喜する者はすべて授記されるであろうこと、『法華経』の一偈、一句でも受持《じゆじ》・

読《どく》・誦《じゆ》・解説《げせつ》・書写《しよしや》(これを五種法師《ほつし》という)する者は、本当は大菩薩であって最高の正しい悟りを完成しているが、衆生を憐れむ大慈悲心によってあえてこの悪世に生まれ、『法華経』を弘通《ぐずう》するのであること、仏の涅槃の後に『法華経』を一句でも説く者は、如来に派遣された如来の使者であって如来の仕事を実行する者であることなどを説く。さらに、釈尊は薬王菩薩に、『法華経』が已説《いせつ》・今説《こんせつ》・当説《とうせつ》のなかで最も難信難解《なんしんなんげ》であること、仏の涅槃の後に『法華経』を受持する者は、如来に護られ、如来とともに宿り、如来の手で頭を撫でられる者であることなどを説く。そして、仏の涅槃の後に『法華経』を弘通する方法を三種、すなわち、如来の室に入り、如来の衣を着、如来の座に坐ることを説く。これは弘経《ぐきよう》の三軌《さんき》と呼ばれるもので、順に大慈悲心、柔和忍辱心《にゆうわにんにくしん》、一切法の空を意味する。衆生に対して広大な慈悲の心を持ち、どんな迫害にも耐えて穏やかな心を忘れず、すべての存在が実体のない空なるものであることを認識してあらゆるものに執《と》らわれないことを主張しているのである。また、この品には高原穿鑿《こうげんせんじやく》の譬喩が説かれる。

⑾見宝塔品《けんほうとうほん》においては、大地から宝塔が涌現して、その塔のなかから多宝《たほう》如来が釈尊の説法が真実であることを讃える。この多宝如来の塔は、『法華経』が説かれる場所に必ず出現するという多宝如来の誓願によって、今出現したことが明かされる。一座の大衆が多宝如来を拝見したいと言うので、釈尊はその不可欠の条件である十方世界の分身仏を集め

ることを行なう。釈尊が塔の扉を開けると、多宝如来が師子の座に禅定に入っているかのように坐しており、多宝如来は釈尊に呼びかけて半座を譲って坐らせる。これを二仏並坐《にぶつびょうざ》という。大衆も釈尊の神通力によって虚空に昇り、この後、空中で説法が行なわれるのである。この品の偈には六難九易《ろくなんくい》が説かれる。これは普通ではとても考えられないような難しいことを九つ取り挙げて、これをあえて容易なこととし、それにくらべて『法華経』を仏の涅槃の後に信仰することがいかに難しいかを六種挙げる。たとえば須弥山《しゅみせん》を他方世界に投げ飛ばすことを容易なこととし、それにくらべて仏の涅槃の後の悪世において『法華経』を説くことは難しいとされることなどである。法師品において仏滅後の『法華経』の弘通が問題として浮かび上がり、見宝塔品においてその『法華経』の正しさが多宝如来によって証明され、また『法華経』の弘通がいかに困難であるかが明らかにされたのである。

⑿提婆達多品は、中国・日本においては悪人成仏と女人成仏を説く品(章)であると言われてきた。この品では仏教史において大悪人とされ、生きながら地獄に落ちたとされる提婆達多が過去世において釈尊の師であったことが明かされ、その縁によって成仏の記別を授けられる。また、八歳の龍女《りゅうにょ》が男性に変身して(変成男子《へんじょうなんし》)成仏することが説かれる。

⒀勧持品《かんじ》においては、六難九易を通して『法華経』が受持しがたいことを明かした見宝塔品を承けて、薬王菩薩たちの『法華経』受持の決意や、声聞たちの娑婆《しゃば》世界以外の国土

における『法華経』弘通の決意が披瀝される。有名な勧持品二十行の偈と言われる偈に、菩薩たちがいかなる迫害、法難にも堪え忍んで『法華経』を受持する決意が説かれている。また、この品には摩訶波闍波提《まかはじゃはだい》比丘尼や耶輸陀羅《やしゅだら》比丘尼などの比丘尼に対する授記が説かれている。

⒁安楽行品においては、菩薩たちの『法華経』弘通の決意を承けて仏滅後の悪世における弘通の方法として、身《しん》・口《く》・意《い》・誓願《せいがん》の四つに関する安楽行（四安楽行）を説く。また、この品には髻中明珠《けいちゅうみょうじゅ》の譬喩が説かれる。王の髻《もとどり》のなかの明珠は通常の戦功のあった者には恩賞として与えることはなく、特別の戦功のあった者だけに与えるというものである。

⒂従地涌出《じゅうじゆじゅつ》品においては、他方の国土からやって来た八恒河沙《ごうがしゃ》（恒河沙はガンジス河の砂の数ほど多い数をいう単位）を超過する数の菩薩たちが仏滅後の『法華経』弘通を誓ったが、釈尊はこれを拒絶し、自分のこの娑婆世界に六万恒河沙の菩薩がいて『法華経』を弘通するからであると言う。そのとき、娑婆世界の下の虚空に住んでいた六万恒河沙の地《じ》涌《ゆ》の菩薩が大地を割って出現したのである。このような見たことも聞いたこともない大菩薩が出現したので、弥勒菩薩や八千恒河沙の菩薩は疑問に思い、序品と同じように弥勒菩薩が代表して釈尊にこれらの菩薩はいったいいかなる者かを質問する。釈尊は弥勒菩薩の質問を褒《ほ》め讃えてから、これらの菩薩は自分が成仏してから教化した弟子であると答える。

しかし、弥勒菩薩は釈尊はまだ成仏して間もない（四十余年）のに、これほど多くの弟子がいることは納得できないと思って、さらにこのような疑惑を晴らしてくださいと釈尊にお願いする。

⒃如来寿量品においては、地涌の菩薩の存在を説明することを誘い水として、釈尊が成仏したのは今世ではなく、五百塵点劫というはるか遠い過去においてであることを明かし、合わせて未来も不滅であることを説く。すなわち、仏の永遠性が説き示されるのである。このことについては次項で説明する。

⒄分別功徳品においては、寿量品において仏の寿命の長遠《ちょうえん》なることを聞いた衆生が獲得する功徳・利益を十二段階に分けて説いている。功徳を分別するので、この品名がある。釈尊が功徳を説いた後に花や香や天衣が降ってきたり、音楽が流れたりする不思議な現象が生じたが、その後弥勒菩薩が仏の説法やこの現象を整理した内容を偈によって繰り返す。この偈を格量偈《かくりょうげ》と呼ぶ。ここが後に述べるように『法華経』の段落を分ける場合の一つの切れ目になる。この後、注釈家によって四信・五品《ごほん》と呼ばれるような、『法華経』に対するさまざまなあり方の信仰がどのような功徳を生み出すかを説いている。

⒅随喜功徳品においては、五品の第一とされる随喜の功徳について、弥勒菩薩に対して詳しく説いている。

⒆法師功徳品においては、五種法師の功徳である六根清浄《ろっこんしょうじょう》について、常精進《じょうしょうじん》菩薩に対して詳しく説いている。

⒇常不軽《じょうふぎょう》菩薩品においては、得大勢《とくだいせい》菩薩に対して、常不軽菩薩の物語を通して、『法華経』を受持する者を悪口罵詈《あっくめり》、誹謗《ひぼう》する者の罪の報いと、信じる者の六根清浄の功徳とを説いている。過去の威音王仏《いおんのうぶつ》が涅槃に入り、正法《しょうぼう》が過ぎて像法《ぞうぼう》のときに、常不軽菩薩という名の比丘がいた。なぜこのような名であるかといえば、彼はあらゆる人に向かって礼拝し、「我れ深く汝等《なんだち》を敬い、敢《あ》えて軽慢《きょうまん》せず。所以《ゆえん》は何《いか》ん。汝等は皆な菩薩の道を行じて、当《まさ》に仏と作《な》ることを得べければなり」と唱えたからである。この礼拝行によって、かえって人々に悪口を言われ、杖や木で打たれ、瓦や石をぶつけられたりした。しかし、彼はこの礼拝行を一生続けたのである。この功徳によって、彼は臨終のときに虚空のなかから聞こえてくる『法華経』を聞いて、六根清浄の功徳を獲得し、さらに寿命を延ばして、彼を迫害した人々のために『法華経』を説き、信服させた。彼はその後多くの仏に出会って、やがて成仏したが、彼こそ釈尊その人であると明かされる。彼を迫害した人は、その罪で長い間無間《むけん》地獄に落ちて苦しんだが、その罪の報いが終わって、また常不軽菩薩に出会って教化を受けることができた。それらの者たちこそ、この場にいる跋陀婆羅《ばつだばら》などの五百の菩薩と師子月《ししげつ》などの五百の比丘尼と思仏《しぶつ》などの五百の優婆塞《うばそく》であると説かれる。

(21)如来神力品《じんりき》においては、地涌の菩薩がこの『法華経』を受持することを誓う。これに対して、釈尊は広長舌《こうちょうぜつ》を梵天《ぼんてん》にまで伸ばすなどの神通力を示した後に、『法華経』の功徳はこのような不可思議な仏の神通力によっても説き尽くすことはできないと述べ、『法華経』の内容を「要を以て之れを言わば、如来の一切の所有《あらゆ》る法と、如来の一切の自在の神力と、如来の一切の秘要の蔵と、如来の一切の甚深《じんじん》の事とは、皆な此の経に於て宣示《せんじ》顕説《けんぜつ》す」という四句にまとめて、地涌の菩薩に付属《ふぞく》するのである。

(22)嘱累品《ぞくるい》においては、一切の菩薩たちに対して総じて『法華経』を付属する。ここで、多宝如来の塔を開くために集められた釈尊の分身仏はそれぞれ本国に帰り、多宝如来の塔もその扉が閉じられて帰っていくことになる。嘱累品は普通は経末に置かれるはずであるが、鳩摩羅什訳ではこの位置に置かれ、やや奇妙な印象を与える。多宝如来の塔もここでもとの場所に帰るはずであるが、後の妙音《みょうおん》菩薩品や観世音《かんぜおん》菩薩普門《ふもん》品にもまた登場している。

(23)薬王菩薩本事品《ほんじ》から経末の普賢《ふげん》菩薩勧発《かんぼつ》品（陀羅尼《だらに》品を除く）までは、偉大な菩薩や王の故事を取り挙げ、彼らと『法華経』との密接な関係を説き示して、『法華経』の偉大さを讃えている。薬王菩薩本事品においては、薬王菩薩の過去世の物語が語られる。薬王菩薩は一切衆生喜見《いっさいしゅじょうきけん》菩薩という名で日月浄明徳仏《にちがつじょうみょうとくぶつ》の下で修行していたが、『法華経』の功徳によって現一切色身三昧《げんいっさいしきしんざんまい》を得たことを感謝して、仏および『法華経』に供養しようと思った。さまざまな神通力によって供養したが、わが身をもって供養するのには及ばないと考えて、身を燃やして供養し、光明を放って八十億恒河沙の世界を照らした。その後、喜見菩薩はまた日月浄明徳仏の国の浄徳王《じょうとくおう》の家に生まれ、仏が涅槃に入った後に、その舎利《しゃり》を供養するために自分の両臂《ひじ》を焼いて灯火《とうか》とした。ところが、みなが喜見菩薩の両臂のなくなったのを悲しんだので、喜見菩薩は自分は両臂を捨てて仏身を獲得するのである、このことに間違いがないならば、両臂はもとのようになるであろうと誓ったところ、自然にもとのようになった。

(24)妙音菩薩品においては、現一切色身三昧に住する妙音が浄華宿王智仏《じょうけしゅくおうちぶつ》の国から娑婆世界にやって来る。釈尊はこの菩薩の過去の修行について詳しく説き示す。

(25)観世音菩薩普門品は単行されて『観音経』と呼ばれる有名な章である。観音菩薩が三十三身を現わして、苦難の衆生を救うという現世利益を説いており、中国・日本において は広く観音信仰が流行した。

(26)陀羅尼品においては、薬王菩薩と勇施《ゆぜ》菩薩、毘《び》沙門天王《しゃもんてんのう》と持《じ》国《こく》天王、十羅《ら》刹女《せつにょ》などがそれぞれ陀羅尼呪《じゅ》を唱えて、『法華経』を弘通する人を守護することを誓う。

(27)妙荘厳王《みょうしょうごんのう》本事品においては、外道の法門に執著している妙荘厳王が夫人の浄徳、二

- 法華経
  - 序説
    - 証信序 …… 1 序品
    - 発起序 …… 1 序品
  - 正説
    - 乗方便・乗真実を明かす
      - 略して開三顕一して、執を動じて疑を生ぜしむ …… 2 方便品
      - 執動じ疑生じて、疑を申べて請を致す …… 2 方便品
      - 広く開三顕一して、疑を断じ信を生ぜしむ
        - 法説
          - 正説 …… 2 方便品
          - 上根人の領解 …… 3 譬喩品
          - 如来の述成 …… 3 譬喩品
          - 授記 …… 3 譬喩品
        - 譬説
          - 正説 …… 3 譬喩品
          - 中根人の領解 …… 4 信解品
          - 如来の述成 …… 5 薬草喩品
          - 授記 …… 6 授記品
        - 亦法亦譬説（宿世因縁説）
          - 正説 …… 7 化城喩品
          - 授記
            - 五百弟子 …… 8 五百弟子受記品
            - 学無学人 …… 9 授学無学人記品
      - 流通 …… 10 法師品
    - 身方便・身真実を明かす
      - 前を証し後を開く
        - 多宝を挙げて釈迦を顕わす …… 11 見宝塔品
        - 調達を挙げて釈迦を顕わす …… 12 提婆達多品
        - 命に応じて経を持す・逆《あらかじ》め驚疑を遮す …… 13 勧持品
        - 末世の弘経の模軌を示す・遠寿の因を説く …… 14 安楽行品

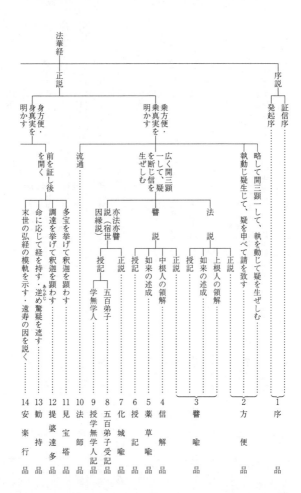

- 正しく開後を明かす
  - 序説 …… 15 従地涌出品
  - 略して身権・身実を開いて、執を動じ疑を生ぜしむ …… 15 従地涌出品
  - 執動じ疑生じて、疑を申べて請を致す …… 15 従地涌出品
  - 広く身権・身実を開いて、疑を断じ信を生ぜしむ
    - 勧信 …… 16 如来寿量品
    - 正説 …… 16 如来寿量品
    - 得益 …… 17 分別功徳品
    - 称歎 …… 17 分別功徳品
    - 格量 …… 17 分別功徳品

- 流通
  - 讃歎流通
    - 法を歎じ人を美《ほ》む
      - 略説 …… 17 分別功徳品
      - 広説
        - 弟子(下品の功徳) …… 18 随喜功徳品
        - 五種法師(中品の功徳) …… 19 法師功徳品
        - 六根清浄・成仏(上品の功徳) …… 20 常不軽菩薩品
    - 如来、神力を現ず …… 21 如来神力品
  - 付嘱流通
    - 正しく付嘱を明かす …… 22 嘱累品
    - 命を奉じて宣通す
      - 苦行力の弘経
        - 身命財を以て報恩供養す …… 23 薬王菩薩本事品
        - 形を六趣に分かって一乗を弘宣す …… 24 妙音菩薩品
      - 護難力の弘経
        - 人を以て難を護る …… 25 観世音菩薩普門品
        - 法を以て難を護る …… 26 陀羅尼品
      - 勝功徳力の弘経 …… 27 妙荘厳王本事品
      - 護法力の弘経 …… 28 普賢菩薩勧発品

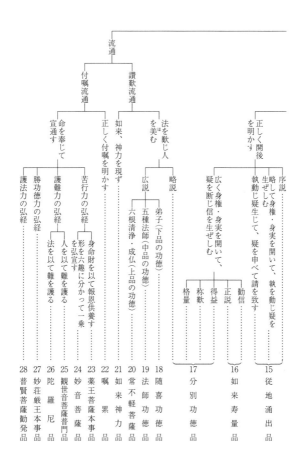

人の子供の浄蔵《じょうぞう》と浄眼《じょうげん》によって仏弟子となり、『法華経』を修行して一切浄功徳荘厳三昧を得たことを説く。

(28)普賢菩薩勧発品においては、東方の宝威徳上王仏の国からやって来た普賢菩薩が『法華経』を修行する者を守護することを誓い、また釈尊が『法華経』を受持する者の功徳を説く。

以上、二十八品の要旨を簡潔に整理した。次に、この二十八品の構成を吉蔵がどのように捉えたかを整理しよう。吉蔵は『法華経』全体を序説、正説《しょう》、流通説《るずう》の三段落に分ける。序説は(1)序品で、正説は(2)方便品から(17)分別功徳品の格量偈までで、流通説は格量偈以下、経末までである。

序説は「如是我聞」から「退坐一面」までが証信序《しょうしん》で、それ以下、品末までが発起序《ほっき》である。

正説は方便品から(10)法師品までが乗(教法の意)方便・乗真実を明かす段落で、(11)見宝塔品から分別功徳品の格量偈までが身(仏身の意)方便・身真実を明かす段落である。

流通説は格量偈以下(21)如来神力品までが讃歎《さんだん》流通で、(22)嘱累品から(28)普賢菩薩勧発品までが付属流通である。

三〇—三一頁に『法華義疏』に基づく『法華経』二十八品の分科表を掲げる。

## 三　『法華経』の中心思想――一乗と永遠の仏

『法華経』を現行本のように完成した作品として見るかぎり、その中心思想が方便品の三乗方便・一乗真実の思想と如来寿量品の永遠の仏の思想であることには、それほど異論がないであろう。吉蔵の理解する『法華経』の中心思想も、別項で述べるように、これと一致する。

そこで、はじめに方便品の三乗方便・一乗真実の思想について解説する。『法華経』は『法華経』以前の教えと『法華経』自身とを区別する根拠として、方便という概念を導入した。『法華経』は、『法華経』以前に説かれた教えを、声聞に対する教え、縁覚《えんがく》に対する教え、菩薩に対する教えの三種にまとめている。

声聞に対する教えを声聞乗(乗はヤーナ、yāna. 乗り物の意で、教えをたとえる)といい、『法華経』によれば四諦《したい》の教えを指し、阿羅漢《あらかん》になることを理想とする。声聞とは、シュラーヴァカ(śrāvaka)の訳で、声を聞く人の意。要するに、仏の出家の弟子をいう。四諦の教えは、釈尊が最初に教えを説いた(初転法輪《しょてんぼうりん》)ときに説かれた思想であり、苦諦《くたい》・集《じっ》諦《たい》・滅諦《めったい》・道諦《どうたい》の四つの真理である。苦諦とは、すべては苦であるという真理である。仏教の世界認識の基本は苦であり、四苦八苦というように、人生全般は苦に満ちている。四苦とは生《しょう》・老・病・死であり、八苦はこの四苦に、怨憎会苦《おんぞうえく》（恨み憎む者と出会わなければならない苦）・愛別離苦《あいべつりく》（愛する者と離別しなければならない苦）・求不得苦《ぐふとくく》（求めても得られない苦）・五取蘊苦《ごしゅうんく》（五盛陰苦《ごじょうおんく》ともいう）の四苦を加えたものをいう。五取蘊苦とは、五蘊、すなわち色（いろ・形あるもの。視覚の対象。身体）・受（感受作用）・想（表象作用）・行（他の受・想・識蘊以外の精神作用であり、好悪《こうお》などの意志作用を中心とする）・識（認識・判断作用）の五つの要素によって構成される、私たちの輪廻《りんね》的生存そのものが苦であるというもので、他の七つの苦の根底にある苦である。第二の集諦とは、苦の原因に関する真理である。集の原語は集合するの意で、仏教では原因が集合して結果が生じると考えるところから、原因に関する真理を意味する。内容的には、苦の原因は煩悩であるという真理である。滅諦とは苦の滅に関する真理の意であり、内容的には苦の原因である煩悩を滅すれば、絶対的な静寂の境地である涅槃が得られるという真理である。道諦とは、苦の滅に至る方法に関する真理の意であり、内容的には八正道である。八正道とは、正見《しょうけん》（正しい見解）・正思（正しい思惟）・正語（正しい言葉）・正業《しょうごう》（正しい行為）・正命《しょうみょう》（正しい生活）・正精進《しょうしょうじん》（正しい努力）・正念（正しい気づかい）・正定《しょうじょう》（正しい精神統一）の八つで、宗教生活全般にわたるものである。この正しさを保証するものは、同じく初転法輪において説かれた苦楽中道の思想であると思われる。釈尊の時代に流行していた宗教思想として、また、釈尊の半生において自ら体験したものとして、苦行主義と快楽主義という二つの極端な立場が存した。釈尊はこれら二つの極端を離れた中道を自己のよって立つ基盤としたのである。声聞乗はこの四諦を学習、実践して阿羅漢になるための教えである。阿羅漢はアルハット(arhat)の音写であり、原義は尊敬するに値いする人の意で、この場合は、煩悩をすべて断ち切って、再びこの世に輪廻しない人のことである。小乗仏教の修行者のなかの究極の聖者である。

縁覚に対する教えを縁覚乗といい、『法華経』によれば十二因縁(縁起)の教えを指し、縁覚になることを理想とする。縁覚とは、プラティエーカ・ブッダ(pratyeka-buddha)の訳で、独自に悟った人の意。縁覚の場合は声聞と阿羅漢のように、因位(修行の段階)と果位(修行によって得られる果報)とを区別する名称がないので同じ用語を使う。十二因縁は、釈尊が菩提樹下で坐禅瞑想をしていたときに観察したとされるもので、大変重要な実践的教理である。これは私たちの迷いの生存の成立を構造的に分析したもので、これを認識することは、そのまま悟りの実現に直結するものである。私たちの迷いの現実態は、老死、すなわち老い死んでいくことである。では、この老死の成立する根拠、老死を成立させている条件は、いったい何であろうか。それは生、生まれることである。以下、同じ論理で、次々と条件づけの項目が取り挙げられ、全部で十二項目の条件づけの連鎖ができる。順に名と簡潔な意味とを挙げると、有（輪廻的生存）・取（執著）・愛（喉の渇きにたとえられる盲目的執著）・受（感受作用）・触（感官と対象の接触）・六処（眼・耳・鼻・舌・身・意の六つの感官）・名色（名は精神、色は身体を指す）・識（認識作用）・行（潜勢的形成力）・無明（根源的無知）である。この十二因縁はより少ない項目の縁起説を後から結合させて成立したものらしく、全体を統一的に解説することはなかなか難しい。ここでも一応の解説をしたにすぎない。要するに、煩悩、業、苦の連鎖を指摘したものである。つまり、私たちは煩悩によって誤った行為をなし、それによって苦の果報を得ているというものである。縁覚の概念は、もともとはおそらく声聞のように修行仲間と共同の生活をすることなく、森林などでたった一人で孤独な修行をする者を指し示すために作られたのであろう。

菩薩に対する教えを菩薩乗といい、『法華経』によれば六波羅蜜《はらみつ》の教えを指し、仏になることを理想とする。菩薩とは、ボーディサットヴァ(bodhisattva)の音写で、悟りを求める生きもの、悟りを本質とするものの意である。もともとは釈尊の成道する以前を、成道して仏となった姿と区別して菩薩と呼んだ。それが、釈尊の前生をも菩薩と呼ぶようになり、さらに釈尊ばかりでなく、過去仏にも広く菩薩の語が適用されるようになった。新しい宗教運動である大乗仏教が紀元前一世紀頃から生まれると、釈尊のような特別の人間しか成仏できないとする小乗仏教の考えを否定し、すべての衆生を救済しようと願って利他行を実践する者はだれでも菩薩であり、この菩薩行を長い期間続ければ、釈尊と同じくだれでも成仏できるのであると考えるようになった。大乗経典のなかでも最も早い時期に成立した『般若経』において、この菩薩の実践修行の内容として説かれたものが六波羅蜜である。布施(財物を与えること・教えを説くこと・精神的恐怖を取り除くこと)・持戒《じかい》(清浄な宗教的生活を送ること)・忍辱(忍耐すること)・精進(努力すること)・禅定《ぜんじょう》(精神を統一すること)・智慧(すべての存在は空であること、つまり固定的実体のないことを認識すること)の六種の宗教的行為を完成することとである。波羅蜜はパーラミター(pāramitā)の音写で、完成の意味である。古くは度(渡るの意)と漢訳され、後に到彼岸(彼岸に到る)と漢訳された。第六の智慧の完成の原語をプラジュニャー・パーラミター(prajñā-pāramitā)といい、般若波羅蜜と音写する。これが経典の名称となっているのである。この般若波羅蜜に裏づけられてはじめて、他の五つの行為も完成される。たとえば、布施は単なる布施ではなく、布施の完成が実現するのである。具体的に布施を例に挙げると、AさんがBさんにCを布施する場合、このABCのいずれも空で清浄でなければならないとされる。もしも「私があの人にこのことをしてあげた」という観念に執らわれるならば、それは純粋な慈悲心から出た行為ではなく、汚れたものとなってしまう。上のような清浄な布施を三輪清浄《さんりんしょうじょう》といい、そのようであってはじめて布施の完成たりうるのである。

以上のように、『法華経』では、過去の教えを声聞乗・縁覚乗・菩薩乗に整理している。前二者を二乗といい、小乗(ヒーナヤーナ、hīnayāna. 劣った教えの意)ともいう。菩薩乗が大乗(マハーヤーナ、mahāyāna. 偉大な教えの意)にあたる。つまり、声聞、縁覚、菩薩という三種類の修行者の類型に対して三種類の教えと修行が説かれ、それによって達成される理想にも三種類があるとされる。ところが、『法華経』はこれらの三乗は方便の教えであると宣言する。方便とはウパーヤ(upāya)の漢訳であり、巧みな手段の意である。つまり、声聞や縁覚は志が劣っているので、初めから成仏できるという教えを説くことができなかった。そこで、声聞や縁覚の宗教的能力に合わせて、声聞乗、縁覚乗という教えによって彼らを成熟させ、教育したのである。仏にはこのように、巧みな手段を設定する力、方便力が存するのである。しかし、このことはあくまで、声聞や縁覚にとっては秘密のことであり、彼らは彼らに与えられた教えを真実とばかり思い込んでいたのである。この『法華経』においてはじめて、三乗が存在すると説くことは方便であったことが打ち明けられたのである。したがって、声聞乗、縁覚乗は一時的暫定的な仮りの教えであり、声聞、縁覚も永久に変化しない固定的なあり方ではなく、十分に成熟、教育されたときには、彼らも最終的には菩薩として成仏することができると説く。このようにすべての人が同じく成仏することのできる教えなので、これを仏乗と呼び、言うまでもなく『法華経』自身を指す。したがって、三乗は暫定的な存在であり、真実には仏乗しか存在しないので、これを一乗と呼ぶのである。仏乗と一乗を結合して、一仏乗という呼び方も生まれたのである。以上が、『法華経』の方便品に説かれる三乗方便・一乗真実の内容である。中国の注釈家はこの思想を開三顕一《かいさんけんいち》と呼ぶことが多い。

次に、如来寿量品の永遠の仏の思想について解説する。世間の人は、釈尊が釈迦族の宮殿を出て、ブッダガヤの菩提樹下で坐禅瞑想に入り、阿耨多羅三藐三菩提《あのくたらさんみゃくさんぼだい》(最高の正しい悟りの意)を得たと考えているが、実はそうではなく、釈尊が成仏してからすでに無量無辺百千万億那由他《なゆた》劫という長大な時が過ぎ去ったことを明らかにする。この長大な時を次のような有名な五百〔億〕塵点劫の譬喩に託して示すのである。それによれば、五百千万億那由他阿僧祇(要するに数えきれない膨大な数と考えればよい)の三千大千世界があるとする。仏教の古代の世界観は一種の天動説を採用しており、世界の中心にある須弥山の周りを太陽と月が回転していると考えていた。したがって、一世界は地球一個だけでなく、太陽と月をも含むものであるから、一世界は一太陽系に相当することになる。この一世界が千個集まったものが小千世界、それが千個で中千世界、さらにそれが千個で大千世界となる。この大千世界を、千を三回乗じたものなので、三千大千世界ともいう。この三千大千世界が五百千万億那由他阿僧祇集まったものを抹《す》りつぶして微塵《みじん》(極微の粒子)となし、東の方向に五百千万億那由他阿僧祇の世界を通り過ぎた所に一つの微塵を落とし、以下同じように長い間隔をおいて上述の膨大な数の微塵がすべて尽きるまで東方に進んでいく。そして、それまで微塵を落下させた世界と落下させない世界とを全部まとめて微塵とする。すると当然、数えきれない微塵があることになるが、その一つの微塵を一劫という大変長い時間に換算するのである。このように私たちの想像を絶する長い時間を譬喩によって示した上で、釈尊が成仏してから経過した時間は、この譬喩によって示された時間よりも百千万億那由他阿僧祇劫も長いのであると説かれる。

このように、如来寿量品では、釈尊の成仏が五百塵点劫（上の譬喩によって示された長大な数を簡潔にこう表現する）という限りなく遠い過去であることを明らかにした。では釈尊の未来はどうかというと、五百塵点劫の二倍であると説かれる。事実上、過去・未来にわたる釈尊の寿命の永遠性を説いたものと理解して差し支えないと思われる。この釈尊の永遠性と矛盾すると思われがちなものが、釈尊が涅槃に入ることである。そこで、この問題を解決するために、如来寿量品では「方便現涅槃」（方便もて涅槃を現ず。巧みな手段によって仮りに涅槃に入る姿を示す）という思想を打ち出した。つまり、釈尊は真実には永遠の存在であるが、釈尊がいつもそばに存在して滅しないと、功徳の少ない衆生は驕《おご》り高ぶり、勝手気まま、怠惰な心を生じ、仏の会いがたさを忘れ、仏に対する尊敬の心を失ってしまう。そこで、釈尊は仏を真剣に求める心を衆生の心に生じさせ、彼らが善根を種《う》えることができるように、仮りに涅槃に入る姿を示すと説くのである。真実には、釈尊は常に娑婆世界の霊鷲山（マガダ国の首都、王舎城の郊外にある小高い山で、『法華経』の舞台である）にあって、衆生のために説法教化を続けているのであり、真実の信仰のある者には、釈尊とその弟子の集団は霊鷲山に出現すると説かれる。逆に、信仰のない者には、神通力によって釈尊が近くにいても、その姿を見えないようにさせると説かれる。

このように、仏の永遠性が真実であり、菩提樹下ではじめて仏となり、また涅槃に入るという姿は方便であるとされる。後の術語では、後者を始成正覚《しじょうしょうがく》の釈尊といい、前者を久遠実成《くおんじつじょう》の釈尊という。したがって、方便品の三乗方便・一乗真実に対応させて表現すれば、始成方便・久成真実とでもなろうか。中国の注釈家は方便品の開三顕一に対応させて、この如来寿量品の思想を開近顕遠《かいごんけんのん》と呼んだ。

## 四　中国における『法華経』の注釈書

『法華経』は代表的な大乗経典の一つとして、インド、中国、日本において広く人々の信仰を集めてきたことは言うまでもない。上に述べたように、中国には二八六年、竺法護が『正法華経』として漢訳したが、この経典は訳文が難解であること、そして、より根本的には当時の仏教学の中心が般若教学であった(『般若経』の研究が主流)こと等の理由によって、『法華経』の講義もあるにはあったが、総体的に言って、それほど仏教界の注目を喚起することはなかったと言える。ところが、時代が下って鳩摩羅什によって、四〇六年、『妙法蓮華経』が訳出されるにおよんで、ようやく時代の脚光を浴びるようになり、多くの人によって鑚仰《さんごう》、研究されるようになった。現存する代表的な『法華経』の注釈書を見ると、まず最古のものとして竺道生《じくどうしょう》(三五五頃—四三四)の『妙法蓮花《(ママ)》経疏』がある。

道生は鳩摩羅什の門下で、闡提《せんだい》成仏説(法顕将来の『六巻泥洹《ないおん》経』は一闡提《いっせんだい》の成仏には否定的であったが、それにもかかわらず、道生は背経《はいきょう》の徒と譏《そし》られながら、曇無讖《どんむしん》訳『大般《だいはつ》涅槃経』四十巻の思想を先取りして、一闡提も仏性を有し終には成仏するという説を主張)や頓悟《とんご》説(仏教の真理は不可分、唯一なるものであるから、その真理を部分的、段階的に悟るという漸悟《ぜんご》説を批判し、修行の段階的進展は認められるものの、こと悟に関しては、悟るか悟らないかのいずれかであることを主張)によって、その独創的かつ透徹した仏教理解を高く評価された人物である。次に、光宅寺《こうたくじ》法雲《ほううん》(四六七—五二九)の『法華義記《ぎき》』(法雲の講義を、弟子が筆録したもの)がある。法雲は、開善寺《かいぜんじ》智《ち》蔵《ぞう》(四五八—五二二)や荘厳寺僧旻《しょうごんじそうびん》(四六七—五二七)とともに梁《りょう》の三大法師と呼ばれた人で、その法華学は南北朝時代(江南において成立した宋王朝〈四二〇—四七九〉と華北を統一した北魏王朝が拮抗併立した五世紀前半から、隋の文帝によって南北が統一される西暦五八九年までの時代)を通じて第一級のものであった。天台大師智顗《ちぎ》(五三八―五九七)もその著『法華玄義《げんぎ》』において、妙法の解釈について、「昔から今までのさまざまな解釈について、世間では光宅寺法雲をもっともすぐれていると見なしている」(『大正新脩大蔵経』第三十三巻六九一頁下段。以下、大正三三・六九一下のように記す)という見地から、旧説を法雲に代表させて、これを批判しているほどである。

次に、その智顗には、『法華玄義』のほかに、『法華経』の随文解釈《ずいもんげしゃく》である『法華文句《もんぐ》』があるが、実はこの二著は智顗の親撰ではなく、弟子の章安大師灌頂《かんじょう》(五六一―六三二)が智顗の講義を筆録したものを整理して完成したものといわれている。次に、三論学派(龍樹の『中論』『十二門論』、その弟子の聖提婆《しょうだいば》の『百論』の三論を重視する)の大成者である嘉祥《かじょう》大師吉蔵《きちぞう》(五四九―六二三)には、『法華玄論《げんろん》』『法華義疏《ぎしょ》』『法華遊意』『法華統略《とうりゃく》』があり、最も多くの法華経注釈書を著わしているのである。最後に、法相宗(唯識を説き、玄奘《げんじょう》三蔵の伝訳に基づく)の慈恩《じおん》大師基《き》(六三二―六八二)には『法華経玄賛《げんざん》』がある。これらの人々はいずれも中国仏教史上著名な仏教徒であり、それぞれの宗教的、学問的立場から『法華経』研究に取り組んだのである。

## 五　教判思想と『法華経』

中国における『法華経』に対する関心の中心は、中国仏教の大きな特色の一つと言われる教判思想の基準を与えてくれる経典としての『法華経』にある。中国に仏教が伝来したのは、およそ西暦紀元前後頃と考えられ、経典の翻訳にいたっては、やっと二世紀の半ばになってからであるから、釈尊の入滅からすでに五、六百年を経過してからである。この間、インドの仏教は諸部派に分かれ、また大乗仏教が興起して小乗仏教との対立関係が生じたりしていたのである。このような複雑な仏教思想が、インドにおける仏教思想発展の歴史性をまったく脱落させて雑然と中国に流入したのである。したがって、渾然とした大小乗さまざまな経典をすべて釈尊の金口《こんく》直説《じきせつ》として受容した中国人仏教徒の間に混乱が生じたのは当然のなりゆきであった。たとえば、鳩摩羅什と廬山《ろざん》慧遠《えおん》(三三四—四一六)の往復書簡集である『大乗大義章《だいぎしょう》』を参照すると、当時の中国仏教界の第一人者である慧遠でさえ、大乗と小乗の区別に対する明瞭な認識を持っていなかったことが分かる。そこで、仏教の研究が盛んになるにつれ、経典間の矛盾対立する思想に何らかの統一を与え、それによって釈尊一代の説法教化を秩序づけようとの試みがなされるようになった。これが教相判釈《はんじやく》、教判(これらの術語は和製漢語であって、中国では判教、釈教相などと呼ばれた)

と呼ばれるものの発生の事情である。

この教判思想は五世紀、主だった大乗経典が漢訳された頃から盛んになった。この頃、すなわち南北朝時代にとくに南地において有力であった慧観《えかん》(生没年未詳、鳩摩羅什の門下で、『法華宗要序』が現存)の五時教判を吉蔵の『三論玄義』(大正四五・五中を参照)によって紹介する(実は、吉蔵は慧観の創唱と伝えるが、もっと後代に成立したものと推定される)。それによれば、仏の教えに大きく分けると頓教と漸教との二種類があり、前者は『華厳経』が相当する。後者は仏が鹿野苑《ろくやおん》で説法してから涅槃に入るまで、次第に浅い教えから深い教えに説き進めたもので、『阿含経《あごん》』などの小乗仏教を指す三乗別教、『大品般若経』を指す三乗通教、『維摩経』や『思益梵天所問経《しやく》』を指す抑揚教《よくよう》、『法華経』を指す同帰教、『涅槃経』を指す常住教の五種の教に分類される。この教判の特徴は、頓教として『華厳経』を別格の高い地位に置いたこと、釈尊の一代の説法は時間的に秩序づけられ、浅い教えから深い教えに漸次に説き進められたこと、そしてその従浅至深《じゆうせんしじん》の原理から論理的に結果することであるが、『涅槃経』が漸教中最高の地位に置かれたことである。したがって、『法華経』は『華厳経』や『涅槃経』の二経の下位に置かれたのである。また、漸教のなかの三乗別教(声聞には四諦が説かれ、縁覚には十二因縁が説かれ、菩薩には六波羅蜜が説かれるように、修行の因も、それによって得られる果もそれぞれ別である教え)、三乗通教(三乗の人に共通な教え)、同帰教(三乗の人の区別なく、すべてが成仏という一果に同じく帰着する教え)は、『法華経』の方便品の三乗方便・一乗真実の思想に基づくことは明らかである。『法華経』自身が、釈尊一代の教化を三乗から一乗へ説き進められたものであることを示しているので、中国の教判を考える人は『法華経』を参考に教判を考えたのである。三乗から一乗へという図式では十分に釈尊一代の教化を整理しきれないときには、信解品の長者窮子の譬喩などを手がかりに、より細かく整理することを可能にしたのである。

『法華経』が『華厳経』と『涅槃経』の二経の下位に置かれたと述べたが、これを厳しく批判したのは吉蔵や智顗であった。吉蔵については本文解説で論及するので、ここでは智顗の教判に一言触れたい。智顗の教判は伝統的に五時八教としてよく知られているが、近年五時八教が智顗の教判かどうか議論が盛んとなった。ここでは五時八教の教判を簡潔に紹介するにとどめる。五時とは、華厳時・阿含時・方等《ほうどう》時・般若時・法華涅槃時である。『法華経』と『涅槃経』は同じく第五時とされ、同一醍醐味《だいごみ》とされる。また、『華厳経』が五時のなかに組み込まれている点が特徴的である。八教とは化儀《けぎ》の四教と化法《けほう》の四教のことである。化儀の四教とは頓・漸・秘密(秘密不定)・不定《ふじょう》(顕露《けんろ》不定)のことであり、仏の説法の仕方を分類したものである。頓教は仏の悟りをそのまま説くこと、漸教は浅い教えから深い教えへと段階的に説くこと、秘密教は聴衆が仏の同一の説法を聞いていても、他の聴衆に説かれる説法内容も他の聴衆の存在も知りえないこと、不定教は秘密教と同様、聴衆が仏の同一の説法を聞いていて、他の聴衆の存在は知っているが、他の聴衆に説かれる説法内容だけ知りえないことをいう。化法の四教とは蔵・通・別・円のことであり、小乗仏教を蔵教といい、声聞・縁覚・菩薩に共通な大乗仏教の入門的な教えを通教といい、菩薩にだけ説かれる特別な大乗仏教を別教といい、最高の完全な教えを円教という。

## 六　吉蔵の生涯と『法華経』

吉蔵（五四九―六二三）の俗姓は安氏。安息国（中央アジアのパルティア）出身の祖父が中国の南海（広東省広州）に移住し、後に交州と広州の間に移転したが、吉蔵の生まれる頃には金陵《きんりょう》（南京）に住んでいた。吉蔵という名は、翻訳僧で有名な真諦《しんだい》（四九九―五六九）につけてもらったというエピソードがある。吉蔵は仏教信仰の篤《あつ》い家庭環境のなかで育ったと思われる。吉蔵の父自ら後に出家したほどの人（道諒《どうりょう》と名告る）で、その信仰の熱心さを窺《うかが》い知ることができる。吉蔵は七歳（または十一歳）のとき、興皇寺《こうおうじ》法朗《ほうろう》（五〇七―五八一）について出家し、摂山《しょうざん》（江蘇省）棲霞寺《せいかじ》の僧朗《そうろう》（五世紀頃）に始まる新三論の学系（摂嶺相承《しょうれいそうじょう》）に連なった。二十一歳のとき、具足戒を受けた。五八九年の隋の南北統一後は、浙江《せっこう》省紹興《しょうこう》府会稽《かいけい》の嘉祥寺《かじょうじ》に止住したので、嘉祥大師と呼ばれる。その後開皇《かいこう》十七年(五九七)、晋王広《しんおうこう》(後の煬帝《ようだい》)に召されて、揚州慧日《ようしゅうえにち》道場に入り、さらに開皇十九年に長安の日厳《にちごん》寺に止住することになった。長安では講経、著作の執筆、議論、その他の事業において大活躍で、名声をほしいままにした。吉蔵は、唐の武徳元年(六一八)、十大徳の一人に任命され法務を監督し、実際寺《じつざいじ》、定水寺《じょうすいじ》に止住し、さらに延興寺《えんこうじ》にも止住した。武徳六年五月、『死不怖論《しふふろん》』(現存しない)を著わし、七十五歳の生涯を閉じた。

とくに、『法華経』との関係に焦点を当てて、吉蔵の仕事を整理してみよう。『続高僧伝』巻第十一所載の吉蔵伝には、「三論を講ずること一百余遍なり。法華は三百余遍なり。大品・智論・華厳・維摩等は各数十遍なり。並びに玄疏《げんじょ》を著わし、盛んに世に流る」(大正五〇・五一四下)とあり、吉蔵が『法華経』を三百回余りも講義し、他の経論の講義よりずっと数の多いことに驚かされる。講義の数ばかりでなく、現存する吉蔵の二十数部の著作のなかで、『法華経』に関するものとして次の四部がある。撰述順序にしたがって挙げると、『法華玄論』十巻、『法華義疏』十二巻、『法華遊意』一巻(または二巻)、『法華統略』六巻である。さらに天親造・菩提留支訳『妙法蓮華経憂波提舎《うばだいしゃ》』(『法華論』と略称される)の注釈書として『法華論疏』三巻があり、巻数において全体のおよそ三割弱の分量を占めるほどである。

『法華玄論』は会稽時代に著わされたもので、『大正新脩大蔵経』で九十頁の大部のものである。弘経方法・大意・釈名《しゃくみょう》・立宗《りっしゅう》・決疑《けつぎ》・随文釈義《ずいもんしゃくぎ》の六章から構成されており、第六章は『法華経』を解釈する上で避けて通れない重要な思想・概念・経文を取り挙げて考察したものであり、その成果は後の『法華義疏』に活かされることになる。ただし、『法華玄論』の随文釈義は、『法華経』に分科《ぶんか》(段落分け)を施した上で、一々の経文を取り挙げて解釈する、いわゆる随文解釈の形式はとっていない。このような随文解釈は、長安時代に著わされた『法華義疏』に見られるものであり、それは実に『大正新脩大蔵経』で百八十三頁にわたる堂々たる『法華経』の注釈書である。このように、吉蔵は『法華玄論』『法華義疏』において、十分に『法華経』を研究した上で、何らかの必要を感じて、それまでの研究成果の精髄を簡潔にまとめる試みをなした。その完成作品が『法華遊意』である。また、最後の『法華統略』は経題釈(経典の題目、『法華経』では妙法蓮華経を解釈すること)と随文解釈から成り、『法華義疏』以後の吉蔵の新見解を盛り込んだものである。

また、『続高僧伝』によれば、吉蔵は大業の初年(六〇五)以来、『法華経』二千部を書写したとされ、また、普賢菩薩の像を安置し、それに向かって坐禅して、実相の理を観察したとされる(大正五〇・五一四中を参照)。以上のように、講義・著作・写経・観法の実践のいずれにおいても、吉蔵がいかに深く『法華経』とかかわりあっていたかが窺い知られる。

# 本文解説——『法華遊意』を読む

『法華遊意』の現代語訳、訓読文、注、解説の順に進めていく。順に、【訳】【訓読】【注】【解説】の略記号を冒頭に置くことにする。『法華遊意』の訓読文はすでに丸山孝雄氏に労作がある（前掲の『法華教学研究序説』所収）。それには諸本の校異と引用文献の出典を主とする注も付されていて、裨益されるところ大であった。ここに感謝の意を表したい。

『大正新脩大蔵経』第三十四巻所収の『法華遊意』を底本とする。この底本は「鎌倉時代写宝寿院蔵本」（以下、底本と呼ぶ）であり、「建長四年聖宇（「守」の誤り）刊仁和寺蔵本」（以下、甲本と呼ぶ）によって校合されている。その他、『大日本続蔵経』第壱輯・第四拾弐套・第四冊所収の『法華遊意』（以下、続蔵本と呼ぶ）と、「元禄四辛未歳六月中浣日　村上平楽寺重梓」の『法華遊意』（巻末に「于時建長四年壬子十月七日　東大寺戒壇院沙門聖守謹題」とある。以下、重梓本と呼ぶ）とがある。本書では丸山氏の校異を参照し、できるだけ底本を尊重しながら、やむをえない場合、他の本を採用して訓読した。異本によって底本の文字を改めた場合は、注のなかで指摘した。字体はごく一部（辨など）を除いて、原則として常用漢字を用いる。訓読のかなづかいは現代かなづかいを用いる。注については、現代語訳を見れば容易に意味が分かるものや、解説のなかで説明するものは取り挙げず、出典など必要最小限にとどめる。また、出典は研究者や少し専門的に学びたい読者のためのもので、漢文のまま提示する。

法華遊意

胡吉蔵造

# 総　序——開題序

【訳】 聞くところによれば、最上の人間・人間の調教師のすべてを知る完全な智慧は、内においては三種の智慧として輝き、外に対しては七種の弁舌として発揮される。限りなく豊かに蓄えられた〔教えの〕内容、あらゆる限定を越えてぴったりと適合する教化は、いずれもみな道に合致し、すべて〔衆生の〕機に合致する。

妙法蓮華経というものは、物事の道理と人間の本性を究め尽くした格言であり、余すところなく究め尽くした究極的な説である。〔説かれる〕道理は奥深く、多くの経典を統《す》べる枢要であり、文章は美しく、巧みを極めた説法である。三人の聖人が褒め讃えるものであり、四種の拠り所となる人が推《お》し戴《いただ》くものである。

昔、仙人園（鹿野苑）ではまだこの珠玉（『法華経』）を輝かさず、今、霊鷲山においてはじめてこの甘露《かんろ》（『法華経』）を降り注ぐ。本当に小乗を求める気持ちが先に生じたので、早く羊と鹿〔の車〕を走らせ、大乗を求める気持ちが後に生じたので、はじめてこの白牛に乗る。これ（『法華経』）は実に衆生の明らかな教訓であり、道場の奥深い軌範である。

この経（『法華経』）は、文は七巻あるが、その意義には二章ある。第一には方便の門を開くことであり、第二には真実の意義を明らかにすることである。方便の門を開くとは、二種の方便を開くことであり、真実の意義を明らかにするとは、二種の真実を明らかにすることである。

〔羊・鹿・牛の〕三車が門の外にあると仮りに言って、それで遊びに夢中になっている子供を導き、化城《けじょう》を道の途中に設けて、それで疲れてたるんだ人々を救い取ることが、乗の方便を意味するのである。すべて我が子であって、平等に大きな車を与える。休憩したことを知っている以上、同じく宝処に到着させる。〔これらが〕乗の真実を意味するのである。

燃灯仏が〔釈尊に〕授記して、ブッダガヤで成道し、王宮に誕生して、沙羅双樹の林で涅槃に入ることを宣言することは、身の方便を意味するのである。弥勒も釈尊の〔仏としての〕始めを見ず、学を究めた人もそれの終わりを測《はか》ることがない。六道もそれで釈尊の生を収め取ることがなく、造化の力もそれの本体を変化させることがない。〔これらが〕身の真実を意味するのである。

〔乗と身との〕両門が方便である以上、麁という。〔乗と身との〕二種がどちらも真実というので、これを妙と名づける。そもそも一を借りて三を破れば、三が除かれて一も捨てられる。長を借りて短を打破すれば、短がなくなって長もなくなる。そうであれば、言葉も思慮も絶えてしまう。どれが真実でどれが方便であるか。本性としてまったく静寂である。どれが開くことで、どれが覆うことであるか。それゆえ理は言葉を超越しているけれども、強いて妙と呼ぶ。衆生のために軌範となるので、これを法と名づける。道は形あるものを越えて奥深いので、蓮華に譬える。経というものは、言葉を越えた宗教的静寂を見事に明らかにし、永遠に変化することなく、本体として模範とするものなので、経というのである。

【訓読】　蓋《けだ》し聞く、無上(1)・調御《じょうご》(2)の一切種智(3)は内に三明《さんみょう》(4)を鏡《て》らし、外に七辨(5)を流す。蓄うるに限り莫《な》きの質、適《かな》うに方無きの化(6)は、並びに皆な道(7)に会い、機(8)に称《かな》うに匪《あら》ざる無し。

妙法蓮華経の如きに至りては、斯れ乃《すなわ》ち窮理尽性《ぐうりじんしょう》(9)の格言、究竟《くきょう》無余の極説なり。理致淵遠にして群典を統《す》ぶるの要、文旨婉麗《えんれい》にして巧妙を窮むるの談なり。三聖(10)の揄揚《ゆよう》する所、四依《しえ》(11)の頂戴する所なり。

昔、仙人薗(12)の内には未だ此の摩尼《まに》(13)を曜《かがや》かさず、今、霊鷲山(14)の中にして方《まさ》に茲《こ》の甘露(15)を灑《そそ》ぐ。良《まこと》に小志前に開くを以ての故に、早く羊と鹿(16)とを馳《は》す。大心後に発《おこ》れば、方に此の白牛を駕《が》す。斯れ実に薩埵《さった》(17)の明訓、道場の玄軌なり。

此の経は、文は七軸(18)有りと雖も、義に二章有り。一には方便の門を開き(19)、二には真実の義を顕わす。方便の門を開くとは、両種の方便を開く。真実の義を顕わすとは、二種の真実を顕わす。

三車(20)を門外に仮《か》りて為めに耽戯《たんぎ》の童を引き、化城(21)を道中に設けて以て疲怠《ひたい》の衆を接するは、乗の方便を謂うなり。皆な是れ吾が子にして、等しく大車を賜う。既に止息を知れば、同じく宝処に到らしむ。乗の真実を謂うなり。

燃灯授記(22)して、伽耶《がや》に成道(23)し、王宮に誕生(24)して、双林に滅を唱うる(25)は、身の方便を謂うなり。逸多《いった》(26)も其の始めを見ず、窮学(27)も其の終わりを測(28)ること莫し。六趣(29)も以て其の生を摂すること無く、力負《りきふ》(30)も以て其の体を化すること無し。身の真実を謂うなり。

両門既に方便と為せば、所以《ゆえ》に麁《そ》(31)と言う。二種並びに真実と云う。故に之れを目《な》づけて妙と為す。夫れ一を借りて以て三を破れば、三除こりて一も捨つ。修を仮りて以て短を斥ければ、短息みて脩も忘る。然れば則ち言窮まり、慮絶す。何れか実、何れか権(32)なる。本性寂然たり。孰《た》れか開、孰れか覆なる。故に理は言外に超ゆれども、強いて称して妙と為す。物の為めに軌と作れば、則ち之れを目づけて法と為す。道は像表(33)に玄たれば、喩えを蓮花に仮る。言う所の経とは、妙に無言寂滅を顕わして古今改むること莫く、体として揩摸《かいも》(34)たる可きが故に経と云うなり。

【注】（1）無上士のことで、如来の十号の一。最上の人間の意。（2）調御丈夫のことで、如来の十号の一。人間の調教師の意。（3）一切を知っている人（一切智＝仏）の智慧のこと。（4）宿命明（自他の過去世のようすを知る智慧）、天眼明（自他の未来世のようすを知る智慧）、漏尽明（煩悩が尽きて得られる智慧）のこと。六神通のうち、とくに宿命通、天眼通、漏尽通を別出したもの。ここの「内鏡三明、外流七辨」については、『肇論』涅槃無名論、「三明鏡於内、神光照於外」（大正四五・一五八上）を参照。（5）捷疾弁、利弁、不尽弁、不可断弁、随応弁、義弁、一切世間最上弁の七種の弁舌。『大智度論』巻第五十五（大正二五・四五〇下―四五一上）を参照。（6）『中観論疏』巻第一本に「師云、夫適化無方、陶誘非一。考聖心以息病為主、縁教意以開道為宗」（大正四二・七下）とあるように、吉蔵の師である興皇寺法朗の言葉、「適化無方」に基づく表現。（7）『老子』においては根源的な実在、『荘子』においては有無を越えた永遠不滅の存在と規定された道を、中国仏教では仏教における理想の境地である涅槃の本質を表わす概念として用いた。仏教の根源的真理ほどの意味。また、ボーディ（bodhi. 菩提と音写される）の漢訳語に当てられた。その場合は仏の悟りの意。（8）仏・菩薩の応現、教化を求め、かつそれを受容する衆生の側の構え、あり方。（9）『周易』説卦、「和順於道徳而理於義、窮理尽性以至於命」を参照。一般的には、理は物事の道理、性は天から与えられた人間の本性の意。中国の仏教徒も好んでこの句を用いるが、その場合の理、性の意味はとくに定義されていないので、実際のところは難解である。（10）『法華義疏』巻第二、「釈迦現瑞、謂現在

仏也。弥勒疑問、謂当来仏也。文殊答問、謂過去仏也。三聖同会霊山、共開発一乗道也」（大正三四・四七七中）によれば、釈迦と弥勒と文殊の三人を指す。（11）もと、『南本涅槃経』巻第六、四依品（大正一二・六三七上）に出る、世間の拠り所となる四種の人。吉蔵『中論序疏』（大正四二・一下）によれば、十廻向の菩薩・初地から七地の菩薩・八九地の菩薩・十地の菩薩をいう。（12）鹿野苑のこと。仏が最初に説法した所。ヴァーラーナシーにある。（13）マニ（maṇi）の音写。珠玉、宝珠の総称。（14）マガダ国の首都、王舎城（ラージャグリハ）の郊外にある。法華経を説法した場所。（15）アムリタ（amṛta）の漢訳。もと、神々の飲料で、これを飲むと不老不死となる。仏の教えを譬える。（16）次に出る「白牛」とともに、『法華経』譬喩品に出る三車火宅の譬喩に基づく。羊車は声聞乗、鹿車は縁覚乗、白牛は仏乗をそれぞれ譬える。（17）サットヴァ（sattva）の音写。衆生、有情と漢訳する。生きとし生けるものの意。（18）鳩摩羅什訳『妙法蓮華経』は吉蔵の頃までは七巻であった。後に八巻になる。（19）次に出る「真実の義を顕わす」とともに、『法華経』法師品の「此経開方便品示真実相」（大正九・三一下）を踏まえた表現。（20）羊車・鹿車・牛車のこと。『法華経』譬喩品に出る三車火宅の譬喩に基づく。羊車は声聞乗、鹿車は縁覚乗、牛車は菩薩乗をそれぞれ譬える。（21）後に出る「宝処」とともに、『法華経』化城喩品に出る化城宝処の譬喩に基づく。化城は神通力によって作り出された都市。宝処は宝のたくさんある場所。（22）過去仏として有名な燃灯仏が過去世において釈尊に記別を与えたこと。（23）釈尊がブッダガヤで成仏したこと。（24）釈尊がカピラヴァストゥの王宮で誕生したこと。（25）釈尊が沙羅双樹の林で、涅槃に入ることを宣言したこと。（26）阿逸多の略。アジタ（Ajita）の音写。弥勒菩薩を指す。（27）学を窮めた人の意。ここでは弥勒菩薩を指す。『法華玄論』巻第一、「無始終者、逸多不見其始、補処豈測其終也」（大正三四・三七一上）を参照。(28)底本の「惻」を続蔵本・重梓本によって「測」に改める。(29)六道。地獄・餓鬼・畜生・阿修羅・人・天の六つの生存領域。衆生はこの領域を輪廻する。(30)『荘子』大宗師、「然而夜半有力者、負之而走。昧者不知也」を参照。ここの記述は『肇論』涅槃無名論、「六趣不能摂其生、力負無以化其体」（大正四五・一五七下）に基づく。(31)「粗」と同義。「精、細」の反対語であるが、法華疏では「妙法蓮華経」の「妙」の反対語として用いられる。(32)臨時の便法の意。ウパーヤ(upāya)の漢訳として用いられる。したがって、同じウパーヤの訳語である方便と同義。(33)「像表」は表が外の意であるから、形ある世界を越え出た世界のこと。慧観『法華宗要序』（『出三蔵記集』巻第八所収）、「雖寄華宣微、而道玄像表、称之曰妙」（大正五五・五七上）に基づく。(34)「楷模」と音通。手本、軌範の意。

【解説】　開題序とは、『法華経』の題名である「妙法蓮華経」の意味を解釈する序である。内容的には『法華経』の思想の本質を明らかにするものであり、一般的に言って著者が大いに力を入れるところである。簡潔な美文調の文体で翻訳がやや難しい所もある。訳文、訓読文を七段に分けたが、それに沿って内容の要点を順に整理しよう。

① 開題序は仏の智の完全性を褒め讃えることから始まる。その完全な智に裏づけられた

仏の教化が仏教の根源的真理に合致するとともに、仏の教化の対象である衆生の機（仏との関係における宗教的あり方）とも合致することが力強く宣言されている。まずは、仏の教化一般を讃えておくのである。

② 次に、教化一般から、『法華経』に焦点を合わせる。すなわち、このような仏の教化のなかでも、この『法華経』こそ究極的な完全無欠の教えであり、教えの趣旨・道理も文章表現も深遠であり、かつ美しく、仏教の聖者がみな讃え、推し戴く経典であることを説く。

③ 次は、教判思想の視点から、昔日の教えと今日の『法華経』の教えを対比し、『法華経』においてはじめて摩尼・甘露にたとえられる究極の教えが開示されることを説く。また、昔日と今日とを対比する視点としては、衆生の「志」「心」を取り挙げ、小志と大心とを区別している。この志、心は前に出た「機」と意味が通じる。そして、小志と大心の区別に基づいて、譬喩品の三車火宅の譬喩から取材して、昔日の教えを羊車・鹿車に擬し、『法華経』を大白牛車に擬している。最後に、『法華経』が衆生にとっての明らかな教えであり、仏の悟りの場における奥深い軌範であることを述べて、この段を結んでいる。

④ 次は、いよいよ『法華経』の具体的な内容の解説に移る。ここに『法華経』は七巻とあるが、後になると八巻に調巻される場合もある。吉蔵は『法華経』の中心思想を乗（教

法の意）の方便を明らかにして、乗の真実を示すことと、身（仏身の意）の方便を明らかにして、身の真実を示すこととに求めている。「序論」で述べた方便品の三乗方便・一乗真実の思想と如来寿量品の永遠の仏の思想と基本的には重なるものである。

『法華義疏』によれば、吉蔵は『法華経』を序説と正説と流通説の三段落に分けている。いわゆる一経三段と言われるものである。序品第一を序説とし、方便品第二から分別功徳品第十七の格量偈（格は量と同義で、計量するの意。具体的には、如来寿量品第十六において如来の長寿が説かれたのを聞くことによって得られる功徳を計量するの意。分別功徳品の初めの長行と偈が終わるところまでを指す）までの十五品半を正説とし、以下、経末までの十一品半を流通説とする。そして、正説をさらに二分して、前半の方便品から法師品第十までは乗方便・乗真実を明かし、後半の見宝塔品第十一から分別功徳品の格量偈まては身方便・身真実を明かすものと規定した。

⑤ ここでは正説の前半の乗方便・乗真実について、譬喩品の三車火宅の譬喩と化城喩品の化城宝処の譬喩の表現に基づいて解説している。要するに、乗方便とは声聞乗・縁覚乗・菩薩乗の三乗が方便であることで、乗真実とは一仏乗が真実であることである。

⑥ 次に、正説の後半の身方便・身真実について解説している。身方便とはインドに出現した歴史的存在の釈尊という仏身が方便であることで、身真実とは久遠の昔に成仏し、未

来永遠の存在である釈尊という仏身が真実であることである。

⑦　最後に、「妙法蓮華経」という経題の解釈を行なっている。この「開題序」の本来の課題が、ここの経題釈にあるのである。ここの経題釈は簡潔であるが、『法華遊意』の第三章「釈名題門」において詳しく説かれている。まず、「妙」については、乗方便と身方便が麁であり、乗真実と身真実が妙であると述べた上で、さらに、三乗と一乗の対立、短寿と長寿の対立という相対的な次元を突破超越した、言葉も思惟も及ばない次元を強いて妙と呼ぶのであると述べている。換言すれば、乗真実と身真実という二種の真実さえ二種の方便に対する相対的存在であるから、妙と呼ぶには十分ではなく、究極的には『法華経』に明かされる道理は言語・思慮を越えたものであり、それこそ強いて妙と表現するに足りるのである。「法」については、『法華経』に明かされる道理が衆生にとっての軌範であることを指したものであること、「蓮華」はその道理が形あるものを越えた深遠なものであることをたとえたものであること、「経」は永遠に変わらず、軌範であるという意味であることを述べている。

# 序　章　『法華遊意』全体の十章の構成

【訳】『法華経』の奥深さを、十門によって明らかにする。第一に来意《らいい》門、第二に宗旨《しゅうし》門、第三に〔経典の〕題名を解釈する門、第四に教えの意味を明らかにする門、第五に顕密門、第六に三一門、第七に功用《くゆう》門、第八に弘経《ぐきょう》門、第九に部党門、第十に縁起門である。

【訓読】『法華』の玄、十門もて分別す。一に来意門、二に宗旨門、三に名題を釈する門、四に教意を辨《べん》ずる門、五に顕密門、六に三一門、七に功用門、八に弘経門、九に部党門、十に縁起門なり。

【解説】『法華遊意』の十章の構成の名称を挙げている段落である。『法華遊意』の形式的な特徴は、十という数によって議論を整理することが目立つことである。全体が十章に分けられることはその典型であるが、各章においても十という数による整理がしばしば見られる。ここには構成の形式美を追求する態度が見られるが、これが極端に走ると、内容のない形式的な分類だけが目立つ結果をもたらす危険性があり、『法華遊意』においてもそのような欠点が目につくこともある。ここでは、十章の構成について、あらかじめ簡単に解説をしておこう。

第一章は「来意門」である。「来意」とは、経疏《きょうしょ》(経典の注釈書)に見られる術語で、経や品が説かれる意義、すなわち、経や品の存在意義を意味する。具体的には「……を説かんと欲するが故に是の経を説く」などという形式によって、『法華経』がどんな思想を説いているかを明らかにするもので、吉蔵の法華経観を探る上できわめて重要な資料を提供する。

第二章は「宗旨門」である。「宗旨」とは根本の趣旨の意味で、『法華経』の根本の趣旨が何であるかを説くものである。「来意門」が『法華経』に説かれる具体的な思想、教説を明らかにするのに比べて、「宗旨門」は因果論、つまり、修行とその果報という視点から『法華経』の根本趣旨を考察したもので、これまた吉蔵の法華経観を知る上で重要な資料である。

第三章は「釈名題門」である。「釈名題」とは『法華経』の題名、すなわち、妙法蓮華経の意味を解明することである。経典の題目が何らかの意味で経典の内容を表示することは言うまでもないが、表意文字である漢字を用いる中国においては、経題の一々の文字について詳しく解釈することによって、経典の思想を明らかにしようとする方法がしばしば用いられた。この方法は、法華疏の歴史のなかでも、すでに道生『妙法蓮花経疏』から見られるものである。とくに、吉蔵や智顗の経疏においては「釈名」などという分科名によって独立した段落を構成するようになる。したがって、この「釈名題門」は、吉蔵が自身の法華経観を明らかにする方法として、経疏の歴史のなかで正当なものであり、われわれの研究課題にとって重要な資料を提供する。

第四章は「辨教意門」である。「辨教意」とは『法華経』の教えの意義を明らかにするという意味で、具体的には『法華経』の教判的位置づけの試みがなされる。

第五章は「顕密門」である。声聞と菩薩とに対する教化の態度を顕(顕露の意。真意をはっきりと示すこと)と密(秘密の意。真意を隠すこと)とに分け、釈尊の一代の教化を四門に整理している。この顕密の四門は『法華遊意』において完成した、一種の教判思想である。とくに、『法華経』と『般若経』との比較に適用されている。この「顕密門」は独立した段になっているが、『法華経』の教判的位置づけという意味では、内容的には第四章「辨教意門」で扱われてもよいものである。吉蔵が『法華遊意』全体を十章の構成にするためあえて別立したものである。

第六章は「三一門」である。『法華経』方便品の中心思想である、三乗と一乗の関係について論じる章である。

第七章は「功用門」である。『法華経』が偉大な救済力を持っているのは、十種の不可思議な事がらを備えた経典であるからであることを明らかにしている。

第八章は「弘経門」である。『法華経』を弘通する方法と、弘通する法師について論じている。

第九章は「部党門」である。『法華経』の異訳、法華部に属する経典について整理している。翻訳の歴史的な研究である。

第十章は「縁起門」である。『法華経』の講義の歴史を整理している。講経の歴史的研究である。

# 第一章　『法華経』の存在意義——来意門

【訳】　第一、来意門について。

質問。仏はどんな理由でこの『妙法蓮華経』を説くのか。諸仏は何も理由がなかったり、わずかの理由では、自分から発言しない。今、どんな大事な理由があってこの経典を説くのか。

解答。『妙法蓮華経』はその内容が量りしれないほど豊かである。説かれた理由も一つではない。今、かいつまんで要点を述べるのに、十門に展開する。

【訓読】　第一に来意門とは。

問う。仏は何の因縁の故に是の『妙法花経』を説くや。諸仏は事無く、及び少因縁を以て自ら言を発せず。今、何等の大因縁有るが故に是の経を説くや(1)。

答う。『妙法蓮花(2)』は其の義無量なり。謂う所の因縁も亦復《ま》た一に非ず。今、略して綱要を序《の》ぶるに十門を開く。

【注】（1）『大智度論』巻第一、「問曰、仏以何因縁故、説摩訶般若波羅蜜経。諸仏法不以無事及小因縁而自発言。譬如須弥山王不以無事及小因縁自動。今有何等大因縁故、仏説摩訶般若波羅蜜経」（大正二五・五七下）に基づく表現。（2）底本ではしばしば「妙法蓮華」を「妙法蓮花」と表記する。もちろん意味の違いはなく、単にこの写本の用字の癖である。訓読文では底本通りの文字を用いるが、現代語訳では「華」を用いる。

【解説】注で説明したように、『大品般若経』を説いた理由を問題にする『大智度論』の文章表現を借りて、『法華経』を説いた理由を問題にし、その答えを十の視点から明らかにしようとしている。

## 一　菩薩行——直往の菩薩と廻小入大の菩薩

【訳】第一には、菩薩たちのために菩薩の修行を説こうとするので、この経（『法華経』）を説く。

質問。始め『華厳経』の集会から、終わり『法華経』の前の集会までの四十余年間、多くの大乗経典に菩薩の修行を説いてきたのに、今どんな理由で、再びあらためてこの経を説くのか。
解答。二種の菩薩がいる。第一に直往《じきおう》の菩薩、第二に廻小入大《えしょうにゅうだい》の菩薩である。昔からずっと直往の菩薩のために菩薩行を説いてきたが、今、廻小入大の菩薩のために菩薩行を説こうとするので、この経を説く。

【訓読】 一には、諸の菩薩の為めに諸の菩薩行を説かんと欲するが故に、是の経を説く。問う。始め『華厳』の会自《よ》り、終わり『法花』の前集に竟《お》わるまで、四十余年(1)、諸の大乗経に已に菩薩行を説く。今、何の因縁もて復た更に是の経を説くや。答う。二種の菩薩有り。一には直往の菩薩、二には廻小入大の菩薩なり。昔自り以来、直往の菩薩の為めに菩薩行を説く。今、廻小入大の菩薩の為めに菩薩行を説かんと欲するが故に、是の経を説く。

【注】(1)『法華経』従地涌出品、「如来為太子時、出於釈宮、去伽耶城不遠、坐於道場、得成阿耨多羅三藐三菩提。従是已来、始過四十余年」(大正九・四一下)を参照。

【解説】 ここでは、『法華経』が廻(本文には「迴」とあるが、これは「廻」と通じるので、現代語訳・解説では「廻」を使う)小入大の菩薩のために菩薩の修行を説き、『法華経』以前の大乗経典が直往の菩薩のために菩薩の修行を説くものであることを明かしている。直往の菩薩とは文字通りには大乗に直行する菩薩の意味で、廻小入大の菩薩とは小乗を経由、迂回してから大乗に入る菩薩である。言い換えれば、はじめは小乗の修行者である声聞であったが、『法華経』までの長い間の教化によって、声聞から菩薩へと回心《えしん》、すなわち宗教的転換を遂げた者をいう。

直往の菩薩、廻小入大の菩薩という二種の菩薩の術語は、『法華経』の思想に基づいて形成されたことが『中観論疏』巻第一末に出ている。実際に、後に本文で引用される従地涌出品の文が思想的根拠とされる。吉蔵の法華疏を見ると、『法華玄論』には二菩薩の概念がまだ見られず、『法華義疏』においてはじめて確立したことが分かる。しかし、すでに『法華玄論』において、『華厳経』と『法華経』との対機《たいき》(その教えが説かれる対象である衆生の宗教的な構え、あり方)の相違が問題とされており、そこに示された理解が『法華義疏』に継承され、『華厳経』は直往の菩薩を対機とし、『法華経』は廻小入大の菩薩を対機とすると区別されるに至ったのである。すなわち、『法華経』と『華厳経』との対機の相違を明確にするという問題意識を中心に着想されたものである。ちなみに、この二菩薩の用例は『法華義疏』において十数箇所、『法華統略』においておよそ三十箇所見られ、吉蔵が彼の法華疏において経典解釈の枠組みとしてしばしば用いた重要な概念であった。

この概念は、吉蔵がまったく新たに創作した概念とは言えないが、吉蔵によって着目され、活用されたものである。直往の菩薩という用語や、吉蔵によって廻小入大の菩薩という用語に結実するべき思想は、『大智度論』(龍樹作と伝えられる。鳩摩羅什訳。『大品般若経』の注釈書)に見える。巻第九十三に「阿羅漢の証を得る時、諸菩薩の深き三昧を求めず。又た広く衆生を化せず。是れ則ち迂《う》迴《え》して仏道に於て稽留《けいりゆう》す。……是の人は小乗に著《じやく》する因縁もて衆生を捨て仏道を捨つ。又復た虚《むな》しく道を得たりと言う。是の因縁を以ての故に、生死の苦悩を受けずと雖も、菩薩より根鈍にして、疾《と》く仏道を成ずること能わず、直往の菩薩の如《ごと》からず」(大正二五・七一四上)とあるのがそれである。直往とは、直行するの意味である。『大智度論』の解説によれば、直往の菩薩とは、仏道において遠回りをする阿羅漢とは異なり、直ちに浄土に行き、速やかに仏道を完成する菩薩である。このように阿羅漢と対比的に用いられており、菩薩に対する一般的規定にほかならない。この菩薩に対して、阿羅漢は遠回りをすると言われているが、その遠回りとは、思想的には、小乗を経由して大乗に至ることを意味している。そして、『法華経』薬草喩品で、「諸の声聞衆は皆な滅度するに非ず。汝等の行ずる所は是れ菩薩道なり。漸漸に修学して悉《ことごと》く当に成仏すべし」(大正九・二〇中)と言われるように、声聞も最終的には菩薩として菩薩道を修行して成仏できるのだという思想に基づき、直往の菩薩という術語に相対して、小乗から大乗に転入して、声聞から菩薩に自己転換を遂げた者を廻小入大の菩薩という新しい術語によって表わそうとしたのであろう。『法華義疏』には菩薩の十信位（菩薩の階位としては最も低い位）のなかの初心の位に入った者をいうとある。声聞を菩薩と捉えかえすことによって、『法華経』の中心思想の一つである二乗作仏（声聞、縁覚という小乗の修行者を二乗といい、これらも成仏できること）を、菩薩が成仏するという正当な文脈の上で理解しようとしたのである。

【訳】質問。始め『華厳経』の集会から、終わり『法華経』の前までは直往の菩薩のためで、今は廻小入大の菩薩のためであることが、どうして分かるのか。

　解答。従地涌出品には「これら多くの衆生は始めて私の身を見、私の説くことを聞いて、すぐに信受して仏の智慧に入る。前から小乗を修学してきた者は例外であるが、このような人でも、私は今、この経を聞いて仏の智慧に入ることができるようにさせる」とある。「始めて私の身を見る」と言うからには、とりもなおさず寂滅道場において盧舎那《るしゃな》仏《ぶつ》を見ることである。「私の説くことを聞く」とは、『華厳経』の教えを意味する。それゆえ、昔からずっと、直往の人のために菩薩行を説いてきたことが分かる。「前から小乗を修学してきた者は例外である」ので、『法華経』の前にはまだ二乗のために菩薩行を説かなかったことが分かる。「このような人でも、私は今、この経を聞いて仏の智慧に入ることができるようにさせる」ので、今、廻小入大の人のために菩薩行を説くことが分かるのである。

【訓読】問う。何を以て始め『華厳』の会自り、終わり『法花』の前に竟わるまでは直往の菩薩の為めにして、今は廻小入大の菩薩の為めなることを知るや。

答う。踊(1)出品に云わく、「是の諸の衆生は始めて我が身を見、我が説く所を聞けば、即便《すなわ》ち信受して仏慧に入る。前より修習して小乗を学ぶ者をば除けども、是くの如き等の人をも、我れは今亦た是の経を聞いて仏慧に入ることを得しむ」(2)と。既に「始めて我が身を見る」と称すれば、即ち是れ寂滅道場(3)に盧舎那仏(4)を見る。「我が説く所を聞く」とは、『花厳』の教を謂う。故に知る、昔自り已来、直往の人の為めに菩薩行を説く。「前より脩習して小乗を学ぶ者をば除」けば、則ち知る、爾《そ》の前には未だ二乗の為めに菩薩行を説かず。「是くの如き等の人をも、我れは今亦た是の経を聞いて仏の智慧に入ることを得しむ」れば、則ち知る、今、廻小入大の人の為めに菩薩行を説くなり。

【注】(1)「踊」は「涌」に通じる。原文には「踊出品」とある。(2)『法華経』従地涌出品、「此諸衆生始見我身聞我所説、即皆信受入如来慧。除先修習学小乗者。如是之人、我今亦令得聞是経入於仏慧」(大正九・四〇中)を参照。(3)『華厳経』の説法場所。寂滅はシャーンティ(śānti)などの漢訳。煩悩のなくなった完全な静寂を意味し、涅槃と同義。道場は道＝菩提

(悟り)の場の意味。(4)『華厳経』の教主。ヴァイローチャナ・ブッダ(Vairocana-buddha)の音写(仏駄跋陀羅訳による)。毘盧遮那などの音写語もある。輝きわたるの意。太陽の光を象徴した仏と推定されている。

【解説】 釈尊は三十五歳のとき(三十歳説もある)、ブッダガヤの菩提樹下において悟りを完成した。この悟りをサンスクリット語ではボーディといい、これを音写して菩提と訳す。またこれを意訳して「道」と訳す。そこで、悟りを完成することを成道《じょうどう》、得道などと表現する。また仏に成ることなので、成仏、作仏《さぶつ》などともいう。

『華厳経』は大変分量の多い経典である。吉蔵の見た『華厳経』は仏駄跋陀羅《ぶったばつだら》(三五九―四二九)訳の六十巻本であり、三十四章から成る。『華厳経』はもともとこのような大部の経典ではなく、各章が独立した経典として徐々に成立し、おそらく三、四世紀頃、中央アジアにおいて集大成されたのではないかと推定されている。

原始仏典によれば、釈尊は成道後、数週間にわたって悟りの楽しみを味わっていたとされる。『華厳経』は後代に成立した大乗経典であるから、歴史的釈尊とは直接の関係がないのであるが、大乗経典そのものの建前はあくまで歴史的釈尊によって説かれたものとすることである。そこで、『華厳経』の作者は、釈尊が成道後、菩提樹下で悟りの楽しみを味わっていたとされる、その時と場所において、釈尊の悟りそのままを説き明かした経典としての『華厳経』を設定したのである。釈尊は悟りにおいて、盧舎那仏と一体となっているので、『華厳経』の仏を盧舎那仏という。そこで、中国では、『華厳経』は釈尊の成道後、三週間の間に説かれたとか、二週間めに説かれたとか考えられたのである。

釈尊の成道後最初の説法とされる『華厳経』から『法華経』の前までは直往の菩薩を対象とし、『法華経』は廻小入大の菩薩を対象として、菩薩道を明らかにするという、上に述べられた区別の根拠は、涌出品の経文に求められている。興味深いことに、この涌出品の文に『華厳経』の説法を読み取ることは、北魏正始五年(五〇八)に筆写された敦煌写本『法華義記』(スタイン本二七三三番と四一〇二番で、『大正新脩大蔵経』第八十五巻に収められている)にすでに認められる。

【訳】　質問。経文はなぜただ〔直往と廻小入大の〕二人だけを拠り所とするのか。

解答。初めに大乗を教える始めを取り挙げ、後に小乗を教える終わりを掲げる。〔仏の〕一代の教化の中間は分かるであろう。

【訓読】　問う。経文は何が故に但だ二人にのみ拠《よ》るや。

答う。初めに大の為めにする始めを挙げ、後に小を教うる終わりを標す。一化の中間は則ち知る可きなり。

【解説】 仏の教化の対象は二種類の修行者に整理される。直往の菩薩と廻小入大の菩薩の二種類である。直往の菩薩ははじめから菩薩であり、大乗を教える最初の経である『華厳経』のときから菩薩行を説く対象である。これに対して廻小入大の菩薩ははじめは声聞・縁覚と呼ばれる修行者であり、小乗を教える終わりの経である『法華経』においてはじめて廻小入大の菩薩となって、菩薩行を説く対象になるのである。『華厳経』と『法華経』の中間は、言うまでもなく直往の菩薩と声聞・縁覚を教化する。

【訳】 質問。なぜ前は直往の菩薩のために説き、後は廻小入大の人のために説くのか。

解答。直往の人は長い間仏道を修行して、福徳が豊かで、宗教的能力がすぐれている。このため前に〔直往菩薩の〕ために説く。廻小入大の人は仏道を修行せず、福徳が薄く、宗教的能力が劣っている。このため後に〔廻小入大の人の〕ために説く。それゆえ、方便品に「心が清浄、柔軟で、また宗教的能力がすぐれていて無量の諸仏のもとで深くすぐれた道を修行する仏子がいる。これらの仏子のために、この大乗経を説く」とあり、「宗教的能力が劣っていて、小乗の法を願い、生死に執著し、無量の仏のもとで深くすぐれた道を修行しないで、多くの苦に悩まされる。これらの者のために涅槃を説く」とあり、乃至、「今、ちょうど適当な時である。きっぱりと大乗を説くことに決めよう」とある。そこで、菩薩は宗教的能力がすぐれているので先に大道を聞き、声聞は浅く劣っているので後に仏の智慧に入ることが分かる。〔方便品の引用文は〕明らかにそのことの証拠である。

【訓読】 問う。何が故に前は直往の菩薩の為めにして、後は迴小入大の人の為めにするや。

答う。直往の人は久しく仏道を行じて、福徳利根なり。是の故に前に為めにす。迴小入大の人は仏道を行ぜず、薄福鈍根なり。是の故に後に為めにす。故に方便品に云わく、「仏子にして心浄く柔軟に、亦た利根にして無量の諸の仏の所にて深妙の道を行ずる有り。此の諸の仏子の為めに是の大乗経を説く」(1)と。「鈍根にして小乗の法を楽《ねが》い、生死に貪著し、諸の無量の仏に於て深妙の道を行ぜずして、衆苦に悩乱せらる。是れの為めに涅槃を説く」(2)と。乃至、「今は正しく是れ其の時なり。決定して大乗を説かん」(3)と。故に知る、菩薩は利根なれば先に大道を聞き、声聞は浅劣なれば後に仏慧に入る。明らかに既に其の証なり。

【注】 (1)『法華経』方便品、「有仏子心浄　柔軟亦利根　無量諸仏所　而行深妙道　為此諸仏子　説是大乗経」(大正九・八上)を参照。(2)『法華経』方便品、「鈍根楽小法　貪著於生死　於諸無量仏　不行深妙道　衆苦所悩乱　為是説涅槃」(同前・七下―八上)を参照。(3)『法華

経』方便品、「今正是其時　決定説大乗」（同前・八上）を参照。

【解説】ここでは二菩薩の相違を、福徳があるかどうか、利根か鈍根かの視点から明らかにしている。福徳とは過去世に積んだ善根のことである。利根・鈍根の根とはサンスクリット語のインドリヤの訳で、能力の意である。草木の根が、幹や枝、華や実を生じさせる力があることから、根と漢訳したものであろう。仏教用語としては、眼・耳・鼻・舌・身・意の六根のように、感覚機能の意味で使われ、また、利根・鈍根、あるいは上根・中根・下根のように人間の宗教的能力の意味で使われる。

直往の菩薩は無量の諸仏のもとですでに長い間修行してきたので、福徳が豊かで、利根とされる。それに対して廻小入大の菩薩は、福徳が薄く、鈍根とされる。

## 二　梵天王の説法勧請

【訳】第二には、梵天王の請願を受け入れようとするので、この経を説く。

質問。昔、『般若経』などの経典には、梵天王の請願を受け入れるのでその経典を説くことを明かしている。今と何が異なるのか。

解答。請願に二時があり、その応《こた》えにもまた二種ある。請願の二時とは、初めに一乗という根本法輪を説いてくださいと請願し、後に三乗という枝末《しまつ》の教えを説いてくださいと請願する。応えにもまた二時があるとは、昔からずっと三乗の教えを説いてくださいと請願するのを受け入れ、今はじめてその一乗という根本法輪を説いてくださいと請願することに応えることができる。このために今、請願を受け入れることが昔と異なっていることを明らかにする。詳しくは方便品や『大智度論』の初巻に説くようなものである。

【訓読】 二には、梵王の請を受けんと欲するが故に、是の経を説く。

問うて云う。昔、『波若』等の教には已に、梵王の請を受くるが故に之れを説く、と明かす。今と何が異なるや。

答う。請に二時有り。酬も亦た両種なり。請の二時とは、初めに一乗根本法輪を説くを請い、後に三乗枝末の教を説くを請う。酬も亦た二時ありとは、昔自り已来、三乗の教を説くを請うを受け、今方《まさ》に其の一乗根本法輪を説くを請うに酬《むく》いることを得。是の故に今、請を受くること、昔と異なると為すことを明かす。具《つぶ》さには方便品(1)、及び『智度論』の初巻(2)に説くが如きなり。

【注】 (1)『法華経』方便品、「爾時諸梵王　及諸天帝釈　護世四天王　及大自在天　並余諸天衆　眷属百千万　恭敬合掌礼　請我転法輪」(大正九・九下)を参照。 (2)『大智度論』巻第一、「是時三千大千世界主梵天王名式棄、及色界諸天等、釈提桓因、及欲界諸天等、幷四天王、皆

詣仏所、勧請世尊初転法輪」（大正二五・五八上）を参照。

【解説】ここには、釈尊の成道にまつわる有名な梵天勧請《かんじょう》の話が出る。釈尊は菩提樹の下で最高の正しい悟りを得たが、自分の悟った奥深い法を衆生に説いても、衆生はけっして理解できないであろう、もしそうであれば、説法はまったくの徒労に終わるので、沈黙を守ってそのまま涅槃に入ったほうがよいと考えた。そのとき、梵天王は釈尊の心中を察し、梵天の世界から下りてきて釈尊の前に姿を現わし、説法をお願いするのである。釈尊が梵天の願いに応えて説法を開始したのは言うまでもない。

梵天王は、インド思想においては、宇宙の根源であるブラフマンを神格化したもので、宇宙の創造神と言われる。仏教はこれを自己の世界のなかに組み込んで、色界初禅天《しきかいしょぜんてん》に住む仏教の守護神とした。梵天の勧請を媒介として釈尊が説法を開始したという、この話は仏教が自らの権威化を図ったものである。つまり、この話は、梵天王が精神界の王たる地位を釈尊に譲ったことを意味するからである。また、この話は、衆生に説法するという慈悲心が、釈尊の菩提樹下での悟りに必要不可欠なものではないことを物語っている。というのは、釈尊は悟りを得た後に、衆生に対する説法を躊躇《ちゅうちょ》しているからである。このことは慈悲心を強調する大乗仏教に慣れ親しんだ者から見ると、一種の違和感を感じさせるものであるが、梵天勧請の話が仏教の権威化を目指して創作されたものであるのか、どこまで釈尊の内面的心理の真実を描写したものなのか、これらの問題に関する解釈の余地がまだ残されていると思われる。

この釈尊の成道にまつわる梵天勧請の説話を下敷に、吉蔵は新たに『法華経』を位置づけている。まず、梵天の勧請を、一乗根本法輪の説法を願うことと、三乗枝末の教えの説法を願うことの二つに分類している。根本法輪、枝末の教えについては、後に出る三種法輪の解説を参照願いたい。この二種類の願いに対する応えにも二種類あり、『法華経』以前は三乗の説法の願いに応えたものであり、『法華経』は一乗の説法の願いに応えたものとされる。

吉蔵がこのように梵天の勧請と釈尊のそれに対する応えをそれぞれ二種類に分けたのは、注に紹介した『法華経』方便品の文に着想を得たからであると思われる。方便品では、梵天勧請の説話との関連で『法華経』を位置づけているのである。釈尊は自分の得た智慧は微妙で最高のものであるから、宗教的能力が劣り、快楽に執著し無知によって盲目とされている衆生をどのように救済したらよいか、菩提樹下で思い悩んだ。そこに梵天等が現われ、釈尊に説法をお願いする。釈尊は、もしただ仏乗を讃えるだけならば、衆生はそれを信じることができず、かえって三悪道に落ちてしまうであろう、もしそうならば、説法をしないで速やかに涅槃に入ったほうがよいと考えた。そこで、釈尊は過去仏の行なった方便力に思いをいたすことによって、自分も方便力によって三乗を説こうと思うに至った。十方の仏もその場に現われて、釈尊の決意を讃えた。そこで、釈尊は長い間、衆生のために三乗を説いてきたのであり、今『法華経』に至って、「正直に方便を捨てて、但《た》だ無上道を説くのみ」との立場で、一仏乗を説くのである。このような方便品の思想に基づいて、『法華経』に説かれる三乗から一乗へという釈尊の教化の図式に対応する形で、梵天の勧請のなかに、一乗の説法と三乗の説法との二つの勧請を区別したのである。

## 三　権智と実智の二智

【訳】　第三には、十方の三世の仏たちの権智《ごんち》と実智《じっち》の二智が互いに助けあって成立していることを明かそうとするので、この経を説く。しかし、仏たちの心はいまだ権であったり実であったりしたためしはない。どうして一であったり三であったりするであろうか。それゆえ、自己とそれ以外のものはともに奥深くて捉えがたくなり、認識の対象と認識の主体はどちらも静寂となる。しかし、名称や様相で捉えられないものについて、名称や様相を借りて説く。衆生を救済しようとするから、強いて権実と呼べば、互いに助けあって成立させることがある。それゆえ、実でなければ、権を論じることがなく、権でなければ、実を論じることがない。実には権を生起させる働きがあり、権には実を助ける作用がある。そこで、経文に「一仏乗において区別して三乗を説く」とあるのは、実から権を生起させることを意味する。「私はこの方便を設けて、仏の智慧に入ることができるようにさせる」とあるのは、権によって実に通じることである。

【訓読】 三には、十方三世の諸仏の権実の二智、互相《たが》いに資成《しじょう》するを明かさんと欲するが故に、此の経を説く。然るに諸仏の心は未だ曾《かつ》て権と実とならず。豈《あ》に是れ一と三とならんや。故に内外並びに冥じ、縁観倶《とも》に寂す(1)。但だ無名相の中に於て名相を仮りて説くのみ(2)。衆生を出処《しゅつしょ》(3)せんと欲するが故に、強いて権実と称すれば、則ち互相いに資成すること有り。故に実に非ざれば以て権を辨ずること無く、権に非ざれば以て実を辨ずること無し。実には権を起こすの功有り、権には実を資《たす》くるの用有り。是を以て文に云わく、「一仏乗に於て分別して三を説く」(4)と。実従り権を起こすを謂う。「我れ是の方便を設けて、仏慧に入ることを得しむ」(5)と。則ち権を以て実に通ず。

【注】 (1)曇影『中論序』(『出三蔵記集』巻第十一所収)、「内外並冥、縁智倶寂」(大正五五・七七上)を参照。吉蔵の好んで引用する文である。(2)『仏蔵経』巻第一、諸法実相品、「世尊乃於無名相法以名相説、無語言法以語言説」(大正一五・七八二下)を参照。(3)文脈から衆生を救出するの意と解釈したが、「出処」の用例未見。(4)『法華経』方便品、「諸仏以方

便力、於一仏乗分別説三」（大正九・七中）を参照。（5）『法華経』方便品、「我説是方便、令得入仏慧」（同前・八上）を参照。

【解説】　全体の趣旨は、仏たちの心は権（仮りの意）とか実（真実の意）とかの規定を越えたものであるが、言葉を用いて衆生を救済する次元においては、権と実が成立し、三乗を説く権智と一乗を説く実智とは相互依存的関係にあるので、三乗に執らわれれば実を喪失することになり、一乗に執らわれれば権を喪失することになる。したがって、三乗にも一乗にも執らわれずに、権智と実智との相互依存的関係を正しく認識して、仏の智慧に入り、一道に帰着することができる、というものである。

権智と実智とは仏の智慧の二面であり、相互依存的関係にある。実智は『法華経』に二例あり、真実の智慧の意である。権智は『法華経』に出ない。権智と実智とを対《つい》として考えたのは中国の注釈家たちであり、すでに法雲『法華義記』には、五時の経典（阿含経、般若経、維摩経、法華経、涅槃経）それぞれの二智について述べている。『法華経』の二智は三乗を説く権智と一乗を説く実智とされる。吉蔵もこの解釈を踏襲している。

この段には吉蔵の思惟の基本的特色がよく示されている。それは言葉で表現できない究極的次元と、言葉による表現が成立する次元との区別である。前者は、ここでは「諸仏の心」についてであるが、権と実（仏智について言われる）、一と三（教法について言われる）、長と短（仏寿について言われる）、常と無常（仏身について言われる）などの相対概念による把捉を突破超越していることが指摘されている。後者は、衆生を救済するという限定のもとで、相対概念による議論が成立する次元である。本文においては、無名相と名相を借りて説くこととの区別がそれである。このような区別は仏教に広く見られる特徴であり、吉蔵だけの特色ではないが、吉蔵の議論にはしばしばこのことが強調されていると言える。言葉で表現できない究極的次元が、仏教における議論の逃げ場として利用されると、仏教の議論は論理性を持たずに、無責任な議論に堕してしまう危険性が生まれる。実際にこのような危険は仏教の歴史には少なからず見られることであったと思われる。だが、言葉で表現できない究極的次元を認めないならば、それも仏教ではない。私たちの日常生活の経験においても、言葉で表現できないことは少なくない。それと同じように宗教生活の体験についても、言葉で表現できないことは多いであろう。言葉が万能でない以上、このことは当り前のことである。吉蔵は、言葉で表現できない究極的次元と、言葉による表現が成立する相対的次元とを区別した上で、後者の次元での議論をかなり熱心に遂行しようと努力していると思われる。しかし、そのような熱心な議論も、究極的次元の前で解消してしまうことが予定調和的に前提されてしまうという安易さも見られる。また、一方、言葉で表現できない究極的次元を高く掲げることが、不毛な議論に終止符を打って、人々を仏道の実践へと導く灯火になる可能性も考えられよう。

本文の解説に話を戻す。権智と実智との相互依存的関係は、具体的には実には権を生起させる作用があり、権には実に通じる作用があるというもので、方便品からの引用文について、一仏乗＝実から三乗＝権を生起させ、方便＝権によって仏慧＝実に通じることを示して、そのことを実証している。

【訳】 しかし、教えを受ける弟子は、ある場合は権に執著して実を喪失し、ある場合は実に執著して権を喪失する。権に執著して実を喪失するとは、昔からずっと、三乗教に執著する人は一実に悟入することができない者である。実に執著して権を喪失するとは、『法華経』の一乗を受ける菩薩は、道理は唯一で、三乗がないことを聞く以上、そのままその理が一であることを固守して三の働きを失う、という意味である。『法華論』に、薬草喩品は「菩薩の病を破ろうとするために説かれる」と解釈するようなものである。「同一の大地によって生みだされたもの、同一の雨によって潤されたものであるけれども、多くの草木にはそれぞれ区別がある」と。これは、理は一つであるけれども、縁にしたがって三あることを明らかにする。どうして一を固守して三の働きを失うことがあろうか。

しかし、昔、三乗教を受けた人は、実を喪失する以上、また権をも失う。一乗教に執著する人は、その権を失う以上、また実をも喪失する。それゆえこの二人はみな如来の権実の二智を失い、どちらも顚倒した虚妄の断見、常見にとどまる。今昔の互いに〔権と実とを〕失う縁を破り、如来の権実の二智が互いに助けあって成立していることを知らせようとする。二智を知る以上、そのまま仏の智慧に入り、同じく一道に帰着する。それゆえこの経を説くのである。

【訓読】 但だ禀教《ほんきょう》の徒は、或《ある》は権を執して実を喪《うしな》い、或は実を執して権を喪うのみ。権を執して実を喪うとは、昔自り已来、三乗教を執する人は一実に悟入すること能わざる者なり。実を執して権を喪うとは、謂わく、『法花』の一乗を禀《う》くる菩薩は、既に道理は唯一にして三乗有ること無きを聞けば、遂《つい》に其の理の一なるを守りて三の用を失う。『法花論』に薬草喩品を「菩薩の病を破せんが為めの故に来たる」(1)と釈するが如し。「一地の生ずる所、一雨の潤す所なりと雖も、諸の草木に各、差別有り」(2)と。此れは、理は是れ一なりと雖も、縁(3)に随って三有るを明かす。豈に一を守りて三の用を失う可けんや。

然るに、昔、三乗教を禀くる人は、既に実を喪えば、亦復た権をも失う。一乗教を執する人は、既に其の権を失えば、亦復た実をも喪う。故に此の二人は皆な如来の権実の二智を失い、並びに顚倒虚妄《てんどうこもう》の断常に住す。今昔の互いに失うの縁を破して、如来の権実の二智互相いに資成することを識《し》らしめんと欲す。既に二智を識れば、便《すなわ》ち仏慧に入り、同じく一道に帰す。故に此の経を説くなり。

【注】（1）『法華論』（菩提留支等訳『妙法蓮華経憂婆提舎』）巻下、「三者大乗一向決定増上慢心、起如是意、無別声聞辟支仏乗。如是倒取。対治此故為説雲雨喩。応知」（大正二六・八中）を参照。（2）『法華経』薬草喩品、「雖一地所生一雨所潤、而諸草木各有差別」（大正九・一九中）を参照。（3）機縁＝衆生のこと。ここでは具体的には声聞・縁覚・菩薩を指す。

【解説】 権智と実智とが相互依存的関係にあることから、権に執著すると実を喪失し、実に執著すると権を喪失する結果となる。前者の例は、昔の三乗に執著する場合で、後者の例は、『法華経』の一乗に執著する場合である。一乗に執著するとは、理の唯一性を固守して、仏の方便力による三乗の存在をまったく無視してしまう誤りをいう。これが『法華論』に指摘される菩薩の病とされる。吉蔵にとっては、三乗に執著することも一乗に執著することもともに誤った考えなのである。上に述べた吉蔵の思惟の特色からすれば、一乗、三乗という規定を突破超越したところが重要なのである。三乗に執著する者も、一乗に執著する者も、いずれも権実二智を失う。『法華経』は権実二智の相互依存的関係を正しく認識させることによって、仏の智慧に入り、一道に帰着させるのである。

## 四　衆生を浄化する三種の教え――三浄法門

【訳】　第四には、三浄法門を説こうとするから、この経を説く。けれども、衆生はその本性が静寂そのものであり、汚れたり、清らかであったためしはない。汚れてもいず、清らかでもないけれども、衆生において誤った考え方が生じる。このため汚れが成立する。ただこのひどく汚れた衆生は急に救うことができないので、仏、菩薩たちは段階的に救出する。〔これが〕三浄の教えを開示する理由である。第一には五戒・十善によって三塗《さんず》を浄化する。次は二乗を説いて、それで三界《さんがい》を浄化する。最後は一道を明かして、それで二乗を浄化する。三塗を重い苦とし、三界を中ぐらいの苦とし、変易《へんにゃく》〔の生死〕を軽い苦とする。それゆえ三門を説いて、それでその三つの汚れを浄化する。三つの汚れが消滅したからには、三つの浄化もまたなくなる。それゆえこの経を説くのである。けれども三つの浄化を説くのは、三つの汚れをなくすためである。汚れが続かなければ、浄化もまたそのままなくなる。諸法はその本性が静寂であり、汚れたり、清らかであったためしがないことを理解すれば、かえって仏の智慧に入り、直ちに道場に至るのである。

【訓読】　四には、三浄法門を説かんと欲するが故に、此の経を説く。然るに衆生は本性寂滅にして、未だ曾て垢と浄とならず。垢と浄とに非ずと雖も、衆生に於て顚倒す。是の故に垢を成ず。但だ此の垢重き衆生は頓《とみ》には抜く可からざるが故に、諸仏菩薩漸漸《ぜんぜん》に之《こ》れを出《い》だす。三浄の教を開く所以なり。一には、五戒・十善を以て三塗を浄む。次には、二乗を説いて以て三界を浄む。後には、一道を明かして以て二乗を浄む。三塗を以て重苦と為し、三界を中苦と為し、変易を下苦と為す。故に三門を説いて、以て其の三垢を浄む。三垢既に滅すれば、則ち三浄も亦た忘る。故に此の経を説くなり。然るに三浄を説くは、三垢を止めんが為めなり。垢若し留まらずば、浄も亦た便ち息む。諸法は本性寂然にして、未だ曾て垢と浄とならざるを了悟せば、乃《すなわ》ち仏慧に入り、直ちに道場に至るなり(1)。

【注】 (1)『法華経』譬喩品、「得如是乗　令諸子等　日夜劫数　常得遊戯　与諸菩薩　及声聞衆　乗此宝乗　直至道場」(大正九・一五上)を参照。

【解説】 ここには三浄法門が説かれるが、この段の冒頭と結びの部分には、衆生の垢と浄とを議論することを、より広い立場から限定する全体の枠組みが示されている。つまり、衆生は本来のあり方として一切の対立が滅んでいる静寂そのものであり、始めから垢も浄もないこと、しかし、衆生は自己の本来的あり方を自覚せず、誤った考えによって垢が生じ、その垢が重くすぐに救済できないから、段階的に救済する三浄法門が説かれることになるが、垢と浄とは相対的概念であるから、三浄法門によって三垢が滅べば、三浄もなくなること、このように垢・浄を離れた諸法の本性を体得すれば、仏の智慧に入ることができることが明らかにされている。ここでも、吉蔵は垢と浄の相対概念による把捉を突破超越したところに、究極的次元（ここでは衆生の本来的あり方）を設定し、何ものにも執らわれない無所得の立場を示している。

以上のような前提を受けて、三浄法門が成立している。これは、簡潔に表現すれば、「五戒・十善の人天乗によって三塗を浄化し、四諦・十二因縁の声聞乗・縁覚乗の二乗によって三界を浄化し、『法華経』の一乗によって二乗を浄化する」教えである。この三浄法門は、『法華経』の一乗思想に着目することによって、釈尊の一代の教化を人天乗・二乗・一乗の三段階に整理した一種の教判思想であり、『法華経』を第三段階に位置づけて釈尊の教化の完成として捉え、また、『法華経』の特徴を二乗作仏（声聞と縁覚が成仏すること）を可能にする一乗思想にあると見ている。

五戒は、在家の仏教信者が守るべき五つの戒めであり、これを守れば人間として生まれることができるので、人乗《にんじょう》という。五戒の内容は、生き物を殺さないこと（不殺生《ふせつしょう》戒）・盗みをしないこと（不偸盗《ふちゅうとう》戒）・性的不倫を犯さないこと（不邪婬《ふじゃいん》戒）・嘘をつかないこと（不《ふ》妄語《もうご》戒）・酒を飲まないこと（不《ふ》飲酒《おんじゅ》戒）である。十善は、十種の善い行為で、これを守れば天界(六道の最高の世界で、神々の住む世界)に生まれることができるので、天乗という。十善の内容は、不殺生・不偸盗・不邪婬・不妄語・他人の仲を裂く言葉を言わないこと(不両舌《ふりょうぜつ》)・他人を傷つける言葉を言わないこと(不悪口《ふあっく》)・意味のない無益なおしゃべりをしないこと(不綺語《ふきご》)・むさぼらないこと(無貪《むとん》)・怒らないこと(無瞋《むしん》)・誤った見解を持たないこと(正見)である。人間の行為の三方面、すなわち身・口・意の三業に関する善を十種列挙したものである。三塗は三途とも書き、地獄・餓鬼・畜生の三悪道(三悪趣)である。道、途、趣はいずれもガティ(gati)の漢訳であり、趣くところの意である。輪廻して生まれる場所、生存領域を意味する。ここでは地獄・餓鬼・畜生・人・天の五道(これに阿修羅を畜生と人との間に加えると六道となる)の輪廻が前提になっており、三浄法門の第一は三悪道を越える人乗・天乗を指すのである。

次に、第二の法門は三界を越える声聞乗・縁覚乗を指す。四諦が声聞乗、十二因縁が縁覚乗を指すことは『法華経』自身に説かれることであり、その内容については本書の序論ですでに解説した。三界は欲界・色界・無色界のことで、衆生が輪廻する範囲を三種に分けたものである。欲界は欲望に支配された衆生の住む世界であり、地獄の衆生から天のなかの低位のものが住む世界である。色界は欲望の支配を越えたが、物質的な条件の制約を受けるもの、天の中位のものが住む世界である。無色界は欲望の支配と物質的な条件の制約を越えた、精神的な条件だけの制約を受けるもの、天の高位のものが住む世界である。仏教の世界観の基本は、ある主体者の住む環境世界は、その主体者の宗教的境涯と相即するというものである。私たちの眼前の欲界は理解しやすいが、色界、無色界もこの世界観に沿って構想されたものである。つまり、色界の四禅（欲望を離れることから生じる喜び＝離生喜楽《りしょうきらく》を特徴とする初禅・禅定から生じる喜び＝定生《じょうしょう》喜楽を特徴とする二禅・これまでの喜びを超越した真実の喜び＝離喜妙楽《りきみょうらく》を特徴とする三禅・苦楽を超越した境地＝非苦非楽を特徴とする四禅の四種の瞑想）を修めたものが生まれる世界が色界であり、無色界の四無色定（空無辺処定・識無辺処定・無所有処《むしょうしょ》定・非想非非想処定の四種の瞑想）を修めたものが生まれる世界が無色界である。つまり、修める禅定の境地に対応する世界を構想したのである。

　最後に、第三の法門は声聞乗・縁覚乗の二乗を越える『法華経』の一乗を指す。小乗仏教では、三界を輪廻する原因である煩悩をすべて断ち切って、二度と再びこの三界に生まれないことを理想とした。その理想を涅槃（ニルヴァーナ、nirvāṇa）と呼び、その境地に達した聖者を阿羅漢（アルハット、arhat）と呼んだ。大乗仏教は、煩悩を断ち切ることによって輪廻を越える、という小乗仏教の救済の図式を基本的に踏襲《とうしゅう》し、なおかつ大乗仏教の優位を保持するために、次のような理論体系を形成した。小乗仏教の聖者は三界内の分《ぶん》段《だん》の生死を越えたが、まだ無明住地惑《むみようじゆうちわく》を滅していないため、三界の外の不思議変易の生死をまだ越えていないというものである。輪廻は、さまようという意味の動詞から派生したサンサーラ(saṃsāra)の漢訳で、また生死とも訳される。分段とは、身体と寿命に分段(限界)のあること、変易とは身体と寿命の長短を自在に変化させることができることの意である。この理論はもと『勝鬘経《しようまんぎよう》』に出たものであるが、中国では大乗と小乗を区別する根拠を示す理論として広く受容された。

## 五　衆生を導く三種の教え――三摂法門

【訳】　第五には、三摂《さんしよう》法門を説こうとするから、この経を説く。多くの聖人が教えを垂《た》れることをまとめて論じると、全部で三門がある。第一に摂邪帰正《しようじやきしよう》門、第二に摂異帰同門、第三に摂因帰果門である。

摂邪帰正門とは、釈尊がまだ出家しないときに、全部で二つの邪があった。第一に在家の渇愛《かつあい》を生じる衆生である。第二に出家の誤った見解を持つ外道である。これら二者はどちらも正しい道に背いているので邪と呼ぶ。それゆえ、方便品に「多くの欲望をもつ理由で多くの苦しみをすべて受ける」とあるのは、とりもなおさず渇愛を生じるグループである。「有見や無見などの邪見の茂った林に入る」とあるのは、外道たちを意味する。乃至、譬喩品には「渇愛を生じるのをあの毒虫にたとえ、誤った見解を悪鬼にたとえる」とある。如来が世に出現して、その二つの邪を収めて、五乗という正しいものに帰着させる。これら二人のなかに、誤った教えを聞いたことのない者がいれば、人天の善根によってこれらを成熟させる。三乗の根性の者がいれば、三乗の教えによってこれらを収め取る。それゆえ、その二つの邪を収めて五乗という正しいものに帰着させるのである。

第二に摂異帰同門とは、教えを受ける弟子が昔の三乗を聞いて、すぐに一道を悟る場合は、あらためて『法華経』の教えを説く必要がない。ただし鈍根のグループは二つの邪を捨てるけれども、あらためて異なる五乗に対して執著する。今、これらの異なる五乗を収めてどれもこれも一乗に帰着させようとする。〔これを〕摂異帰同門という。

第三に摂因帰果門とは、前の異なる五乗を収めてどれもこれも一乗に帰着させようとするのは、ただ因位の修行である。今、因を修めて果を証させようとするために、如来の真《しん》身《じん》・応身《おうじん》の二身を説く。〔これを〕摂因帰果門という。

【訓読】 五には、三摂法門を説かんと欲するが故に、此の経を説くなり。総じて群聖《ぐんじょう》の教を垂るることを談ずるに、凡そ三門有り。一には摂邪帰正門、二には摂異帰同門、三には摂因帰果門なり。

摂邪帰正門とは、釈迦未だ出《い》でざるの前、凡そ二邪有り。一には在家の愛を起こすの衆生なり。二には出家の諸見の外道なり。此の二は並びに正道に乖《そむ》くが故に称して邪と為す。故に方便品に云わく、「諸欲の因縁を以て備《つぶ》さに諸の苦毒を受く」(1)と。即ち愛を起こすの流なり。「邪見の稠林《ちゅうりん》、若しは有、若しは無等に入る」(2)と。諸の外道を謂うなり。乃至、譬喩品に云わく、「愛を起こすを彼の毒虫に譬え、諸見を悪鬼に喩同《ゆどう》す」(3)と。如来は出世して彼の二邪を摂して、五乗の正に帰す。此の二人の中に非法を聞くこと無き者有れば、人天の善根を以て、之れを成就す。三乗の根性の者有れば、三乗の法を以て、之れを摂取す。故に彼の二邪を摂して、五乗の正に帰するなり。

二に摂異帰同門とは、若し稟教の徒、昔の三乗を聞いて頓に一道を悟らば、復た更に『法花』の教を説くを須《もち》いず。但だ鈍根の流は二邪を捨つと雖も、更に五異に対(4)執するのみ。今、茲の五異を摂し同じく一乗に帰せんと欲す。摂異帰同門を謂うなり。

三に摂因帰果門とは、前の五異を摂して同じく一乗に帰するは、但だ是れ因行なるのみ。今、因を修し果を証せしめんと欲するが為めの故に、如来の真応の両身を説く。摂因帰果門を謂う。

【注】(1)『法華経』方便品、「以諸欲因縁　墜堕三悪道　輪廻六趣中　備受諸苦毒」(大正九・八中)を参照。(2)『法華経』方便品、「入邪見稠林　若有若無等」(同前)を参照。(3)『法華経』譬喩品、「悪鬼毒虫」(同前・一四中)を参照。(4)「対」は「封」の誤りかもしれない。

【解説】　三摂法門は『法華玄論』においては三引《さんいん》法門と呼ばれているが、内容は同じであり、他の法華疏である『法華義疏』『法華統略』にも論及され、吉蔵にとって重要な考えであったことが分かる。三摂法門の名称は、摂邪帰正門（邪を摂して正に帰する門）、摂異帰同門（異を摂して同に帰する門）、摂因帰果門（因を摂して果に帰する門）である。「摂」とは収め取るの意である。

第一の摂邪帰正門は、在家の愛煩悩を起こす衆生と、出家の見煩悩を起こす外道の二種の邪を収めて、人乗・天乗・声聞乗・縁覚乗・仏乗の五乗の正に帰入させる教えであり、『法華経』以前の教えを指す。仏教では、煩悩を愛と見との二種類に分けることがある。前者は情的煩悩であり、後者は知的煩悩である。それぞれ煩悩障、所知障と呼ばれる場合もある。貪欲《とんよく》（むさぼり）や瞋恚《しんに》（怒りや激しい憎悪）などは愛煩悩であり、我見《がけん》（永遠不滅の霊魂であるアートマンの実在を信じる誤った宗教的見解）や邪見（因果応報の道理を信じない誤った宗教的見解）などは見煩悩である。愛煩悩のほうが煩悩としては軽いもので、見煩悩はなかなか滅することができないので、ここではそれぞれ在家の衆生と出家の外道に当てはめているが、実際には在家の衆生にも出家の外道にもどちらの煩悩も備わっていることが多いはずである。

五乗は、三浄法門においても一括して捉えられていたが、ここでも邪に対する正しいものとして挙げられている。在家の衆生と出家の外道のなかに、誤った教えを聞いたことがない者がいて、その者たちには人乗・天乗を教え、声聞乗・縁覚乗・仏乗（菩薩に対する教えだから菩薩乗ともいい、菩薩が仏となる教えだから仏乗ともいう。吉蔵は五乗を挙げるときは仏乗と言う）の三乗の教えを受けるべき能力を持つ者に対しては三乗の教えが与えられる。仏教においては、人乗・天乗は、それによって得られる境涯が人・天であり、六道輪廻の範囲に属するので世間の教えとされ、三乗は六道輪廻を越えた境涯をもたらすので、出世間の教えと規定される。そこで、人天乗と三乗の間には一線が画されるのである。

第二の摂異帰同門は、五乗が一道（一乗）から展開したものであることを知らずに、それぞれ別なものであることに執らわれる者を収めて、同じく一乗に帰入させる教えであり、『法華経』の初分（方便品から法師品までの範囲で、乗の真実を明かす段落）に相当する。第一の摂邪帰正門によって一乗をすぐに悟ることができれば、『法華経』を説く必要がないのであるが、実際には多くの人々は自己に与えられた五乗の教えに執らわれて、一乗を悟ることができない。そこで『法華経』が説かれなければならないのである。

第三の摂因帰果門は、如来の真身と応身との二身を説くことによって、一乗の因位を収めて、仏果に帰入させる教えであり、『法華経』の後分（見宝塔品から分別功徳品の格量偈までの範囲で、身の真実を明かす段落)に相当する。大乗仏教では仏身論が盛んになり、法身《ほっしん》(理法を身体とする仏、つまり理法を仏身に見立てたもの)・報身《ほうじん》(修行によって報われた仏身で、智慧を本質とする)・応身(慈悲によって衆生を救済するために具体的な姿形を現わした仏身)の三身説などが有名であるが、ここでは真身と応身の二身説が示されている。この場合の真身は法身を指すと考えてよい。五乗から一乗へという第二門は因位の修行を説くものである。『法華経』の初分で明かされる一乗は、すべての者が成仏する教えの意味であり、成仏を目指して修行することを明かしているので、因位の修行と呼ばれている。それに対して『法華経』の後分は、仏身を明らかにして、因から果(仏身)へ衆生を導くものである。

【訳】『法華経』の前にはただ初門だけがある。この経は(釈尊の)一代の教化を統合するので、三門をすべて備える。しかしながら、これら三門を明かす意義は、それで静寂そのもので言葉を越えた道に通達し、奥深い悟りの客人に、この不可思議な究極は邪でも正でもあったためしがなく、乃至、どうして因果であろうか、ということを体得させようとすることである。それゆえこの三門は収めない教えもなく、収めない理もないこと、あたかも空《そら》がすべての形あるものを含み、海がすべての川を納めるようなものである。

【訓読】『法花』の前には但だ初門のみ有り。斯の経は既に一化を融会《ゆうえ》すれば、則ち三門を具足《ぐそく》す。然るに此の三門を明かす意は、為《もっ》て寂滅無言《むごん》の道に通じ、玄悟の賓《ひん》をして斯の妙極は、未だ曾て邪と正とならず、乃至、豈に是れ因果ならんや、と体せしめんと欲す。故に此の三門は教と《ごと》して収めざる無く、理として摂せざる無し。空の万像を含むが如く、海の百川を納むるが若し。

【解説】『法華経』以前の教えは第一の摂邪帰正門だけである。『法華経』は前に述べたように、一応は第二門、第三門に当たるのであるが、釈尊の一代の教化を統合するので、三門すべてを備える。このように『法華経』の統合性を強調することは吉蔵にしばしば見られる。次節の三種法輪においても同様のことが示される。すべての教、すべての理を包含する三門を『法華経』がすべて備えるというのであるから、釈尊の仏教はすべて『法華経』に包含されるというのが、吉蔵の法華経観の根本をなすと言ってよいであろう。

また、ここでも、言葉で表現できない究極的次元を「寂滅無言の道」として提示し、そこにおいては邪と正、因と果などの相対概念による把捉が拒絶されることを示している。吉蔵の常套《じょうとう》的な論理である。

三摂法門は、第一に五乗と一乗とを相対させる視点で、『法華経』以前の教えと『法華経』とを区別し、さらに因果の視点で、『法華経』の初分と後分とを区別している。したがって、『法華経』の一乗思想だけでなく、後分の仏身思想にも着目した教判思想と言える。

## 六　根本・枝末・摂末帰本の三種法輪

【訳】　第六には、三種の法輪を説こうとするから、この経を説く。三種というのは、第一に根本法輪、第二に枝末の教え、第三に摂末帰本《しょうまつきほん》〔法輪〕である。根本法輪とは、仏が成道したばかりのときの『華厳経』の集会において、もっぱら菩薩だけのために一因一果の法門を開示することを意味する。根本の教えという意味である。しかし、福徳が薄く宗教的能力の劣ったグループは一因一果を聞くことができないので、一仏乗において区別して三乗を説く。枝末の教えを意味するのである。四十余年間、三乗の教えを説いてそれらの心を訓練し、今の『法華経』に至ってはじめてその三乗を統合して一道に帰着させることができる。〔これが〕とりもなおさず摂末帰本の教えである。

【訓読】　六には、三種の法輪を説かんと欲するが故に、此の経を説く。三種と言うは、一には根本法輪、二には枝末の教、三には摂末帰本なり。根本法輪とは、仏、初成道の『花厳』の会《え》に、純《もっぱ》ら菩薩の為めに一因一果の法門を開くを謂う。根本の教を謂うなり。但だ薄福鈍根の流は一因一果を聞くに堪《た》えざるが故に、一仏乗に於て分別して三を説く(1)。枝末の教を謂うなり。四十余年(2)、三乗の教を説いて其の心を陶練《とうれん》す。今の『法花』に至りて始めて彼の三乗を会して一道に帰するを得。即ち摂末帰本の教なり。

【注】(1)八三頁注(4)参照。(2)六九頁注(1)参照。

【解説】吉蔵の教判は二蔵三輪説であると言われることがある。二蔵説は声聞蔵と菩薩蔵とを区別することであるから、換言すれば、大乗と小乗との区別ということであり、とくに珍しいものではない。この点、三輪説＝三種法輪説は吉蔵独自の教判である。この三種法輪説の成立過程について一言すると、『法華玄論』においては、その思想的萌芽はあるものの、まだ名称は確立しておらず、『華厳経』と『法華経』を指す教えとして根本法輪の名だけが見えている。『法華義疏』においては、三種法輪の名称に若干の字句の異同が見られるものの、その名称と思想内容が確立し、三種法輪をめぐるあらゆる問題が議論されている。『法華遊意』ではとくに新しい展開はないが、簡潔に要点がまとめられている。

三種法輪の意味するところを簡潔に述べよう。『華厳経』においてただ菩薩のために説かれる一因一果の法門を根本法輪とし、一因一果を聞いてもすぐに理解できない鈍根の者

（宗教的能力の劣った者）のために説かれた三乗を枝末法輪（本文では枝末の教）とし、三乗を集めて一乗に帰着させる『法華経』を摂末帰本法輪とする。

ここでは『華厳経』を一因一果の法門としているので、本文には出ていないが、枝末法輪の三乗は三因三果の法門となり、『法華経』の一乗は『華厳経』と同様、一因一果の法門となる。仏教にとって、このような因果論はきわめて重要なものである。というのは、仏教における修行という因と、その修行の結果実現されるべき宗教的理想という果とが、ある意味で仏教のすべてと言って差し支えないからである。三因三果とは、声聞と縁覚と菩薩には互いに異なる修行の因と、それぞれ阿羅漢、縁覚、仏という互いに異なる果があることである。これに対して一因一果とは、すべての者が菩薩として唯一の修行の因を実践し、その結果すべての者が成仏という唯一の果に到達することをいう。この一因一果という点で、『華厳経』と『法華経』とは同一であることが指摘されるのである。このことは、すでに述べたように『法華玄論』において二経をともに根本法輪と呼んでいることに端的に示されている。摂末帰本法輪という概念も、枝末の教えを摂して根本の教えに帰着させるという意味で、結局根本法輪と同一の意味を担うことができるのである。もちろん単なる根本法輪ではなく、枝末法輪との相対的な関係における根本法輪としてである。

そもそも三種法輪は、吉蔵以前のある種の教判において『華厳経』が『法華経』よりも高い位置づけをなされていたのに対し、二経の思想的同一性を定立することに主眼があった。したがって、三種法輪の議論される文脈では、後に出るように二経の比較研究がなされることがあるのである。また、三種法輪は、『法華経』自身に説かれると解釈された釈尊一代の教化の構図、すなわち、一乗→三乗→一乗を三種法輪によって明示することをも狙《ねら》いとしている。最初の一乗は『法華経』において必ずしも明瞭ではない。というのは、「一仏乗に於て分別して三を説く」とあるが、実際に最初に説いたのは三乗であり、最後に一乗を説いたのである。最初に『華厳経』において一乗の説法があったというのは、吉蔵の解釈が盛り込まれているのである。

【訳】 質問。この経のどこに三輪の文があるか。

解答。信解品には「長者が師子座に坐し、眷属《けんぞく》に囲まれて、宝物を連ねている」とあるのは、とりもなおさず『華厳経』の根本の教えを指すのである。「子を呼んでもうまくいかないので、ひそかに二人を派遣し、美しくりっぱな服を脱いで、破れ垢《あか》じみた衣を身につける」とあるのは、一を隠して三を説くことを意味し、枝末の教えを意味するのである。「あたかも富裕な長者が子の心の下劣なことを知って、その心をなつけ抑えて、やっと大智を教えるようなものである」とあるのは、摂末帰本の教えを意味する。さらにまた、譬喩品に「あたかもその長者は身や手に力があってもそれを使用することができないように、ただ真心からの方便によって子たちを火宅の災難から救済し、そうして後にそれぞれ美しくりっぱな大きな車を与えるようなものである」とある。最初の句は根本〔法輪〕を隠すことを意味し、次の句は枝末〔法輪〕を生起することを意味し、最後の句は摂末帰本〔法輪〕を意味する。とりもなおさず三輪の明らかな証拠である。

【訓読】問う。此の経の何処《いずこ》に三輪の文有るや。

答う。信解品に云わく、「長者、師子坐に居し、眷属に囲遶《いにょう》せられ、宝物を羅列す」(1)と。即ち『花厳』の根本の教を指すなり。「子を喚《よ》んで得ざるが故に、密かに二人を遣わし、珍御《ちんぎょ》の服を脱いで弊垢《へいく》の衣を著る」(2)と。一を隠して三を説くを謂う。枝末の教を謂うなり。「富長者、子の志劣なるを知りて、其の心を柔伏《にゅうぶく》し、乃ち大智を教うるが如し」(3)と。摂末帰本の教を謂う。又た譬喩品に云わく、「彼の長者、復た身手に力有りと雖も、之れを用いること能わず、但だ、慇懃《おんごん》なる方便を以て諸子の火宅の難を勉済《めんさい》し、然る後に各、珍宝の大車を与うるが如し」(4)と。初めの句は根本を隠すを謂う。次の句は枝末を起こすを謂う。後の句は摂末帰本を謂う。即ち三輪分明《ふんみょう》の証なり。

【注】(1)『法華経』信解品、「遙見其父踞師子牀宝几承足。諸婆羅門刹利居士皆恭敬囲繞。……羅列宝物出内取与」(大正九・一六下)を参照。(2)『法華経』信解品、「即遣傍人急追将

還。爾時使者疾走往捉。窮子驚愕称怨大喚。……父遙見之而語使言、不須此人。勿強将来。……密遣二人形色憔悴無威徳者。……即脱瓔珞細軟上服厳飾之具、更著麁弊垢膩之衣」（同前・一六下―一七上）を参照。（3）『法華経』信解品、「如富長者　知子志劣　以方便力　柔伏其心　然後乃付　一切財宝　仏亦如是　現希有事　知楽小者　以方便力　調伏其心　乃教大智」（同前・一八下）を参照。（4）『法華経』譬喩品、「如彼長者雖復身手有力而不用之。但以慇懃方便勉済諸子火宅之難。然後各与珍宝大車」（同前・一三中）を参照。なお、文中の「勉」は「免」に通じる。

【解説】　ここでは三種法輪の根拠を『法華経』の文のなかに求めている。三種法輪は吉蔵が創作した理論であるから、これを権威ある経典によって根拠づけることが要請される。ここでは譬喩品の三車火宅の譬喩と信解品の長者窮子の譬喩の文を挙げている。『法華経』には七つの有名な譬喩（他に薬草喩品の三草二木の譬喩・化城喩品の化城宝処の譬喩・五百弟子受記品の衣裏繋珠の譬喩・安楽行品の髻中明珠の譬喩・如来寿量品の良医の譬喩）が説かれているが、そのなかでもこの二つは代表的なものである。簡単に譬喩の粗筋を説明しよう。

**三車火宅の譬喩**　はじめに、三車火宅の譬喩の『法華経』における位置づけについて説明しよう。方便品において三乗方便・一乗真実の法説(理論的説明)を聞いて理解できたのは、上根の声聞である舎利弗だけであった。そこで、自己の成仏を確信した舎利弗は、譬喩品の冒頭で釈尊に授記(未来の成仏を約束し、仏の名、国の名、時代の名、寿命などを記述すること)される。舎利弗は、譬喩によって三乗方便・一乗真実の趣旨を説いていただければ、きっと理解できる者がいると、釈尊に譬喩による説明(譬喩説)をお願いする。釈尊はそれに応えて、三車火宅の譬喩を説くのである。

あるところに一人の年老いた長者がいた。とても富裕で、広い田畑や多くの召使を持っていた。彼の邸宅は広大であるが、とても古ぼけて、火事が生じればひとたまりもないようなものであった。五百人からの人が住み、三十人ほどの長者の子供たちが住んでいた。家は広いのにただ一つの狭い門しかなかった。ここまで説明すると、それほど大金持ちの長者がどうしてそんなに朽ち果てたような家に住んでいるのか、どうして家がそんなにも広いのに狭い門が一つしかないのかなど単純な疑問を懐いてしまうが、これは三乗方便・一乗真実をたとえる特殊な譬喩であるので、細かい点で現実離れしていることには目をつぶらなければならない。

この家に突然火事が生じる。長者は「自分は安全に逃げることができるが、子供たちは遊びに夢中になっていて、身に危険が迫っていることをまったく自覚していないので、脱出する気はまったくない」と考え、さらに「自分には体力、腕力があるので、花を盛る皿や机を使って、子供たちを脱出させようか」と考えた。しかし、また「家には狭い門がただ一つあるだけであり、子供たちは幼稚で遊び場所に愛着しているので、うまくいかないであろう。むしろ家が火事になったという恐ろしさを子供たちに説こう」と思い、子供たちに「火事だから、おまえたち速く外に出なさい」と言った。

ところが、子供たちは遊びに夢中になって、まったく火事を恐れることなく、脱出する気はなかった。子供たちは火事の意味も、家の意味も、生命を失うという意味も理解できず、あちこち走りまわって、父を見るだけであった。長者は「今、脱出しなければ、焼け死んでしまう。巧みな手段を設けて、なんとか子供たちを脱出させよう」と思い、子供たちが自分の好きなおもちゃにはひどく愛着する性格を知って、「おまえたちが好むおもちゃは数少ない。手にいれなければ、きっと後悔するよ。今、羊車、鹿車、牛車が門の外にあるから、それで遊びなさい。速く燃えさかる家から出なさい。好きなだけ、おまえたちに与えよう」と言った。

すると、子供たちは大切なおもちゃに釣られて、先を争って外に出た。長者は子供たちが全員無事に脱出したのを見て、踊りあがらんばかりに喜んだ。子供たちは長者に「約束の羊車、鹿車、牛車をください」とお願いした。そこで、長者は「私の財産は無量である。

下劣な車を子供たちに与えるべきではない。子供たちはみな平等に可愛いから、七宝で飾られた大きな車を平等に与えよう。一国にくまなくこのような車を与えても、私の財産が尽きることはないのであるから、まして可愛い子供たちには、このようなりっぱな車を与えよう」と思って、大きく見事に装飾された車に、色あくまで白く、形美しく、筋力強い大きな牛をつけたもの（大白牛車）を子供たちに平等に与えた。子供たちは、願いもしなかった大車に乗って、すばらしい感動を得たのである。

以上が、三車火宅の譬喩の粗筋であるが、羊車が声聞乗、鹿車が縁覚乗、牛車が仏乗をそれぞれたとえ、門外で実際に子供たちに与えられた大白牛車が『法華経』の仏乗をたとえる。はじめ門外に三車があると言ったことは長者の方便であり、実際には大白牛車が与えられたのである。

**三車家と四車家**　なお、この譬喩において、三車のなかの牛車と、最後に与えられる大白牛車とが同じかどうか、解釈が分かれることになった。同じであれば車は全部で三車となり、異なるのであれば四車となる。前者の解釈が三車家と呼ばれ、後者の解釈が四車家と呼ばれた。三車家の代表は法相宗の基であり、四車家の代表は法雲や智顗である。吉蔵は三車家の代表と言われてきたが、近年の研究によって、三車家と四車家のいずれか一方に執著することのない自由な立場に立っていたことが論証された。第二章の『法華経』の宗旨に関する議論において見られる、衆生の悟りこそ重要であって、学説自体は衆生の悟りとの関係を踏まえて評価すべきであるという吉蔵の思惟の特色が、この議論にもよく示されていると言えよう。この論争の意義は、牛車にたとえられる『法華経』以前の大乗経典、たとえば『般若経』や『維摩経』と、大白牛車にたとえられる『法華経』自身との優劣をめぐる教判の問題である。すべての大乗経典は平等の価値を持っていると考えるのが三車家の立場であり、『法華経』の他の大乗経典に対する優位性を強調するのが四車家の立場である。

**長者窮子の譬喩**　次に、長者窮子の譬喩は『法華経』のなかでどのような位置を占めているのであろうか。上に説明した三車火宅の譬喩によって、中根の声聞である須菩提、迦旃延、迦葉、目犍連の四大声聞が三乗方便・一乗真実を理解した。そこで、彼らは自分たちの正しい理解を長者窮子の譬喩に仮託して釈尊に示すのである。

譬喩の粗筋は次のようである。ある子が幼いときに父のもとから逃走して、十年、二十年、五十年と長い期間、衣食にも困窮しながら他国を流浪した。一方、父は子を捜し求めながらも捜し当てることができず、ある都市に住みついて、莫大な財産と高い地位を得ていた。

窮子(困窮する子の意)は偶然、その都市にたどり着き、父の邸宅の門の側で遠くから父の姿を見るが、もちろん父であるとは思いもつかず、「このような王のような威勢ある人の所は自分にふさわしくない。長くいれば、捕《つか》まえられ強制労働をさせられてしまう。むしろ貧民窟に行って衣食を得よう」と思って急いで逃げ去った。

そのとき、父は、窮子の姿を一目見るなり、変わり果てた姿ではあるが、可愛いわが子であることに気づき、心は歓喜で満たされた。そこで、すぐに側近に窮子を追いかけて捕まえさせた。ところが、窮子は自分は何の罪もないのに捉《とら》えられ、きっと殺されると思って気絶してしまった。遠くからこのようすを見ていた父は、窮子の心が長い流浪のためにすっかり卑しくなってしまっていることを認め、すぐに父子の名告《なの》りをあげることを諦めて、窮子の顔に冷水を浴びせて気絶から目を覚まさせて解放させた。

窮子は命拾いしたと喜んで、貧民窟に行った。その後、父は貧民窟に似つかわしい貧相な二人の使者を窮子のもとに送り、二倍の給金が貰《もら》える糞の汲み取りの仕事があると誘わせた。そして、窮子は父の邸宅で下男として汲み取りの仕事に従事することになった。ある日、やつれ果て、汚れた息子の哀れな姿を、父は窓から覗《のぞ》き、自ら汚れた姿に変装して窮子に近づき、言葉を交わす仲になった。その後、父は窮子に「いつまでもここで仕事をしなさい。どこにも行かないように。給料も増やしてあげよう。必要なものは何でもあげよう。おまえは他の労働者と違って真面目だから、私を父のように思いなさい。私もおまえを息子のように思おう」と告げ、窮子に「息子」という名前をつけてやった。窮子はこのような良い待遇を喜んだが、相変わらず自分のことを単なる下男と思って、二十年間、汲み取りの仕事に従事した。

二十年後、窮子は父に信用されて、父の邸宅に自由に出入りできるようになるが、自分は相変わらず粗末な小屋に住んでいた。その頃、父は病にかかり、死期の遠くないことをさとって、自分の莫大な財産の管理をすべて窮子に任せた。窮子は財産の管理をしながら、昔の下劣な心を払拭《ふっしょく》することがまだできずに、財産の少しばかりも自分のものにしようとせず、住まいも小屋のままであった。

また、しばらく過ぎて、ようやく窮子の心も立派になり、かつての卑しい心を恥じるようにもなった。そこで、父は、国王、大臣、親族の者を自分の臨終の場に集めて、彼らの前で、父子の名告りをあげ、一切の財産を窮子に相続させることを宣言した。窮子は父の言葉を聞いて「私はもともと何も望んでいなかったが、今や宝の蔵が自然にやってきた」と大いに喜んだのである。

『法華経』の七喩のなかで、仏を父にたとえ、衆生を子にたとえる譬喩は、三車火宅の譬喩と長者窮子の譬喩と良医の譬喩の三つである。仏と衆生を父子の関係と見ることは、仏の衆生に対する慈悲を、親の子に対する情愛に等置させたもので、大衆に仏の慈悲を感じさせる上で大きな効果を持っていたことは容易に想像がつく。『法華経』において仏と衆生を父子にたとえた譬喩はこのように三つあるが、仏の偉大な慈悲がひしひしと身に迫って感じられるものは、何といっても長者窮子の譬喩であろう。

この譬喩は、声聞は本来仏の子であるが、自分から仏のもとを離れる、仏に出会っても、仏の子であることに気づかない、仏も声聞の心の下劣さを知って、すぐに仏の子であることを打ち明けず、長い期間、さまざまな方法で教化して、最後に仏の子であることを明かす、というものである。『法華経』の方便品が、釈尊の一代の教化を三乗→一乗の順に整理していることはすでに述べた。これが中国における教判形成に一つの基準を与えたことも、序論で指摘した。しかしながら、三乗→一乗という図式だけでは、多部の経典を整理するのに不十分である。なぜなら、その図式では、三乗のなかの二乗＝小乗と、仏乗＝大乗との説時の先後関係さえ明示していないし、ましてや大乗のなかの『華厳経』『大品般若経』『維摩経』などの位置づけに至っては何らの示唆も与えていないと言わざるをえない。そこで、長者窮子の譬喩が注目されるようになったのである。なぜなら、この譬喩には父が窮子を教育する過程が段階的に詳細に説かれているからである。つまり、仏が声聞をさまざまな方法で教化する過程が詳しく明かされているということである。吉蔵もこの窮子の譬喩の解釈のなかで、彼の教判思想を展開している。

ここでは、譬喩との細かい対応の指摘は省略して、吉蔵の解釈のあらましを『法華義疏』によって示そう。過去世において釈尊がまだ菩薩であったとき、衆生との間に大乗による教化の事実があった。それが父子の関係にたとえられている。しかし、その大乗による教化は成功せず、子の衆生は生死輪廻に流浪し、父の釈尊は衆生の大乗の善根を求めてもうまくいかない。次に、衆生において輪廻の苦が極まると、衆生は釈尊から大乗の教化を受けたという過去の根源的事態に必然的に立ち返る。一方、菩薩であった釈尊もその後成仏して、法身の立場から衆生の救済の可能性を観察認識し、法身から舎那身《しやなしん》(『華厳経』の教主であるビルシャナ仏のこと)を応現《おうげん》し、『華厳経』を説法する段階に入る。しかし、『華厳経』における大乗の教化は、声聞の小機(小乗を受けるべき宗教的あり方)と相応せず、結局、大乗による声聞教化は断念される。この断念から、仏の方便力に基づく、声聞に対する具体的な教化が開始される。はじめに、初成道のときに声聞に人天乗を教える。次に、舎那身から釈迦身を化現《けげん》して、鹿野苑(初転法輪の地であるミガダーヤ)において声聞に対して声聞乗・縁覚乗の二乗教を教える。その後、二乗教によって修行し煩悩を断ち切った後に、ようやく声聞に大乗を聞くべき機が生じるようになったので、実際に大乗を教えるが、疑心を生じることはなかったが、相変わらず大乗は菩薩のための教えであり、自分の学ぶべきものではないと思い込んでいた。次に、声聞はすでに大乗の教えに接し、機もしだいに熟してきたので、『大品般若経』を説いた。次に、声聞は『大品般若経』によっても悟ることができなかったので、『維摩経』などの方等経を説いて、声聞の心を陶《とう》冶《や》訓練した。最後に、声聞の大機が完成したので、『法華経』を説いて悟らせた。その証《あか》しが舎利弗に対する授記である。

【訳】 質問。最初に根本〔法輪〕を明かし、最後に摂末帰本〔法輪〕を明かすが、これら両者にどんな相違があるのか。

　解答。昔は南方の地でも北方の地でもみな「『華厳経』は究極的な教説であり、『法華経』は不十分な教説である」と言った。今考えると、そうではない。この経には初めに一乗によって子供を救済しようとしたが、うまくいかず、後に一乗を明らかにして子供を救済しようとし、はじめてうまくいったことを明かしている。うまくいったこととうまくいかなかったこととは、その意味に相違はあるにはあるが、初めと後の一乗には、それ以上相違はない。もし後に一乗を説いて子供を救済しようとし、はじめてうまくいったことが結局不十分な教説であるならば、初めに一乗を説いて子供を救済しようとしたが、うまくいかなかったこともまた不十分な教説であろう。もし初めに子供を救済しようとしたが、うまくいかなかったことが結局不十分な教説であるならば、仏たちがこの世に現われて、そのまま不十分な教法によって衆生を教化することになる。〔これは〕そのまま仏たちの本心に背き、父子の間の愛情の心を傷つけることになる。

【訓読】 問う。初め根本を明かし、後に摂末帰本を明かす。此の二、何が異なるや。

答う。昔、南土北方皆な言わく、「『花厳』は是れ究竟の教、『法花』は是れ未了の説なり」と。今、謂《おも》えらく、然らず。此の経は初め一乗もて子を救うに得ず、後に一乗を辨じて子を救うに方に得るを明かす。得と未得と、義乃ち殊《こと》なり有るも、初後の一乗に更に異なり有ること無し。若し後に一乗を説いて子を救うに方に得るは遂に是れ不了義教ならば、初め一乗を説いて子を救うに得ざるも亦た是れ不了義教なり。若し初め子を救いて得ざるは、遂に是れ不了教ならば、則ち諸仏出世して便ち不了義法を以て、用《もつ》て群生《ぐんじよう》を化せんと欲す。便ち諸仏の本意に乖き、父子の恩情を傷つくるなり。

【解説】 先にも述べた通り、吉蔵以前に流行していた教判では、『華厳経』が頓教としてとくに高い地位を獲得していた。それに対して『法華経』は漸教の第四の同帰教として一段低い扱いを受けていた。ここでは、揚子江の北でも南でも、『華厳経』が完全な説で、

『法華経』が不完全な説と評価されていたことが指摘されている。しかし、南地の法雲『法華義記』には『華厳経』への言及がまったく見られず、実際には北地においては『華厳経』が最高視され、南地においては漸教の第五の常住教『涅槃経』が最高視されていたようである。いずれにしても、『法華経』は『華厳経』『涅槃経』に一段劣る教えと評価されていたのである。

これに対して、吉蔵の基本的な経典観は「諸大乗経顕道無異《けんどうむい》」(諸の大乗の経は道を顕わすこと異なること無し)であり、すべての大乗経典が価値的に平等であると捉えることである。これは、経典の間に価値的浅深を設けることを主眼とする前の時代の教判とは大いに異なる態度である。吉蔵はこの立場から、『法華経』と、『華厳経』『涅槃経』『大品般若経』などの各大乗経典との比較研究を熱心に遂行している。

ここでも、『華厳経』と『法華経』との一乗という点での思想的同一性、価値的同一性を主張しているのである。本文の吉蔵の論理は容易に理解できるであろう。『華厳経』は最初に一乗を説いたが、声聞を救済することのできなかった教えであり、『法華経』は最後に一乗を説き、声聞を救済することのできた教えである、という吉蔵の二経に対する位置づけに基づいて、一乗という点での思想的同一性を主張している。『華厳経』における一乗の説法というのは、もちろん『法華経』に直接出てくるわけではなく、吉蔵の解釈である。『法華経』が不完全な説ならば、『華厳経』も不完全な説であるはずであり、もし仏がこの世に現われて不完全な説によって衆生を教化するならば、仏の本心にもとり、父子の関係にたとえられる仏と衆生の愛情にひびが入ってしまう。

【訳】今、『法華経』と『華厳経』とに共通点と相違点のあることを明らかにしよう。

共通点というのは、〔両者とも〕清浄な唯一の道、平等な偉大な智慧を明かしている。それゆえ、従地涌出品には「これら多くの衆生は始めて私の身を見、私の説くことを聞いて、すぐに信受して仏の智慧に入る。前から小乗を修学してきた者は例外であるが、このような人でも、私は今、この経を聞いて仏の智慧に入ることができるようにさせる」とある。「仏の智慧」とはとりもなおさず平等な偉大な智慧である。それゆえ〔次のことが〕分かる。『華厳経』と『法華経』とは同じく平等な偉大な智慧と名づけ、諸仏の知見には相違がないのである。

相違点というのは、かいつまんで五種〔の相違点〕を明らかにする。

第一に化主が相違する。『華厳経』の化主は多くの場合、盧遮那《るしゃな》と名づけ、『法華経』の化主は釈迦と呼ぶ。さらに、『華厳経』は一仏の説いたものであり、『法華経』はくまなく分身の諸仏を集めて説いたものである。『華厳経』は菩薩が説いたもので、『法華経』は仏が自ら説いたものである。

第二に弟子たちに相違がある。『華厳経』は直往の菩薩のために説いたものであり、『法華経』は廻小入大の人のために説いたものである。『華厳経』はもっぱら菩薩のためだけに説いたものであり、『法華経』はとりまぜて五乗の人のために説いたものである。『華厳経』は菩薩のためにただちに説いたものであり、『法華経』は菩薩のために段階的に説いたものである。

第三に時節が相違する。『華厳経』ははじめに一乗を説いたものであり、『法華経』は終わりに究極的なものを明らかにしたものである。

第四に教門が相違する。ただちに一乗、平等な偉大な道を説いて、破斥《はしゃく》するものがないのを『華厳経』の教えとする。この経(『法華経』)は、三乗に固く執著することを打破して、そうして後、やっと唯一の究極に帰着することができるのである。

第五に〔説法の〕場所に焦点を定めることが相違する。『華厳経』は七処八会にわたって説いたものであり、この経は一処一会に説いたものである。

質問。『法華経』にもまた多処多会があるか。

解答。同じく霊鷲山にあるから、ただ一処だけであるが、前後に焦点をあわせると、全部で浄穢の三時がある。初分の経は穢土で説いたものである。見宝塔品から嘱累品までの第二分の経は浄土で説いたものである。神力品の一品は十方が通じて一つの国土となり、浄穢が合わさった国土で説いたものである。薬王品から普賢菩薩勧発品までは、また穢土で説いたものである。

【訓読】　今、『法花』と『花厳』とに同有り、異有るを明かす。

言う所の同とは、一道清浄平等大慧(1)を明かす。故に踊出品に云わく、「是の諸の衆生は始めて我が身を見、我が説く所を聞けば、即便ち信受して仏慧に入る。前より修習して小乗を学ぶ者をば除けども、是くの如き等の人をも、我れは今亦た是の経を聞いて仏慧に入ることを得しむ」(2)と。「仏慧」は即ち是れ平等大慧なり。故に知る、『花厳』と『法花』とは同じく平等大慧と名づく。諸仏の知見に異なり有ること無きなり。

言う所の異とは、略して五種を明かす。

一には化主異なる。『花厳』の化主は多く盧遮那と名づけ、『法花』の化主は称して釈迦と為す。又た、『花厳』は一仏の説く所にして、『法花』は則ち普く分身の諸仏を集めて説く。『花厳』は則ち菩薩説き、『法花』は則ち仏自ら説く。

二には徒衆に異なり有り。『花厳』は直往の菩薩の為めに説き、『法花』は廻小入大の人の為めに説く。『花厳』は純《もっぱ》ら菩薩の為めに説き、『法花』は雑《まじ》えて五乗の人の為めに説く。『花厳』は頓に菩薩の為めに説き、『法花』は漸漸に菩薩の為めに説く。

三には時節異なる。『花厳』は始めに一乗を説き、『法花』は終わりに究竟を明かす。

四には教門異なる。直ちに一乗平等の大道の破斥する所無きを説くを、名づけて『花厳』の教と為す。此の経は三乗の執固を破し、然る後に始めて一極に帰するを得るなり。

五には処に約すること異なる。『花厳』は七処八会に説き、此の経は一処一会に説く。

問う。『法華』にも亦た多処多会有るや。

答う。同じく霊鷲山に在るが故に唯だ一処有るのみなれども、前後に約して凡そ浄穢の三時有り。初分の経は穢土の中に在りて説く。見塔品已去、属累に竟わるまで第二分の経は浄土の中に在りて説く。神力の一品は十方通じて一土と為し、中に合して浄穢の中に在りて説く。始め薬王自り終わり普賢勧発品に訖《お》わるまでは還《ま》た穢土の中に在りて説く。

【注】（1）一道は『六十巻華厳経』巻第五、菩薩明難品、「文殊法常爾　法王唯一法　一切無礙人　一道出生死」（大正九・四二九中）を参照。また、この偈に対応する長行には「一切諸仏唯以一乗得出生死」（同前）とあり、一乗という用語が出る。『法華経』には一道という用語は出ない。ちなみに、「一道清浄」は『南本涅槃経』巻第十二、聖行品に「実諦者、一道清浄無有二也」（大正一二・六八五中）と出る。平等大慧は『法華経』見宝塔品に「能以平等大慧教菩薩法仏所護念妙法華経、為大衆説」（大正九・三二中―下）とあるように、『法華経』の内容を説明する語句として用いられている。（2）七三頁注（2）参照。

【解説】**『法華経』と『華厳経』との比較研究**　『華厳経』と『法華経』の比較研究を試み

る段である。はじめに二経の同一性については、二経とも一道清浄平等大慧を明かす共通性がある。一道は一乗に通じると考えられ、平等大慧は仏の智慧を形容した表現であるが、従地涌出品の引用にあるように、最初に仏慧に入る者と、最終的に仏慧に入る小乗の修行者とがおり、前者は『華厳経』を受ける者で、後者は『法華経』を受ける声聞である。そして、この仏慧が平等大慧と言われる。

次に、二経の相違性であるが、ここでは五種の相違点が指摘されている。

第一に化主(教主ともいう。教化の主、つまり仏のこと)の相違である。三点にわたって相違が指摘される。まとめて記述すると、『華厳経』の教主は盧遮(舎)那という名で、一仏が説き、また仏の神通力によって菩薩に説かせる。『法華経』の教主は釈迦という名で、分身仏(釈尊が十方世界を教化するために作り出した多数の仏)を集めてともに説き、仏自身が説く。

第二に徒衆の相違である。『華厳経』は直往の菩薩のために説き、ただ菩薩だけのために説き、成道後ただちに菩薩のために説く。『法華経』は廻小入大の菩薩のために説き、人・天・声聞・縁覚・仏の五乗の人のために説き、順序次第を追って菩薩のために説く。直往と廻小入大の菩薩については、本章第一節ですでに述べた。『華厳経』は声聞・縁覚の小乗の修行者がまったく理解できなかったので、ただ菩薩だけのために説かれたものと規定されるのである。また、『華厳経』は頓教と言われるように、成道後すぐに説かれたが、『法華経』は吉蔵より前の時代の五時教判において漸教の第四時とされたように、段階を踏んで説かれたものとされる。

第三に時節の相違である。これは二経の説時についての相違で、すでに述べたように、『華厳経』は最初に説かれ、『法華経』は最後に説かれたものである。最後というと、『涅槃経』になるが、この場合は『涅槃経』を視野に入れていない。

第四に教門の相違である。『華厳経』は最初に説かれた経であるから、それ以前の教えを批判論破することなく、ただちに一乗を説いたものである。『法華経』は三乗に対する堅固な執著を破斥して、一乗に帰着させる経である。

第五に説法場所の相違である。『華厳経』は七処八会で、『法華経』は一処一会である。『六十巻華厳経』(三十四品より成る)は人間世界の三つの場所と天上世界の四つの場所とを合わせて七処であり、普光法堂《ふこうほうどう》(マガダ国の菩提道場の側にあると言われる)が重複するので、合計して八会となる。(1)世間浄眼品・(2)盧舎那品は第一寂滅道場会《え》、(3)如来名号品~(8)賢首菩薩品は第二普光法堂会、(9)仏昇須弥頂品~(14)明法品は第三忉利《とうり》天宮《てんぐう》会、(15)仏昇夜摩《やま》天宮品~(18)十無尽蔵品は第四夜摩天宮会、(19)昇兜率《とそつ》天宮宝殿品~(21)十迴向品は第五兜率天宮会、(22)十地品~(32)宝王如来性起《しょうき》品は第六他化天宮会、(33)離世間品は第七重会普光法堂、㉞入法界品は逝多《ぜいた》園林《おんりん》（ジェータヴァナ、Jetavana. 須達《すだつ》長者が仏に献上した祇園精舎《ぎおんしょうじゃ》のこと。ジェータはこの園林のもとの所有者である太子＝波斯匿《はしのく》王の子の名）会である。

これに対して『法華経』は一処一会と言われるが、説法のときの国土が穢土か浄土かで三時の区別があると言われる。第一時は⑴序品から⑽法師品までが穢土の説法で、⑾見宝塔品から㉒嘱累品までが浄土の説法で、㉓薬王菩薩本事品から㉘普賢菩薩勧発品までが再び穢土の説法である。

ただし、『法華統略』には新説が出され、『華厳経』の七処八会に対抗させるためか、『法華経』は四処七会とされている。七会の教説の内容と、それを説く品を整理して示すと、⑴『無量義経』、⑵乗の権実の法門（序品から法師品）、⑶身の権実の法門（見宝塔品）、⑷法界の違順の大用・浄穢の二土（提婆達多品）、⑸寿の権実の法門（従地涌出品から常不軽菩薩品）、⑹五種の神力によって法華を総説すること（如来神力品）、⑺一切の菩薩行の法門（薬王菩薩本事品以下経末まで）となる。四処は、有空の四処を意味するが、これとは別に浄穢の四土も説かれる。まず、浄穢の四土は、浄土、穢土の概念を用いて『法華経』の説法の場所が変化していくことを四種にまとめたものである。序品から法師品までの土が「但だ穢にして浄に非ず」と規定され、見宝塔品から分別功徳品の格量偈まで、広く言えば常不軽菩薩品までの土が「但だ浄にして穢に非ず」と規定され、如来神力品の土が

「亦た浄にして亦た穢なり」と規定され、嘱累品以降の土が「穢土」とされ、また「浄に非ず穢に非ず」の義も含まれると規定される。虚空を浄土、霊鷲山を穢土とする。見宝塔品において、分身仏を集めて、虚空（霊鷲山の上の空中）に場所を移して説法が行なわれることと、嘱累品の末において分身仏がそれぞれ本国に帰って、再び虚空から霊鷲山に説法の場所が移されることとが、浄と穢の切れ目である。如来神力品は虚空であるから浄土であるが、十方の浄土・穢土の者たちにも説法を聞かせるので穢土の面もあると言われる。次に、有空の四処については、上の四土の説明の浄土を空に穢土を有に置き換えたものであるので、あらためて説明する必要がない。しかし、浄土と空、穢土と有とが同じ概念なのではない。なぜなら法身が住する場が空とされ、それは浄土でもなく穢土でもないと説明されているからである。

【訳】　質問。三種法輪のうち、『法華経』は何種類を備えているか。

解答。一応は、『華厳経』を根本法輪となし、『華厳経』から後、『法華経』の前までを枝末の教えとなし、この経は摂末帰本（法輪）に所属する。しかしながら、『法華経』は（釈尊の）一代の教化を統合し、頓漸を兼ね備えるので、三輪をすべて備える。しかしながら、この三輪はみな名称や様相で捉えられないものについて、衆生のために名称や様相を借りて説いたものである。しかしながら、宗教的寂滅の道はこれまで三があったためしもなく、三でないものもなく、〔実体的な〕拠り所がないのである。

【訓読】　問う。三種法輪、『法花』は幾種を具するや。

答う。一往は則ち『花厳』を根本法輪と為し、『華厳』自りの後、『法華』の前までを枝末の教と為し、此の経は則ち摂末帰本に属す。然るに、『法花』は一化を結束《けっそく》し頓漸を該羅《がいら》すれば、則ち三輪を具足す。然るに、此の三輪は皆な是れ無名相の中に、衆生の為めの故に名相を仮りて説く。然るに、寂滅の道は未だ曾て三有らず、亦た不三無く、依止《えし》する所無きなり。

【解説】　**仏教を統合する『法華経』**　『法華経』は一応、摂末帰本法輪に属するが、釈尊一代の教化を統合する点から言えば、三種法輪すべてを備えると言われる。頓漸を備えることについては、第四章の「辨教意門」において説かれる。その他、『法華遊意』においては、すでに三摂法門をすべて備えることが指摘され、後に第五章においては顕密の四門、傍正の四門をすべて備えることが指摘される。このように『法華経』が釈尊一代の教化を統合することが種々の形で示されているが、その理由はいったい何であろうか。仏の教化は、声聞・縁覚・菩薩の三乗の人を対象とするが、『華厳経』や『大品般若経』などの大乗経典においては、菩薩の成仏こそ自明のこととされるが、声聞・縁覚の二乗の成仏は『法華経』においてはじめて明かされたのである。したがって、小乗経典や、声聞・縁覚にとっての大乗経典の存在意義、換言すれば、仏の教化の意味は、一切衆生の成仏（二乗の成仏が説かれなければ、一切衆生の成仏とは言えない）を説く『法華経』に至ってはじめて明らかとなる。『法華経』を基準としてはじめて仏の教化の意味が理解されるのである。『法華経』が釈尊の一代の教化を統合するとは、このことを指し示したものであると考えられる。『法華経』が如来の出世の本懐《ほんかい》と言われる理由も同じである。

## 七　声聞・菩薩の二種の疑い

【訳】　第七には、声聞と菩薩の〔それぞれの〕二種の疑問を解消しようとするので、この経を演説する。声聞に二種の疑問がある。第一は昔からの疑問である。たとえば、身子（舎利弗）が「私たちは同じく仏教的真理の世界に入ったのに、どうして如来は小乗の教法によって救済されたのか」、さらに「世尊に、〔仏のすぐれた功徳を〕失ったのか、失わなかったのか質問しようと思う」と言うようなものである。四十余年間、いつもこの疑問を懐《いだ》いていた。〔これが〕昔からの疑問である。たとえば、「最初、仏の説くことを聞いて、心のなかで大いに驚き疑問を持った」と言うようなことは、新しい疑問である。

菩薩の昔からの疑問とは、昔、三乗の教えを受けて、道理に三種類あると執らわれた以上、ある場合は退いて二乗の境地に堕落するかもしれないと思い、ある場合はさらに向上して仏の悟りを完成するかもしれないと思う。今の疑問とは、仏の説くことが今と昔とで相違しているのではないかと思う。昔〔道理が〕三つあると説くならば、今〔道理が〕一つであると明かすべきではない。今〔道理が〕一つあると明かすならば、昔〔道理が〕三つあると説くべきではない。

大乗の人、小乗の人の二人ともこの経を説くのを聞いて、二つの疑問がどちらもなくなる。それゆえ方便品には「菩薩はこの教法を聞いて、網のような疑問がすべて取り除かれ、千二百人の阿羅漢はいずれも当然成仏するであろう」とある。

【訓読】 七には、声聞・菩薩の二種の疑いを釈せんと欲するが故に、此の経を演説す。声聞に二種の疑いあり。一には旧疑なり。身子の「我れ等同じく法性《ほっしょう》に入る。云何《いか》んが如来は小乗の法を以て済度《さいど》せらるるや」（1）と云うが如し。又た云わく、「以て世尊に失と為すや、不失と為すやを問わんと欲す」（2）と。四十余年、常に此の疑いを懐く。旧疑を謂うなり。「初め仏の説く所を聞いて心中大いに驚疑す」（3）と云うが如きは、則ち是れ新疑なり。

菩薩の旧疑とは、昔、三乗の教を禀け既に道理に三有りと執すれば、或は退いて二乗地に堕するを疑い、或は進んで仏道を成ずるを疑う。今疑とは、仏の説く所、今昔相違するを疑う。

昔、三有りと説けば、今、応《まさ》に一を明かすべからず。今、一有りと辨ぜば、昔、応に三を説くべからず。

大小の二人、此の経を説くを聞けば、両疑皆な息《や》む。故に方便品に云わく、「菩薩は是の法を聞いて、疑網皆な已に除く。千二百の羅漢 悉《ことごと》く亦た当に仏と作るべし」(4)と。

【注】(1)『法華経』譬喩品、「我等同入法性、云何如来以小乗法而見済度」(大正九・一〇下)を参照。(2)『法華経』譬喩品、「欲以問世尊 為失為不失」(同前・一一上)を参照。(3)『法華経』譬喩品、「初聞仏所説 心中大驚疑」(同前)を参照。(4)『法華経』方便品、「菩薩聞是法 疑網皆已除 千二百羅漢 悉亦当作仏」(同前・一〇上)を参照。

【解説】『法華経』の説法の対象として、声聞の存在が強調される。廻小入大の菩薩の概念も、声聞の強調に沿って作られた概念である。しかし、いわゆる声聞に対する菩薩、廻小入大の菩薩に対する直往の菩薩の存在が『法華経』において完全に無視されているのではない。本節において、声聞が『法華経』を聞いて二種の疑いを解消したばかりでなく、菩薩も二種の疑いを解消したということが、そのことをよく示している。

声聞の二種の疑いとは、なぜ声聞は菩薩と同様、仏弟子となり、仏教的真理の世界に入ったのに、菩薩と区別され、小乗の教えによって救済されたのかという古い疑いと、それにもかかわらず、『法華経』の方便品ではじめて聞いた三乗方便・一乗真実の思想は昔の教えと矛盾相違するのではないかという新しい疑いとである

菩薩の二種の疑いとは、昔、三乗の教えを聞いて、道理(仏教的真理)に三種あると思い、自分が二乗の境涯に堕落するかもしれないし、成仏するかもしれないと迷ったという古い疑いと、方便品ではじめて聞いた一乗思想が昔の三乗の教えと矛盾相違するのではないかという新しい疑いとである。

【訳】 質問。声聞の新しい疑問と昔からの疑問の二つの疑問には経文の証拠がある。菩薩の新しい疑問と昔からの疑問は、どの経文に出ているのか。

解答。身子が三回〔仏に説法を〕お願いするなかには「仏を求める菩薩たちはおおよそ八万人いて、すべてを備えた道を聞こうと思っている」とある。菩薩にも疑問のあることが分かるはずである。

質問。八万人の偉大な人はみな法身の菩薩である。どうしてこの疑問がある余地があろうか。

解答。身子の〔本地を隠した〕仮の行為は〔外に現われた姿と中身が同じ〕実人《じつにん》を救済する。法身の菩薩は学び始めたばかりの人に合わせる。それゆえ過失がないのである。

質問。菩薩と声聞とでは、その疑問にどんな相違があるのか。

解答。声聞は自分で究極に達したと思っているが、究極に達していないと聞く。このために疑問を生じる。菩薩にはこの疑問はないのである。しかし、ただ上の二種の疑問があるだけである。〔これが〕相違するとなす理由である。

質問。疑問を解消すると、どんな利点があるのか。

解答。もし疑問を解消しなければ、声聞には前進する道がなく、菩薩には後退する道があることになる。今、方便という門を開いて、真実の様相を示し、大乗・小乗の〔人の〕疑問を解消すれば、菩薩には後退する道がなく、声聞には前進する道があることになる。このため、この経は深い利益を与えるのである。

【訓読】問う。声聞の新旧の二つの疑いは文証有る所なり。菩薩の新旧の疑いは何《いず》れの文に出《い》ずるや。

答う。身子の三請《さんしょう》(1)の中に云わく、「仏を求むる諸菩薩、大数八万有りて具足の道を聞かんと欲す」(2)と。当に知るべし、菩薩も亦た疑い有るなり。

問う。八万の大士は皆な法身の菩薩(3)なり。何ぞ此の疑い有る容《べ》けんや。

答う。身子の権行《ごんぎょう》(4)は実人を接引《しょういん》す。法身の菩薩は新学に府同《ふどう》(5)す。故に過《あやま》ち無きなり。

問う。菩薩・声聞の疑いに何の異なり有るや。

答う。声聞は自ら究竟と謂《おも》えども、究竟に非ずと聞く。是の故に疑いを生ず。菩薩に此の疑い無きなり。而《しか》して但だ上の二種の疑い有るのみ。異なると為す所以なり。

問う。疑いを釈するに何の益有らんや。

答う。若し疑いを釈せずんば、則ち声聞に進道無く、菩薩に退路有り。今、方便の門を開いて真実の相を示し(6)、大小の疑いを釈せば、則ち菩薩に退路無く、声聞に進道有り。是の故に此の経は、益を為すことの深きなり。

【注】(1)方便品において舎利弗が釈尊に三回にわたって説法をお願いすること。(2)『法華経』方便品、「求仏諸菩薩　大数有八万　又諸万億国　転輪聖王至　合掌以敬心　欲聞具足道」(大正九・六下)を参照。(3)法身菩薩は生身菩薩と対概念で、煩悩を断じて六神通を得た菩薩と言われる。『大智度論』巻第三十八、「菩薩有二種。一者生身菩薩。二者法身菩薩。一者断結使。二者不断結使。法身菩薩断結使、得六神通。生身菩薩不断結使、或離欲得五神通」(大正二五・三四二上)を参照。『法華経』の八万の菩薩については、序品に「菩薩摩訶薩八万人、皆於阿耨多羅三藐三菩提不退転、皆得陀羅尼楽説辯才、転不退転法輪、供養無量百千諸仏、於諸仏所殖衆徳本、常為諸仏之所称歎、以慈修身善入仏慧、通達大智到於彼岸、名称普聞無量世界、能度無数百千衆生」(大正九・二上)と説明されているので、吉蔵は法身菩薩と規定したのであろう。(4)「権」は仮りの意味。次の「実人」の「実」と対概念である。本地は高い境涯であるが、外に現われた仮りの姿としては低い立場を示すことである。実人はそれと違って、中身も外見もまだ悟っていない点で一致している人である。(5)「府同」の「府」は甲本では

「符」に作る。意味としては「符同」がよい。しかし、「俯同」かもしれない。「俯」は上から下を救済する方向性の意味を持つ。「俯応」などの用語がある。（6）『法華経』法師品、「此経開方便門、示真実相」（大正九・三一下）を参照。

【解説】 ここでは四つの問答が展開されている。第一の問答は、声聞の疑いに関しては、本文に『法華経』の引用があったように経証があるが、菩薩の疑いに関しては、どのような文証があるかというもので、菩薩が具足の道を聞きたいという方便品の文を挙げている。第二の問答は、『法華経』の説法の集会に集まってきた偉大な菩薩（法身の菩薩）たちに疑問があるはずがないという意見に対して、偉大な法身の菩薩は初歩的な菩薩の境涯に合わせるので、あえて疑いを懐くと答える。第三の問答では、声聞の疑いは、かつては自己の悟りが究極的であると確信していたが、それが打ち破られたことに発するとされる。小乗仏教の範囲においては、阿羅漢、涅槃という概念は究極的なものであったが、『法華経』においては、小乗の聖者である阿羅漢は真に輪廻を越えていないし、小乗の涅槃は真実の涅槃ではないと批判される。菩薩の疑いに関しては、声聞のような自己の悟りに関する疑問はない。菩薩にとって悟りとは、成仏という究極的な悟りであって、これについてすでに自分が悟りを得たかどうかに関する迷いはありえない。仏の悟りに向かう自己が、二乗地に堕落するかもしれないという不安、疑問があるだけである。第四の問答では、『法華経』が声聞・菩薩それぞれの二種の疑問を解消するので、声聞はあくまで菩薩となって成仏を目指し、菩薩はけっして二乗地に堕落しない、という偉大な効用を果たすことを明らかにしている。

## 八　『法華経』と中道

【訳】　第八には、中道の法を説こうとするので、この経を説く。

質問。どうして中道を説こうとするということが分かるのか。

解答。二周の説の初めにはいずれも眉間の白い毛すじから光明を放つ。上は頭頂からでもなく、下は足からでもなく、眉間の光明を放つのは、二周の説がいずれも中道の法を明かすことを表わすからである。初周は清浄な唯一の道を明かしている。清浄な唯一の道とはとりもなおさず中道のことである。第二周は唯一の法身を明かしている。唯一の法身もまた中道である。そして、法身にはさらに二つのものがない。意義にしたがって名がつけられる。それゆえ、二周いずれも中道を明かすことが分かるのである。

【訓読】　八には、中道の法を説かんと欲するが故に、此の経を説く。

問う。何を以て中道を説かんと欲するを知るや。

答う。二周の説は初め皆な眉間白豪光明を放つ(1)。上は頂を以てせず、下は足を以てせずして、眉間の光明を放つとは、二周の説は皆な中道の法を明かすを表わすなり。初周は一道清浄を明かす。一道清浄は即ち是れ中道なり。第二周は一法身を明かす。一法身も亦た是れ中道なり。然して法身、更に二有ること無し。義に随って名を立つ。故に知る、二周は皆な中道を明かすなり。

【注】(1)『法華経』序品、「爾時仏放眉間白毫相光、照東方万八千世界、靡不周遍、下至阿鼻地獄、上至阿迦尼吒天」(大正九・二中)、見宝塔品、「爾時仏放白毫一光、即見東方五百万億那由他恒河沙等国土諸仏」(同前・三二下―三三上)を参照。原文の「豪」は「毫」に通じる。

【解説】　中道は釈尊の最初の説法に出る。釈尊の時代に流行していた宗教思想として、また、釈尊の半生において自ら体験したものとして、苦行主義と快楽主義という二つの極端な立場が存した。釈尊はこれら二つの極端を離れた中道を自己のよって立つ基盤としたのである。これを不苦不楽の中道と呼ぶ。この中道思想は、有と無という存在概念や、断見と常見(身体が滅すれば霊魂もすべて滅するという見解と、身体が滅しても霊魂は永遠に実在するという見解)という世界観に適用され、それらの極端を越えた不有不無の中道、不断不常の中道がやがて主張されるようになった。部派仏教時代には中道はあまり重視されなかったが、大乗仏教の『般若経』では、悟りや仏などでさえ執著の対象とされるかぎりは、捨てられるべき極端とされ、あらゆる事象、事物に対する執著が捨てられ、二つの極端が越えられた立場が般若波羅蜜であり、中道であるとされた。

この流れに沿って、中道を高く掲げたのは、『中論』を著わした龍樹(ナーガールジュナ)であった。『中論』においては、中道の語はただ一箇所にしか出ないが、書名に取り入れられているように重要な概念である。観四諦品第二十四の第十八偈に「およそ、縁起しているもの(縁《よ》りて生起したもの)、それを、私たちは空であること(空性)と呼ぶ。それは、縁りて仮りに概念を設定することであり、それはすなわち中道である」とある。鳩摩羅什の漢訳では、「衆《おお》くの因縁もて法を生ず。我れは即ち是れ無なりと説く。亦た為《こ》是れ仮名なり。亦た是れ中道の義なり」(大正三〇・三三中)と訳されている。吉蔵や智顗は、第一句を「因縁所生法」(因縁もて生ずる所の法)と変え、第二句の「無」を「空」と変えて引用している(ただし、青目の注でもすでに「空」と変えられている)。第一句は意味を明確にするため、第二句は老荘思想における実体的な無と混同されることを避けるための修正であった。すべての存在は独立自存するものではなく、他の条件(縁)によって、他との関係性において生成、消滅すると見るのが、龍樹の縁起の解釈である。したがって、すべての存在には永遠の本質(自性)はなく、その意味で空であることを特色としている。空であることを特色としながら、関係性において、すべての存在、事象・事物に概念が与えられ、私たちの世界が成立している。この空であることと、関係性において概念が与えられること(仮名)との二面性を踏まえて、二面性がそのまま中道であると言われていると理解される。

吉蔵は中国の三論学派の大成者と言われる。三論とは龍樹の『中論』『十二門論』と、龍樹の弟子である聖提婆(アーリヤデーヴァ)の『百論』の三つの論書を指す。吉蔵はこれら三論の注釈書である『中観論疏』『十二門論疏』『百論疏』を執筆し、また、『三論玄義』の著書もある。そこで、吉蔵の思想の根底に空思想や中道思想があり、それが『法華経』の解釈にも反映していると予想されるのであるが、本節では中道と『法華経』が結びつけられている。実際に、『法華経』の解釈に中道思想が適用されるのは、『法華統略』において最も盛んである。たとえば、すでに粗筋を紹介した、信解品の長者窮子の譬喩の解釈において、窮子が失った「故郷」を中道と規定し、窮子はその中道に背いて断見・常見の二見を生起させて流浪したので、父は窮子を救済するために種々の教えを説き示すが、最後には中道の経である『法華経』を説き、窮子に中道正観(中道を正しく観察すること)を実現させる、と吉蔵は述べている。

さて、本文の解説をしよう。二周とは、ここの用例から考えると、『法華経』序品と正説の初分(方便品から法師品)を初周、正説の後分(見宝塔品から分別功徳品の格量偈)を第二周と規定しているようである。初周において、眉間白毫相から光を放つのは序品の瑞相(めでたい前兆)の一つである。眉間白毫相は仏の備える三十二相の一つで、眉間に白い柔らかい右回りの巻毛があることである。序品においては、釈尊が無量義処三昧に入った後に、天から曼陀羅華《まんだらけ》・摩訶《まか》曼陀羅華・曼殊沙華《まんじゅしゃげ》・摩訶曼殊沙華(いずれも天上の花)が降り、大地が六種の仕方で震動し、仏の眉間白毫相から光が放たれて、東方の一万八千の国土が明々と照らされ、『法華経』の集会に集まってきた衆生の目にありありと見えたのである。この不可思議な瑞相の意味について、大衆を代表した弥勒菩薩が文殊菩薩に質問し、文殊菩薩が過去の日月灯明仏のときの自己の体験に基づいて、今の釈尊もこの無量義処三昧から出られたならば、『法華経』を説くであろうと答える。これが序品の内容である。

この光の発射が眉間白毫相からであって、頭頂からでも足からでもないから、中道を象徴すると解釈されているのである。こじつけのような解釈ではあるが、中国の注釈家のなかには経典の些細な事象にも思想的意義を見いだすために、このような解釈を行なう者が少なくない。

第二周において、眉間白毫相から光を放つのは見宝塔品においてである。品の冒頭において、七宝でできた巨大な塔（高さが五百由旬、縦と横が同じく二百五十由旬とされる。由旬は一説では7マイル、または9マイルとされる）が大地から涌出して空中に止まる。多くの神々、人間、人間以外の生物がこの塔を供養する。そのとき、塔のなかから大きな声で「すばらしいことだ。すばらしいことだ。釈迦牟尼世尊は、平等大慧であり、菩薩を教える法であり、仏に大切に護《まも》られてきた妙法蓮華経を大衆のために説かれた。その通りだ。その通りだ。釈迦牟尼世尊よ。説かれたことはすべて真実である」と言うのが聞こえてきた。大衆は不思議な感動におそわれ、大楽説《だいぎょうせつ》という名の菩薩が代表して、釈尊にこの宝塔について質問する。釈尊は、その塔のなかには多宝如来という仏がおられ、『法華経』を説く所にはどこにでも現われて、『法華経』の正しさを証明するのであると答える。大楽説菩薩は多宝如来のお姿を拝見したいと希望するので、釈尊は多宝如来が自分の姿をみなに見せるためには、釈尊が十方世界に化作《けさ》した分身仏をすべて集合させなければならないと答え、眉間白毫相から光を放って、十方世界の分身仏のようすを明々と照らし出したのである。

次に、『法華経』と中道を結びつける根拠として示されるのが、二周の教説そのものである。初周に説かれる一道清浄と第二周に説かれる法身とがいずれも中道であるとされる。一道清浄は前に出た（一二一頁注（1）参照）が、方便品の一乗を指す表現である。法身は唯一無二であって、それの持つ意義によって多くの名の仏身が区別されると説明されている。報身や応身などのさまざまな仏身も一法身に基盤を置くことを指摘したものであろう。一乗も法身も唯一無二という点で共通性を持っており、それが中道と同一視されているようである。

【訳】 質問。なぜ中道を明かすのか。

解答。道はこれまで偏であったり中であったりしたためしはない。ただ昔の偏の病に対応するために、そのために中を説く。そうである理由は、如来が昔、五乗を説いたのは、不五〔五乗ではない一乗〕を明らかにしようとするためであった。五〔乗〕がない以上、不五もない。本性は静まりかえって〔実体的な〕拠り所がないのを中道と名づける。中道とはとりもなおさず妙法のことである。

しかし、教えを受ける弟子は、昔、五乗を説いたのを聞いて、そのまま五乗が異なるという理解をしたので、多くの極端に堕落した。人乗・天乗を受ける者は生死という極端に堕落し、声聞乗・縁覚乗を求める者は、涅槃という極端に堕落する。三蔵教を学ぶ者は、小という極端に堕落し、大乗を学ぶ者は大という極端に堕落する。乃至、昔、それぞれ異なる五乗を受ける者は、〔五乗が〕異なるという極端に堕落し、今、一乗を聞いて一乗の理解をする者は、〔乗は〕一つであるという極端に堕落する。今、これら多くの極端を破って、心に執著することがないようにさせることが、とりもなおさず妙法蓮華経である。それゆえ中道と名づけるのである。

【訓読】　問う。何が故に中道を明かすや。

答う。道は未だ曾て偏と中とならず。但だ、昔の偏の病に対せんが為めに、是の故に中を説く。然る所以は、如来、昔、五乗を説くは、不五を顕わさんが為めなり。既に五有ること無ければ、亦た不五も無し。本性寂然として依倚《えい》する所無きを名づけて中道と為す。中道は即ち是れ妙法なり。

但だ稟教の徒は昔、五乗を説くを聞き、遂に五乗の異解を作すが故に、諸の辺に堕す。人・天乗を稟くる者は生死の辺に堕し、声聞・縁覚乗を求むる者は涅槃の辺に堕す。三蔵教(1)を学ぶ者は小の辺に堕し、摩訶衍《まかえん》(2)を学ぶ者は大の辺に堕す。乃至、昔、五乗の異を稟くるは異の辺に堕し、今、一乗を聞いて一乗の解を作す者は一の辺に堕す。今、此の諸の辺を破し、心をして著する所無からしむるは、即ち是れ妙法蓮花経なり。故に中道と名づくるなり。

【注】（1）経・律・論の三蔵が完備している小乗仏教を指す。（2）マハーヤーナ（mahāyāna）の音写。大乗の意。

【解説】 中道を説く根拠を示す段である。まず、道（仏教的真理）は偏（偏《かたよ》ること）と中という相対概念による把捉を突破超越していることを踏まえた上で、昔の偏の病に対応するという相対的次元で中道が説かれることが明かされている。いわば偏の病に対する対症療法が中道であるとされるのである。具体的には、昔の五乗（人乗・天乗・声聞乗・縁覚乗・仏乗）の教えを説いたのは、『法華経』において一仏乗（原文では不五と表現されている）を明かすためだったが、衆生に対応して言葉で説いた五乗がなくなれば、同じく言葉で説いた不五もなくなる。五と不五を越えたところが中道であり、妙法であるとされる。この吉蔵の説明によれば、中道は偏と相対する次元における意味と、五と不五のような相対性を越えたところを意味する場合との二つがあることになり、やや難解である。これは、偏と中道という相対概念のうちの中道と、偏と中道をともに越えた道そのものを中道と呼んでいる、という中道の両義性が存するからである。

一方、教えを受ける弟子たちは、さまざまな極端に陥る。人乗・天乗を受ける者は、生死という極端に陥る。声聞乗・縁覚乗を受ける者は涅槃という極端に陥る。人・天はまだ生死輪廻の範囲に属し、声聞・縁覚は輪廻を越えて小乗の涅槃を獲得するからである。また、小乗を受ける者は小乗という極端に陥り、大乗を受ける者は大乗という極端に陥る。五乗を受ける者は五乗が互いにまったく異なるという極端に陥り、一乗を受ける者は唯一の教えという極端に陥る。これらのさまざまな極端を離れて、何ものにも執らわれないことが中道であり、妙法蓮華経である。

## 九　諸菩薩の念仏三昧

【訳】　第九には、菩薩たちの念仏三昧を明らかにしようとするので、この経を説く。昔からまだ十分には身の真実と身の方便を明らかにしていないので、凡夫、二乗、および修行を始めたばかりの菩薩はやはりまだ仏を認識していない。それゆえ仏を念じることも理解しないし、仏を礼《らい》することも理解しない。ただ有所得《うしょとく》の心で仏を念じるだけならば、そのまま有所得を念じることであり、結局仏を念じないことである。有所得の心で仏を礼すれば、かえって有所得を礼することであり、また仏を礼しないことである。〔仏を〕礼せず、念じなければ、仏はその人の師でもないし、その人は〔仏の〕弟子でもない。今、身の方便と身の真実を開示するからには、それでやっと〔仏を〕礼し念じることを理解し、はじめて師と弟子と名づける。

【訓読】　九には、諸菩薩の念仏三昧を顕わさんと欲するが故に、是の経を説く。昔自り已来、未だ具足して身真実・身方便を顕わさざるが故に、凡夫・二乗、及び始行の菩薩は猶《な》お未だ仏を識らず。故に念仏を解《げ》せず、亦た礼仏を解せず。但だ有所得の心を以て仏を念ずるのみならば、便ち是れ有所得を念じて、竟《つい》に仏を念ぜず。有所得の心もて仏を礼せば、乃ち是れ有所得を礼して亦た仏を礼せず。礼せず、念ぜずば、則ち仏は彼の師に非ず、彼は弟子に非ず。今、既に身方便・身真実を開けば、方に礼・念を解し、始めて師弟子と名づく。

【解説】　念仏と言えば、日本では阿弥陀仏の名号を口に唱えることを意味すると考えられやすいが、ここでは仏に思いを集中することであり、一種の瞑想なので三昧と呼ばれている。念仏とともに礼仏《らいぶつ》(仏を礼拝《らいはい》すること)が挙げられているが、これらの宗教的行為のためには、仏を正しく認識することが不可欠である。仏を正しく認識しなければ、念仏三昧も礼仏も成立しようがない。『法華経』の正説の後分(見宝塔品から分別功徳品の格量偈まで)には、身の方便・身の真実を明らかにしているので、念仏三昧も礼仏も成立するのである。念仏、礼仏する私たちの立場が有所得であるならば、それは真に念仏、礼仏を行なうのではなく、有所得を念じ、礼するにすぎない。それでは、師と弟子の関係が成立しない。『法華経』によって身の真実が明らかにされてはじめて、念仏、礼仏も成立し、師と弟子の関係も成立するのである。

有所得は無所得と対立する用語である。この場合の「得」は、対象を実体あるものとして認識し把握するという意味である。有所得は、あるものを独立自存し、永遠不滅な実体として認識することを意味する。すべての事象、事物が実体のない（＝空）ものであることを正しく認識すれば、それらに執著する過失は避けられるのであるが、私たちは知らず知らずのうちに、実体があるかのように誤認錯覚して、それらの対象に執著してしまう。これを有所得という。逆に、空を正しく認識し、実体あるものとして認識せず、何ものにも執らわれないことを無所得といい、吉蔵の思想的立場を端的に表現するものとしてしばしば用いられる。

【訳】　質問。昔の衆生はどうしてまだ仏を認識しなかったのか。

解答。昔の執著は多いけれども、三種を出ない。第一には〔仏身の〕本が一つで迹《しゃく》が多いことを認識しない。第二には本には生滅がなく、応現する作用に生滅のあることを認識しない。第三には釈尊は長い間法身を証得していて、ブッダガヤで成仏したのではないことを認識しない。この三つの病に対応するために、三種の教門を示す。

【訓読】　問う。昔の縁は云何んが未だ仏を識らざるや。

答う。昔の執は多しと雖も、三種を出でず。一には、本一迹多を識らず。二には、本には生滅無く、応用《おうゆう》には生滅有るを識らず。三には、釈迦久しく法身を証して伽耶《がや》成仏に非ざるを識らず。此の三病に対せんが為めの故に、三種の教門を示す。

【解説】『法華経』の身の真実についての思想がまだ説かれない昔には、仏身に関する三種の正しい認識が獲得されていなかった。すなわち、仏の本身(法身)が一で迹身(応身、化身)が多であること、本身には生滅がなく、応身(迹身)には生滅があること、釈尊は久しい過去に法身を証得(成仏)したのであり、ブッダガヤではじめて成仏したのではないこと、を認識していなかったとされる。

本文に本身と迹身とあるように、仏身に対して本と迹という概念が適用されている。智顗の『法華経』の分科においては、前半の十四品を迹門、後半の十四品を本門と名づけている。この本迹《ほんじゃく》についての思想史的な系譜をたどると、西晋の思想家・政治家である郭《かく》象《しょう》(二五二―三一二)の『荘子注』に説かれる「迹《せき》」と「迹《せき》する所以《ゆえん》」という対《つい》概念が重要なものとして浮かんでくる(もともと『荘子』天運に出、迹は足跡、所以迹は靴を意味する)。「迹」は聖人の具体的な行為(政治や教化)、「迹する所以」は、その具体的な行為が生じる根拠の意味である。思うに、この「迹」と「迹する所以」という対語《ついご》を、より簡潔に表現するために、「迹する所以」が「本」という言葉に置き換えられたのではないだろうか。「本」はもともとは「末」との対語であるにもかかわらず、このように「迹」と対語をなしている理由がここにあるらしい。本迹の具体的な例は、僧肇《そうじょう》(?—四一四)の『注維摩詰経』の序に示されている。すなわち、「本に非ざれば以て跡《しゃく》を垂るること無く、跡に非ざれば以て本を顕わすこと無し。本跡殊なりと雖も、不思議一なり(本でなければ、跡を示すことができず、跡でなければ本を顕わすことができない。本と跡は異なっているが、思慮分別を越えているという点で同一である)」(大正三八・三二七中)とある。「跡」と「迹」は通じて用いられる。この文は、吉蔵や智顗が好んで引用する有名なものであるが、中国仏教においては、僧肇以来、「本迹」という術語が盛んに用いられるようになったのである。

【訳】 第一には、くまなく分身仏《ふんじんぶつ》を集めて、本が一つで迹が多いことを示し、釈尊と浄土の仏はみな応迹《おうしゃく》であり、この浄でも穢でもないのがかえって法身であることを明らかにする。それゆえ法身は不二であり、迹身は不一である。

さらに、もし応身が不一で法身が不二であることに執らわれれば、やはりまだ二見、有所得の心を免れない。とりもなおさず〔法身は〕不動にして応じれば、十方に姿を現わす。不動にして応じる以上、応じるけれども常に静寂である。それゆえこの応身は法身である。『涅槃経』に「私の今のこの身は法身である」とある通りである。常に静寂ではあるが、応じるので、応身を失わない。それゆえ不二であるが二であるから、本と迹とを展開する。二であるが不二であるから、最初から二身であったためしはない。

【訓読】 一には、普く分身を集めて本一迹多を示す。釈迦と浄土の仏(1)とは、皆な是れ応迹にして此の浄穢に非ざるを乃ち法身と為すを明かす。故に法身は不二にして迹身は不一なり。又た若し応身の不一、法身の不二に執せば、亦た未だ二見・有所得の心を免れず。即ち是れ不動にして応じ、十方に現前す。既に不動にして応ずれば、応ずと雖も常に寂す。故に此の応身は則ち是れ法身なり。『涅槃』に「吾れ今、此の身は則ち是れ法身なり」(2)と云うが如し。常に寂にして応じ、応身を失わず。故に不二にして二なれば、本迹を開く。二にして不二なれば、未だ始めより二身ならず。

【注】 (1)釈尊の分身仏が十方の浄土に住んでいるから、浄土の仏という。見宝塔品を参照。
(2)『南本涅槃経』巻第四、四相品、「我今此身即是法身」(大正一二・六二八下)を参照。

【解説】 前に挙げた仏身に関する三種の正しい認識が、『法華経』において具体的にどのように説かれているのかを示す段である。第一は、仏の本身(法身)が一で迹身(応身)が多であることとである。このことは、見宝塔品において釈尊の分身仏を十方世界の浄土から集めることによって示される。釈尊は娑婆世界という穢土に住み、分身仏は浄土に住んでいるが、いずれも衆生を救済するために具体的な姿を現わした仏(応身、迹身)である。これに対して、釈尊や分身仏のよって来たる、浄土や穢土を越えた仏が法身である。そして、応身が複数であり、根源的存在である法身が唯一であることは理解しやすい。

ただし、法身の不二と応身の不一に執らわれれば、法身と応身をまったく異なる二つの存在と見る誤った見解に陥ってしまう。これが二見と言われ、有所得の心と批判されている。法身は不動でありながら、十方世界に応身の姿を現わす。応身の姿をいくら現わしても、それによって法身が影響を受けることなく常に静寂であり、けっして法身がなくなってしまうことなどないのである。応身が現われても、常に静寂な法身を離れない点においては、応身が法身であり、常に静寂でありながら、惜しみなく応身の姿を現わす点においては、法身が応身である。このように両者の関係は、不二にして二、二にして不二なのである。

【訳】 第二には、宝塔〔の扉〕を開いて〔釈尊と多宝如来の二仏が〕並んで坐り、生と滅と〔の意義〕が互いに明らかになる。多宝の滅が不滅である以上、釈尊は生じるけれども不生であることを明らかにする。不生不滅を法身と名づけ、巧みな手段によって涅槃に入ることを宣言することを応現する作用と呼ぶ。もしまた法身は自ら不生不滅で、応身は自ら生滅すると言うならば、また生滅〔の見〕と無生滅〔の見〕との二見を成立させてしまう。今、王宮に生まれたが、生まれても生起せず、沙羅《しゃら》双樹《そうじゅ》の林において涅槃に入ることを宣言するが、滅しても喪失しないことを明らかにする。それゆえ生滅はそのまま備わっておりながら、これまた生成消滅したためしはない。生滅がそのまま備わっていることは、もとより応現する作用であり、これまで生成消滅したことがないのを法身と呼ぶ。

【訓読】二には、塔を開いて並んで坐し、生滅互いに顕わる。多宝の滅は既に不滅なれば、則ち釈迦は生ずと雖も不生なるを顕わす。不生不滅なるを名づけて法身と為し、方便もて滅を唱うるを称して応用と為す。若し復た法身自ら不生不滅、応身自ら生滅すと言わば、還《ま》た生滅・無生滅の二見を成ず。今、王宮の生は生ずれども起こらず、双樹に滅を唱うるは滅すれども失わざるを明かす。故に生滅は宛然《おんねん》として、未だ曾て起謝あらず。生滅の宛然たるは、故《もと》是れ応用にして、未だ曾て起謝あらざるを称して法身と為す。

【解説】ここは、仏身に関する正しい認識の第二である、本身には生滅がなく、応身〔迹身〕には生滅があることを、『法華経』がどのように説いているかを示す段である。見宝塔品において、宝塔の扉が開けられると、そこには多宝如来が坐しており、多宝如来は釈尊に半座を分かって坐らせた。これが有名な二仏並坐である。多宝如来は過去にすでに涅槃に入った仏であるが、『法華経』の説かれる場所には必ず出現して、『法華経』の真実を証明することを自己の誓願とした。今、釈尊が『法華経』を説いている場面にも過去の誓願を実現するために現われたのである。

多宝如来は過去に涅槃に入った(滅)けれども、不滅の存在としてまた出現したことが明らかとなった以上、釈尊も仏としての誕生があったけれども、真実には新しく誕生したのではなく(不生)、永遠の昔からの仏であることが明らかとなる。このことによって、法身は不生不滅であり、応身は生滅する存在であることが説き示されたのである。

ただし、法身が不生不滅であり、応身が生滅する存在であることに執らわれれば、生滅と無生滅の二見に堕落してしまう。生滅が備わっていながら、なおかつ生滅を離れていることを正しく認識する必要があり、前者が応身、後者が法身という意義なのである。

【訳】 第三には、はるか過去に成仏し、未来に滅しないものを法身と呼ぶ。燃灯仏が授記し、ブッダガヤで成道したものを方便身と名づける。

質問。釈尊は長い間法身を証得しているが、法身に〔寿命の〕長短があるか。

解答。法身に長短はない。法身に長短はないので、悟りにもまた〔悟ってから今までの時間の〕長短のないことが分かる。そうである理由は、悟りとは本来、法身を悟ることであるからである。法身に長短がない以上、悟りにもまた長短のないことが分かる。もしそうであるならば、釈尊は長い間悟っているが、本当は長いということもない。今、近く悟るが、また〔本当は〕近いということもないということが分かるはずである。それゆえ遠い昔悟るということもまた〔本当は〕遠いということがないことが分かる。それゆえ近いと遠いということは二つの別ものではないことが分かる。〔また一方〕不二であるが二であり、古今〔悟りの長短〕を失わないのである。

【訓読】三には、過去久しく成仏し、未来に滅せざるを称して法身と為す。燃灯授記し、伽耶に成道するを、目《な》(1)づけて方便身と為す。

問う。釈迦は久しく法身を証す。法身に久近《くごん》有りや。

答う。法身に久近無し。法身に久近無きを以ての故に則ち知る、悟りにも亦た久近無し。然る所以は、悟りは本《も》と法身を悟ればなり。法身に既に久近無きが故に則ち知る、悟りに亦た久近無し。若し爾《しか》らば、釈迦久しく悟れども、実には久しきこと無し。当に知るべし、今、近く悟るも亦た近きこと有ること無し。故に知る、遠く悟るも亦た遠きこと有ること無し。故に知る、近遠に二無し。不二にして二、古今を失わざるなり。

【注】（1）底本の「自」を甲本によって「目」に改める。

【解説】ここは、仏身に関する正しい認識の第三である、釈尊は久しい過去に法身を証得（成仏）したのであり、ブッダガヤではじめて成仏したのではないことを、『法華経』がどのように説いているかを示す段である。ここの本文では、過去ばかりでなく、未来に関しても不滅の存在であることを説いている。このことは如来寿量品に説かれる思想であり、そのような仏を法身と呼ぶのであり、ブッダガヤで成仏し、八十歳で涅槃に入る仏を方便身と規定するのである。

問答の趣旨は、法身には時間的な長短がなく永遠の存在であるから、法身を悟ることを本質とする悟りにも時間的な長短がない、したがって、釈尊の悟りが久しい過去、また近い過去といっても、真実には悟りについて時間的な長短を論じることはできない、というものである。

【訳】質問。どういう理由でただこの三つの意義だけを明かすのか。

解答。釈尊の応身について言えば、必ずこの三つ〔の意義〕を備えている。初めは法身が不二で迹身が不一である。不二の身に生滅があるのか、生滅がないのかまだ分からない。

それゆえ次に法身に生滅がなく、応身に生滅のあることを明らかにする。法身に生滅がなく、応身に生滅のあることを明かすけれども、釈尊は始めて法身を証得したのか、長い間法身を証得しているのかまだ分からない。それゆえ第三に〔法身を証得してから今までの時間の〕長短を明らかにする。すべての仏は多くの場合、前の二つの意義を備えている。釈尊の場合は三句すべてを備えている。

【訓読】 問う。何を以ての故に但だ此の三義を明かすのみならんや。

答う。釈迦の応身に就いて、必ず此の三を備う。初めは則ち法身不二、迹身不一なり。未だ不二の身に生滅有りと為すや、生滅無しと為すやを知らず。故に次に法身に生滅無く、応身に生滅有るを明かす。法身に生滅無く応身に生滅有るを明かすと雖も、未だ釈迦は始めて法身を証すと為すや、久しく法身を証すと為すやを知らず。故に第三に次に久近を明かす。一切諸仏は多く前の二義を具す。釈迦は則ち具足して三句有り。

【解説】 仏身に関する三種の正しい認識の間における順序関係を示す段である。第一に法身が不二で、迹身が不一であるという認識が得られても、その不二の法身に生滅があるかどうかをまだ認識できないので、第二に法身に生滅がなく、応身に生滅があることを認識させる。ところが、まだ釈尊が法身を証得したのが久しい過去なのか始めてなのかの認識が得られないので、第三に釈尊は過去久しい以前に成仏し、未来も不滅であることを認識させるのである。釈尊の場合は第三まで説かれるが、普通の仏の場合は第二まで説かれる。釈尊の場合は、ブッダガヤの菩提樹下で始めて成仏したという立場をずっと取ってきたので、第三の認識があらためて示されなければならなかったからである。

【訳】 質問。三身についてどのように権実を弁別するのか。

解答。法身はただ実であって権ではない。化身はただ権であって実ではない。応身には〔この〕二句がある。第一に、内に対しては法身と相応するのを応身と名づける。法身が常住である以上、応身もまた常住である。これはとりもなおさず応身は実であって権ではないということである。それゆえ『涅槃経』には「諸仏の師とするものはいわゆる法である。法が常住であるから、諸仏もまた常住である」とある。第二に、外に対しては大乗を受けるべき衆生のあり方と相応して、浄土で成仏するから応身と名づける。この応身は権であって実ではない。それゆえ七巻の『金光明経』には「応身と化身の二身は名前だけの存在であって、真実ではない。一瞬一瞬生滅するので、無常と名づける」とあるのは、その証拠である。

三義を認識した以上、すぐに仏を認識する。それゆえ今、念仏三昧はますますしっかりしたものになる。さらにこの三種を合わせて二義とする。前の二義は、それで〔仏の〕身の権実を明らかにし、後の一義はそれで寿命の権実を明らかにする。『涅槃経』もまた〔仏の〕長寿と金剛身とを明らかにしている。ただこの〔長寿と金剛身の〕二つだけを明かす理由は、衆生にはただ肉体と寿命とだけがあるからである。これに準拠するから、またこの二つを明かすのである。

【訓読】 問う。三身云何んが権実を辨ずるや。

答う。法身は但だ実にして権に非ず。化身は但だ権にして実に非ず。応身は二句有り。一には内、法身と相応するを名づけて応身と為す。法身は既に常なるが故に、応身も亦た常なり。此れは即ち応身は是れ実にして権に非ず。故に『涅槃経』に云わく、「諸仏の師とする所は所謂《いわゆ》る法なり。法は常なるを以ての故に、諸仏も亦た常なり」(1)と。二には外、大機と相応して、浄土に成仏するが故に応身と名づく。此の応身は是れ権にして実に非ず。故に七巻の『金光明』に云わく、「応化の両身は是れ仮名《けみょう》有にして、是れ真実に非ず。念念に生滅するが故に、名づけて無常と曰う」(2)と。則ち其の証なり。

既に三義を識れば、即便《すなわ》ち仏を識る。故に今、念仏三昧は倍復益《ますます》を増す。又た此の三種を合して以て二義と為す。前の二義は以て身の権実を明かし、後の一義は以て寿の権実を明かす。

『涅槃経』も亦た長寿と金剛身とを明かす(3)。但だ此の二を明かすのみなる所以は、衆生は唯だ形と寿命とのみ有り。之れに随順して亦た斯の二を明かすなり。

【注】(1)『南本涅槃経』巻第四、四相品、「諸仏所師所謂法也。是故如来恭敬供養。以法常故、諸仏亦常」(大正一二・六二七下)を参照。(2)『合部金光明経』巻第一、三身分別品、「二身仮名不実、念念滅不住故」(大正一六・三六三中)を参照。(3)『南本涅槃経』の長寿品と金剛身品を指す。

【解説】 三身の権実を明らかにする段である。権は方便の意、実は真実の意である。ここの三身は法身・応身・化身である。法身はただ実だけであり、化身はただ権だけであり、応身は二面を備えている。応身の第一面は、法身と合致している面であり、法身が常住である以上、この応身も常住であり、法身と同様ただ実だけである。第二面は、大乗を受けるべき宗教的あり方(大機)を教化の対象として、浄土において成仏する応身であり、化身と同様ただ権だけである。応身の第二面と化身との相違は、前者が大機を対象とする仏で、後者が大機の生じていない者に対して小乗の教えを説く仏であろう。

以上のように、仏身に関する三種の正しい認識が『法華経』において説き示されたのであるが、前の二つの認識は身の権実を示すものであり、第三の認識は寿の権実を示すものと規定されている。身の権実と寿の権実はある場合には区別されずに、身の権実として括《くく》られる場合が多いのであるが、ここの例のように区別される場合がある。寿の権実は如来寿量品の思想を指すのである。

【訳】 質問。『大品般若経』には「どのように仏を念じるのか。憶念することがないからである」とある。憶念することがない以上、どのように〔仏を〕念じるのか。

解答。衆生と仏とが本来不二であることを理解すれば、すぐに仏が念じられる対象であり、衆生が念じる主体であるとは見ない。それゆえ自己とそれ以外のものはともになくなり、認識の対象と認識の主体はどちらも静寂となる。それゆえ憶念することがないと名づけるのである。

質問。『大品般若経』にはこの経文があってもよい。今の経（『法華経』）はどこでこの念仏を明かしているのか。

解答。寿量品には「如来は三界〔の衆生〕の様相について、ここで死んだり彼《か》しこで生まれたりする生死がないこと、また世にある者も涅槃に入る者もないこと、真実でもなく虚偽でもなく同一でもなく別異でもないことを、真実ありのままに知見する。三界〔の衆生〕が三界〔の衆生〕を見るのとは違う」とある。三界はとりもなおさず衆生のことである。それゆえ衆生と仏とは二つのものではないことが分かる。どうして念じる主体と念じられる対象ということがあろうか。それゆえ『中論』には「生死と涅槃とには二つの究極はない」とある。衆生と法身についても、その意義は同様である。これはとりもなおさず経論の根本中心である。これによって〔仏を〕礼し、念じる必要があるのである。

【訓読】 問う。『大品』に云わく、「云何んが仏を念ずるや。無憶《むおく》を以ての故なり」(1)と。既に其れ無憶なれば、云何んが念ずるや。

答う。衆生と仏と本来不二なるを了すれば、即ち仏を所念と為し、衆生を能念と為すを見ず。故に内外並びに忘じ、縁観倶に寂す。故に無憶と名づくるなり。

問う。『大品』に斯の文有る可し。今経は何処に斯の念仏を明かすや。

答う。寿量品に云わく、「如来は如実《によじつ》に三界の相の、生死の若しは退、若しは出有ること無く、亦た在世、及び滅度する者無く、実に非ず、虚に非ず、如に非ず、異に非ざるを知見す。三界の三界を見るが如からず」(2)と。三界は即ち是れ衆生なり。故に知る、衆生と仏と二無し。寧《いずく》んぞ能念・所念の義有らんや。故に『中論』に云わく、「生死・涅槃に二際《にさい》有ること無し」(3)と。衆生と法身の義も亦た是くの如し。斯れは即ち経論の大宗なり。必ず須《すべか》らく斯れに依りて礼・念すべきなり。

【注】 (1)『大品般若経』巻第二十三、三次品、「云何菩薩摩訶薩修念仏。菩薩摩訶薩修念仏、

不以色念、不以受想行識念。何以故。是色自性無。受想行識自性無。若法自性無、是為無所有。何以故。無憶故。是為念仏」（大正八・三八五中）を参照。（2）『法華経』如来寿量品、「如来如実知見三界之相無有生死若退若出、亦無在世及滅度者、非実非虚非如非異。不如三界見於三界」（大正九・四二下）を参照。（3）『中論』観涅槃品、「涅槃之実際　及与世間際　如是二際者　無毫釐差別」（大正三〇・三六上）を参照。

【解説】『大品般若経』には仏を念じる仕方について、憶念（念と同じ意味で、思いを集中すること）しないことによって仏を念じると説いているが、憶念しないことと仏を念じることとは矛盾するのではないかという疑問が提示される。これに対する答えは次のようである。仏と衆生は本来不二であるから、衆生が仏を念じるという行為において、念じる主体としての衆生と念じられる対象としての仏とのように、仏と衆生が二元的に対立させられることは誤りである。私たち衆生が仏を対象化して捉えないことが、憶念しない仕方で念仏することとなのである。

第二の問答は、上に述べた、仏と衆生が本来不二であるという立場に立って念仏することが、『法華経』に説かれているかどうかを確認することについてである。吉蔵はその根拠として如来寿量品の文を引用している。吉蔵の解釈によれば、如来が三界の衆生の真実の様相を知見できることを説いているが、その衆生はとりもなおさず生死を越えた仏と同じであると解釈している。『中論』にも生死輪廻と涅槃との根源的な同一性が指摘されており、吉蔵はこれを衆生と法身との関係にも適用できるとしている。そして、この仏と衆生が本来不二であることが、『法華経』や『中論』に代表されるすべての経論の根本思想であり、これに則って念仏・礼仏しなければならないと結論づけられているのである。

## 一〇 『法華経』の信仰・誹謗の果報

【訳】 第十には、現在と未来の十方の衆生のために、真実ありのままに罪と福の果報を区別して明らかにしようとするので、この経を説く。もし一言でも法を非難したり、経を保持する人の悪口を言えば、大きな罪の報いを受ける。一瞬も心のなかで喜べば、限りない福を招きよせる。そうである理由は、そもそも罪と福を論じると、道理に従うか背くかによって生じる。この経は真実の道理を説く以上、これを信じれば福が多く、これを非難すれば罪が重い。

ある古い注釈書に、経を説く理由をとても詳しく明らかにした。今はかいつまんで十門を明らかにするのである。

【訓読】　十には、現在・未来の十方の衆生の為めに、如実に罪福の果報を分別《ふんべつ》せんと欲するが故に、是の経を説く。如《も》し一言、法を毀《こぼ》ち、及び持経《じきよう》の人を謗《ぼう》ぜば、則ち広大の罪報を獲《う》(1)。一念随喜(2)せば、則ち無辺の福を招く。然る所以は、夫れ罪福を論ずれば、理に乖符《かいふ》することに従《よ》り生ず。此の経は既に実理を説くが故に、之れを信ずれば福多く、之れを毀呰《きし》すれば罪重し。

一旧疏本に経を説く因縁を明かすこと甚だ広し。今略して十門を明かすなり。

【注】(1)『法華経』を誹謗する罪は、『法華経』のいたる所で説かれている。たとえば、法師品、「若人以一悪言毀呰在家出家読誦法華経者、其罪甚重」(大正九・三一上)などを参照。(2)『法華経』を信じる功徳は、『法華経』のいたる所で説かれている。たとえば、法師品、「如是等類咸於仏前聞妙法華経一偈一句乃至一念随喜者、我皆与授記、当得阿耨多羅三藐三菩提」(同前・三〇下)などを参照。また、随喜功徳品を参照。

【解説】　現在と未来の十方の衆生のために罪福の果報を明示するために『法華経』を説くと言われる理由は、『法華経』が真実の道理を説く経典であり、罪福とはこの道理に従うか背くかによって生じるものであるからである。『法華経』を信じれば無限の果報があり、これを誹謗すれば広大な罪報がある。この節は、『法華経』に説かれる『法華経』自身への信仰の果報に着目したものである。

「ある古い注釈書に、経を説く理由をとても詳しく明らかにした」とあるのは、『法華玄論』巻第一の「序説経意」を指す。そこでは、『法華経』を説く理由を十七箇条列挙している。「来意門」の第三節から第八節まで、「序説経意」と内容が類同しているので、参照する必要がある。

以上、「来意門」の十節の内容を解説した。『法華経』は廻小入大の菩薩に対して菩薩行を説く経典であり、梵天王の二つの請願のうち、一乗を説いてくれるようにとの請願に応えた経典である。そして、三・四・六・七節は、この『法華経』の一乗思想に着目したものであり、五・八節は一乗思想と仏身思想に着目したものであり、九節は仏身思想に着目したものである。一〇節は『法華経』に対する信仰の果報を明らかにしたものである。『法華経』の初分の一乗思想と後分の仏身思想をさまざまな表現の仕方で明らかにしようとしたことが分かる。

# 第二章　『法華経』の根本趣旨——宗旨門

## 一　宗と体の概念規定

【訳】第二に宗旨の門を明かすことについて。昔から今まで、宗旨と体とを明かすのに、ある場合は同一であると言われ、ある場合は相違があると言われてきた。

その相違するというのは、教を体となし、理を宗となすことである。それゆえ『涅槃経』には七善の経文を解釈して「法を知り、義を知る。法を知るというのは十二部経のことであり、義を知るというのは教によって表わされる理のことである」とある。それゆえ表わす主体としての教を経の体となし、表わされる対象としての理を経の宗となす。

宗と体とが同一であるというのは、表わされる対象としての理が宗旨である以上、明らかにする主体としての文もまた宗旨を明らかにするのであるから、宗と体とは不二である。

今は、〔宗と体とが〕同一であるか、相違するかは、時に応じて用いればよく、大切なことは悟りを得ることであって、固定した教義はないことを明らかにする。

【訓読】　第二に、宗旨の門を明かすとは、古自り今に至るまで、宗旨と体とを明かすに、或は是れ一なりと言い、或は是れ異なり有りと言う。

其の異なると言うは、教を以て体と為し、理を以て宗と為す。故に『涅槃』の七善の文を釈して云わく、「法を知り、義を知る。法を知るとは、十二部経を謂い、義を知るとは、教の表わす所の理を謂う」(1)と。故に能表の教を以て、以て経の体と為す。所表の理、用以《もっ》て経の宗と為す。

宗と体とは一なりと言うは、所表の理は既に是れ(2)宗旨なれば、能詮《のうせん》の文も還た宗旨を詮ずるが故に、宗と体とは不二なり。今、一と異とは時に随って之れを用い、貴きは悟りを得るに在り、義に定まり無きことを明かすなり。

【注】　(1)『南本涅槃経』巻第十四、梵行品、「菩薩摩訶薩住於大乗大般涅槃、住七善法得具梵行。何等為七。一者知法。二者知義。……菩薩若能如是了知十二部経、名為知法。云何菩薩摩訶薩知義。菩薩摩訶薩若於一切文字語言、広知其義、是名知義」(大正一二・六九三下―六九四上)を参照。引用文のなかの「十二部経」は、仏典を内容、形式の二面から、スッタ(経)・ゲイヤ(重頌)・ヴェイヤーカラナ(問答)・ガーター(詩偈)・ウダーナ(感興語)・イティヴッタカ(如是語)・ジャータカ(本生話)・ヴェーダッラ(教理問答)・アッブタダンマ(未曾有法)・ニダーナ(因縁)・アヴァダーナ(過去世物語)・ウパデーシャ(釈論)の十二に分類したものである。(2)底本「既是理宗旨」の「理」を甲本によって削る。

【解説】　第二章は「宗旨門」である。宗は、先祖を祭るみたまやの意、一族の中心となる本家の意から、根本、中心となるものを意味するようになった。『法華経』の根本の趣旨が何であるかを明らかにする章である。第一章の「来意門」が『法華経』に説かれる具体的な思想、教説を明らかにするのに比べて、本章は因果論、つまり、修行(因)とその果報という視点から『法華経』の根本趣旨を考察するものである。

ここでは、吉蔵以前に、宗旨(単に宗ともいう)と体とが異なるとする説と、同じであるとする説との二説があったことが明かされている。二説とも教を体とし、教によって表わされる理を宗としている点は共通である。ここで言う教は、言葉としての教えの意味である。ただ異なるとする説は、教と理とが互いに異なることに着目し、同じとする説は、教は理を明らかにするものである以上、教と理は合致するはずであることに着目したものである。吉蔵自身は、一方の説を取って他方の説を排する態度を拒絶し、いずれも時にしたがって活用すればよく、大事なことは衆生がそれによって悟ることであると結論している。つまり、学説の価値は、それを受けいれる衆生の悟りとの相対的な関係において評価しなければならないのであって、独立に学説の優劣を論じることはできないことを指摘している。吉蔵のこのような態度は、仏教的真理は所詮、言葉によって説明することができないという言葉の限界を認めることに基づいていると言えよう。しかし、言葉の限界を認めるからといって、すべての議論を拒否する態度は取っていないことにも注意する必要がある。言葉の限界を認めた上で、可能なかぎり、議論を尽くすのが、吉蔵の基本的な態度であると考える。

吉蔵は多くの経疏において、その経の宗旨を論じており、時に体との異同を論じていることがある。結論を言えば、吉蔵には宗と体とを区別しない場合と区別する場合の両説がある。全体的に言えば、「宗体」「体宗」のような熟語を用いたり、宗と体とを自由に入れ換えた文章表現が見えたり、宗と体とが同一であることを積極的に主張するなど、宗と体とを区別する意識は稀薄である。宗と体とを区別する場合について言っても、区別するという態度をあくまで貫くといったものではない。というのは、吉蔵の『仁王般若経疏』は、智顗にならって、名・体・宗・用・教の五重玄義によって経を解釈することを目指したものであるが、そこにおいても、宗と体とを区別する別門に対して、区別しない通門をわざわざ取り挙げているからである。『法華遊意』の二説は能詮の言教《ごんきょう》を体とするものであったが、吉蔵自身が宗と体とを区別するときの体の概念は、能詮の言教を意味するのではなく、宗よりもさらに根源的な本体を意味した。たとえば、『観無量寿経義疏』には「不二を以て体と為し、因果を宗と為す」（大正三七・二三四下）とあり、『金光明経疏』には「正法中道を以て体と為し、三点四徳を宗と為す」（大正三九・一六〇中）とある。

## 二 『法華経』の宗旨に関する過去の三説

【訳】 昔、会稽で『法華経』の宗旨について〔諸説を〕集めて解釈したが、全部で十三家あった。今はかいつまんで現在世間に流行しているものに、三説のあることを明かす。

【訓読】 昔、会稽に在りて『法華』の宗旨を撰釈するに凡そ十三家有り(1)。今略して即世《そくせい》、盛んに行なわるるものに、其れ三説有るを明かす。

【注】 (1)『法華玄論』巻第二「辨経宗旨」(大正三四・三七九中—三八二上)を指す。

【解説】 会稽で著わされた『法華玄論』巻第二「辨経宗旨」(経の宗旨を辨ず)においては、『法華経』の宗旨について十三家の異説が紹介されている。『法華遊意』では、以下に紹介されるように三説に整理されている。『法華遊意』の三説と『法華玄論』の十三説との関係は、第一説が第十師の説、または第一師廬山慧遠の説と類似しており、第二説が第二師廬山慧龍の説に一致し、第三説が第五師光宅寺法雲の説と一致する。

## (一) 万善の因を宗とする第一説

【訳】 第一に、「万善《まんぜん》という因をこの経の宗とする」とある。そうである理由は、この経は、文は七巻あるけれども、根本は一乗に帰着する。一乗とはとりもなおさず〔仏果の〕原因である。それゆえ乗は運び去るという意味を持っており、修行者を乗せて運び、原因から結果に到る。結果に到れば、それ以上進むことはない。このため乗ではない。『大品般若経』に「この乗り物は三界から脱出して薩波若《さつばにゃ》に到着してとどまる」とある通りである。『大智度論』にはこの語を「乗は菩提に到ると、種智という名前に変化する」と解釈している。それゆえ、原因を乗とすることが分かる。『勝鬘経』には「仏果の上にさらに一乗という法の事を説くことはない」とある。それゆえ、果は乗ではないことが分かる。

質問。この経は初分に因門を明かし、後分に果門を論じるが、どうしてただ因としての乗だけを宗と規定するのか。

解答。後章に果を明らかにするのは、前の因を完成するためである。一乗という因を修行することによって、寿量品に明かされる長遠な仏寿という果を得るから、果を挙げて因を完成し、因を宗とする。

【訓読】一に云わく、「万善の因を以て、此の経の宗と為す」と。然る所以は、斯の経は、文は七軸有りと雖も、宗は一乗に帰す。是れは即ち因なり。故に乗は運出を以て義と為し、行人を運載して因従り果に至る。果に至れば、則ち更に進趣すること無し。是の故に乗に非ず。『大品』に「是の乗は三界従り出でて薩波若の中に到りて住す」(1)と云うが如し。『智度論』に此の語を釈して云わく、「乗は菩提に到りて変じて種智と名づく」(2)と。故に知る、因を以て乗と為す。『勝鬘経』に云わく、「仏果の上に於て更に一乗法の事を説くこと無し」(3)と。故に則ち知る、果は乗に非ず。

問う。此の経は初分に因門を明かし、後分に果門を辯《べん》ず。云何んが偏《ひと》えに因乗を以て宗と為すや。

答う。後章に果を辯ずるは、前の因を成ぜんが為めなり。一乗の因を行ずるを以て、寿量の果を得るが故に、果を挙げて因を成じ、因を以て宗と為す。

【注】(1)『大品般若経』巻第六、出到品、「是乗従三界中出、至薩婆若中住」(大正八・二五九下)を参照。文中の「薩婆若」はサルヴァジュニャ(sarvajña)の音写で、一切智のこと。(2)『大智度論』巻第五十、「是乗是菩薩法乃至金剛三昧。是諸功徳清浄、変為仏法」(大正二五・四二〇下)を参照。(3)『勝鬘経』一乗章、「説一乗道法、得究竟法身。於上更無説一乗法身(「身」を「事」に作るテキストもある)」(大正一二・二二一上)を参照。

【解説】　第一説は万善の因を『法華経』の宗旨としている。仏果を完成させるためのすべての善なる行為が仏果に相対して因と規定されるので、万善の因と言われる。すなわち、万善＝因なのである。万善の因が経の宗と規定される理由は、七巻からなる『法華経』の根本が一乗であるからとされる。乗とはヤーナ(yāna)の翻訳である。ヤーナは乗り物の意味で、教えをたとえる。乗は乗り物として人々を目的地まで運んでくれるので、本文にあるように、乗は運出の意味であり、修行者を乗せて因から仏果に運んでくれる働きを持っていると説明される。目的地、すなわち、仏果に到着してしまえば、さらに進む必要はないので、仏果においては乗はもはや乗とは言えなくなる。そこで、乗はあくまで因を意味するとされるのである。

また、『法華経』を二段に分け、初分は因門、後分は果門をそれぞれ明かすという立場から、因＝乗のみを宗とするのは不合理であるという批判に対しては、後分の果門（如来寿量品に説かれる長遠なる仏果）は初分の因門を成立させるための副次的存在であるから、根本はあくまで因にあると答えている。

## (二)　果を宗とする第二説

【訳】　第二に、ある人は「この経は果を宗とする」と言う。そうである理由は、そもそも経の宗を認識しようとするならば、経の題名を見るのが適当である。題名に妙法というのは、如来の霊妙な智慧を本体としているのである。煩悩の汚れを洗い流して、汚れがなくなるのを、妙と名づける。動いて衆生のために軌範となるのが、とりもなおさず法と呼ぶ理由である。因位からずっと麁法がまだなくならなければ、妙と呼ぶことはできない。果徳を妙法とする以上、とりもなおさず果徳を経の宗とする。そこで釈尊は奥深い言葉ではじめて仏智の大変深いことを宣言して讃え、多宝〔如来〕はすばらしいと讃えて偉大な智慧の平等なるさまを讃える。〔これが〕とりもなおさずその証拠である。

【訓読】　二には有る人言わく、「此の経は果を以て宗と為す」と。然る所以は、夫れ経の宗を識らんと欲すれば、宜《よろ》しく経題を観《み》るべし(1)。題に妙法と云うは、如来の霊智を謂いて体と為すなり。塵滓《じんし》を陶冶《とうや》し、衆塵斯《こ》に尽くるが故に名づけて妙と為す。動じて物の為めに軌と作る。即ち法と称する所以なり。因位自り以来、麁法未だ尽きざれば、称して妙と為すを得ず。既に果徳を以て妙法と為せば、即ち果徳を以て経の宗と為す。是を以て、釈迦は玄音を以て始めて仏智の甚だ深きを唱歎し(2)、多宝は讃善して大恵平等と称す(3)。即ち其の証なり。

【注】　(1)法雲『法華義記』巻第一に「夫欲識経旨帰、唯応諦思経題」（大正三三・五七四中）とあるように、本文と類似の考えが見られる。　(2)『法華経』方便品、「爾時世尊従三昧安詳

而起、告舎利弗、諸仏智慧甚深無量」(大正九・五中)を参照。(3)『法華経』見宝塔品、「爾時宝塔中出大音声歎言、善哉善哉。釈迦牟尼世尊。能以平等大慧教菩薩法仏所護念妙法華経、為大衆説」(同前・三二中―下)を参照。

【解説】 第二説は果徳を経の宗旨としている。この結論を導くために主張されている方法が、経題を参照することである。『法華遊意』の第三章は経題を解釈する段落を独立して立てているが、ここでも経題の重要性が示されている。そこで、第二説の主張者の立場から経題の「妙法」を解釈すると、妙は如来の霊妙な智慧を本体としており、法は衆生にとっての軌範という意味である。したがって、如来の霊妙な智慧という果徳を経の宗とするという考えである。

この第二説は、『法華玄論』において紹介される廬山慧龍の説であり、『梁高僧伝』の僧印伝に「後に進んで廬山に住し、慧龍従り法華を諮受《しじゅ》す。龍も亦た当世に名を著《あら》わす」(大正五〇・三八〇中)とあるように、僧印(四三五―四九九)に『法華経』を教授した人である。慧龍の法華疏は、智顗の『法華文句』や吉蔵の『法華玄論』にも何度か引用されている。

## (三) 一乗の因果を宗とする第三説

【訳】 第三に、ある人は「この経は一乗の因果をともに備えたものを宗とする」と言う。それゆえ初分に一乗の因を明かし、後章に一乗の果を明かす。蓮華を譬喩に借りるのは、この花は存在しなければそれまでだが、存在すればすぐに花と実がともに含まれるからである。この経は説かれなければそれまでだが、説かれればすぐに因と果とがともに明かされるのである。

【訓読】 三には有る人言わく、「此の経は具さに一乗の因果を以て宗と為す」と。故に初分に一乗の因を明かし、後章に一乗の果を明かす。蓮花を借りて喩えと為すは、此の花は有らざれば而《すなわ》ち已《や》みぬれども、有れば即ち花実倶に含めばなり。此の経は説かざれば而ち已みぬれども、説けば即ち因果双《なら》べて辨ずること有るなり。

【解説】 第三説は『法華玄論』において紹介される光宅寺法雲の説である。実際に本文の文章と類似した表現は法雲の『法華義記』に見られる。たとえば、「今、此の『法花』は則ち因果を以て宗と為す。安楽自りの前には開三顕一して以て因の義を明かす。踊出自りの後には開近顕遠して以て果の義を明かす」(大正三三・五七四中)、「前に因の義を辨じ、後に果の宗を明かす。然れば則ち因果双べて説くは経の正体なり」(同前・五七五中)、「此の花は有らざれば則ち已みぬれども、有れば則ち花実必ず倶なり。此の倶の義を用て、此の経の因果双べて説くを譬うるなり」(同前・五七四中)などである。

第三説は、第一・第二を折衷した説であり、一乗の因果を『法華経』の宗旨としている。第一説では、初分の因門と後分の果門との関係について、「後章に果を明らかにするのは、前の因を完成するためである」という立場から、因門のほうを重視していた。ところが、第三説では、初分の因と後分の果とを同じ比重で捉えるので、因と果とをともに宗旨とするのである。この法雲の説が最も流行したようである。なお、吉蔵における初分、後分は、すでに述べたように『法華経』の正説を二分したものである(九八―九九頁参照)が、法雲における初分は序品から安楽行品までで、後分は従地涌出品以下を指すので注意を要する。

## 三　三説の批判

【訳】質問。今、明らかにすることは、古い他説と同じか、異なるか。

解答。今、経論を全体的に見渡すと、異なる四句に展開するのが適当である。

第一に破って取らない。第二に取って破らない。第三に取りもし、破りもする。第四に取りもしないし、破りもしない。

【訓読】問う。今明かす所は、旧と同じと為すや、他と異なると為すや。
答う。今総じて経論を観るに、宜しく四句の不同を開くべし。
一には破して取らず。二には取りて破せず。三には亦た取り亦た破す。四には取らず破せず。

【解説】吉蔵の『法華経』の宗旨観が、上に紹介した三説と同じか異なるかという問題について、四種の視点から答える。破るとは、ある説を論破して排する意であり、取るとは、ある説を採用する意である。この破と取という、学説に対する二つの態度を組み合わせて、「破而不取」「取而不破」「亦取亦破」(「亦立亦破」)「不取不破」(「不破不立」)の四種の視点を設定している。以下、順に考察しよう。

## (一) 破して取らず

【訳】破って取らないというのは、今、古い〔説〕と同じでもなく、古い〔説〕と異なるのでもない。そうである理由は、これまでの〔説の〕意義を探求すると、〔それらの意義は〕成立しない。それと同じこともありえないし、それと異なることもありえない。上で述べた意義が実体あるものとして捉えることができない以上、だれと同異を論じるのか。

質問。どうして上で述べた意義を探求すると成立しないのか。

解答。今、三意によって推しはかると、すぐに上の意義が過失であることが分かる。


【訓読】 破して取らずと言うは、今、旧と同じからず、亦た旧と異ならず。然る所以は、上来の義を求むるに成らず。或は其れと同じかる可《べ》からず、或は其れと異なる可からず。上の諸義を求むるに既に不可得なれば、誰れと同異を論ぜんや。

問う。云何んが上の義を求むるに成らざるや。

答う。今、三意を以て往推《おうすい》するに、即ち其の前の義を失と為すを知る。

【解説】 第一の「破而不取」は長文なので、九段落に区切って解説しよう。『法華経』の宗旨を因果的視点によってのみ捉える上述の三説はまったく成立せず、したがって、それらの説と同じか異なるかなどという議論そのものが成立しないと言われる。なぜそうなのか。以下、三つの観点から理由が示される。第一の批判は、三説はすべて因果を出ないものであるが、実は本質的な次元ではこの因果は成立しないと批判する。第二の批判は、因果の成立する相対的次元を認めたとしても、道理という絶対的次元に因果が存すると考えるのは有所得と批判する。有所得とは、対象を実体的なものとして捉えることで、すべての存在は固定的実体のない空であることを認識しない誤った考えとされる。以上の二つの批判は三説すべてに共通に向けられる批判である。第三の批判は、三説それぞれ個別になされる。第一説に対しては、乗を因の意味と規定するのは誤りで、経題を参照しても、果をこそ宗旨とするべきであるというものである。第二説に対しては、乗には因の意義もあることを指摘し、仏果だけを乗の内容として宗旨とすることも誤りであるというものである。第三説に対しては、『法華経』の初分は因ばかりでなく、盛んに果徳をも説いているというものである。

【訳】第一には、三師〔の説〕を全体としてまとめると、因果を出ない。ところが、『正観論』（＝『中論』）は十家の因果を盛んに破っているので、すべての因果は成立しない。今、いくつかの門にかいつまんで題目をつけ、成立しない様相を示す。三師は万善を因となし、〔仏の〕寿命の長さを果となす以上、あらゆる修行という因の中に〔仏の〕寿命の長さという果が有るのか、果が無いのか。もし果が有れば、とりもなおさず因には果を生じる能力がなく、果には因に報いる作用がないことになる。もしあらゆる修行という因に〔仏の〕寿命の長さという果が無ければ、あらゆる修行をなしても、最終的に果を生じない。もしあらゆる修行という因に果が無いけれども、果を生じれば、あらゆる悪にもまた仏果は無く、〔同じ論理で〕当然仏果を生じるだろう。さらに『涅槃経』には「もし因の中に果が有る、因の中に果が無い、有りもするし無くもある、有るのでもなく無いのでもない、と言うならば、このような人はとりもなおさず仏法僧の悪口を言っており、魔につなぎ止められている。魔の一族である」とある。どうして一乗の因果の意義であろうか。

　さらにまた、因の中に果が有る、因の中に果が無い、有りもするし無くもある、有るのでもなく無いのでもない〔という考えは、それぞれ〕サーンキヤ、ヴァイシェーシカ、リシャバ、ニガンタ・ナータプッタの外道の義であって仏法ではない。

【訓読】　一には、総じて三師を摂するに、因果を出でず。而るに『正観論』に盛んに十家の因果を破すれば、則ち一切の因果成らず(1)。今、略して数門を題して、不成の相を示す。三師は既に万善を以て因と為し、寿量を果と為せば、万行の因の内に、寿量の果有りと為すや、果無しと為すや。如若《も》し其れ果有らば、即ち因に果を生ずるの能無く、果に因に酬ゆるの用無し。若し万行の因に寿量の果無くば、万行を修すと雖も終に果を生ぜず。若し万行の因に果無くして果を生ぜば、万悪にも亦た仏果無くして、応に仏果を生ずべし。又た『大経』(2)に云わく、「若し因中有果・因中無果・亦有亦無・非有非無と言わば、是くの如きの人は即ち仏法僧を謗じ、魔に繫属《けぞく》す。是れ魔の眷属なり」(3)と。豈に是れ一乗の因果の義ならんや。

又た、因中有果・因中無果・亦有亦無・非有非無は是れ僧佉《そうきゃ》（4）・衛世師《えいせいし》（5）・勒《ろく》（6）沙婆《しゃば》（7）・若提子《にゃくだいし》（8）の外道の義にして仏法に非ず。

【注】（1）『正観論』は『中論』の別名。『中論』観因縁品には因果についての議論があるが、十家の因果を破すと言われる場所を特定できない。（2）底本の「大品経」を甲本によって「大経」に改める。（3）『南本涅槃経』巻第二十三、光明遍照高貴徳王菩薩品、「若言因中先定有果及定無果定有無果定非有非無果、当知是等皆魔伴党、繋属於魔」（大正一二・七六〇中）を参照。（4）インドのサーンキヤ派のこと。数論派外道。（5）インドのヴァイシェーシカ派のこと。勝論派外道。（6）底本の「勤」を続蔵本の頭注に「勤疑勒」とあるのにより、「勒」に改める。（7）ジャイナ教の祖の一人、リシャバのこと。吉蔵『百論疏』巻上之中、「勒沙婆者、此云苦行仙。其人計身有苦楽二分、若現世併受苦尽而楽法自出。所説之経名尼健子有十万偈」（大正四二・二四四中）を参照。（8）ジャイナ教の祖の一人、ニガンタ・ナータプッタのこと。

【解説】第一の批判は、『法華経』の宗旨に関する三説はいずれも因果を出ないというものである。第一説が万善の因を、第二説が仏の果徳を、第三説が前の二説を折衷して、因と果とをともに『法華経』の宗旨としたのであるから、吉蔵のこの認識は正しい。そこで、吉蔵は万善の因に仏の寿命の長さという果（要するに仏果のこと）が有るのか無いのかという問題を設定することによって、因中有果説（因の中にあらかじめ果が有るとする説）・因中無果説(因の中にあらかじめ果は無く、後に因の作用によって果が生じるという説)というインドの外道の因果論に還元し、この因果論を批判する論理を三説の批判に適用するのである。

もし万善の因に仏果があらかじめ存するとするならば、果がはじめから存するのであるから、因が果を生じるのではないことになる。そうであれば、因には果を生じる作用がなく、果には因に対応して生じるという作用がなくなってしまう。また、逆に万善の因に仏果がなければ、どんなに修行しても、結局仏果を生じることはできないはずである。もしできるというならば、万悪にも仏果が当然備わっていないから、備わっていないという同じ理由で、仏果を生じることになってしまう。いずれの場合も大変不都合なことになってしまう。そもそも、そのような因の中に果が有るとか無いとかという立場が誤っていたのである。

吉蔵は以上のように、因中有果説・因中無果説を批判している。『涅槃経』には、因と果との関係について四句分別して、上に示した因中有果説・因中無果説にさらに因中亦有果亦無果・因中非有果非無果の二つを加えている。そして、これら四つの因果論は仏・法・僧の三宝を非難するものであり、仏道を妨げる魔に束縛されたものであり、このような誤った考えを持つ者は魔の仲間であるとまで言っている。もし、そうであれば、どうしてこのような誤った因果論が『法華経』に説かれる一乗の因果と同じ内容であろうか。そんなはずはない、というのが吉蔵の主張する論理である。

最後に因果に関する四句分別がインドのどんな外道説を指すのかを、具体的に示している。因中有果説はサーンキヤ説である。サーンキヤ説はインド六派哲学の一つで、開祖はカピラと言われる。純粋精神(プルシャ)と根本物質(プラクリティ)の二元論を立てる。根本物質は純質・動質・暗質の三つの構成要素より成り、純粋精神の観照によって、その平衡状態が崩れ、世界の展開が始まる。これを転変説《てんぺんせつ》と呼ぶ。展開される世界という結果は、原因である根本物質のなかに未展開の状態で存在する、という因中有果説を立てるのである。展開されるものは、統覚、自我意識、十一の器官(眼・耳・鼻・舌・皮膚・発声器官・手・足・排泄器官・生殖器官・心)、五つの微細な元素(音声・可触性・色形・味・香り)、五つの粗大な元素(虚空・風・火・水・地)であり、これらが、順に次々に展開することによって世界が成立するのである。

次に、因中無果説はヴァイシェーシカ説であり、これも六派哲学の一つである。開祖はカナーダと言われる。この派は多くの原子、または要素が集まり結合して世界を構成すると説く。これは転変説とは反対に、因の中に果は無く、したがって、はじめは非存在であった果が因の作用によって新たに生じるという説である。これを新造説と呼ぶ。

以上の因中有果説と因中無果説との二説はインドにおける外道説にその起源を求められるが、残りの二説が実際にリシャバとニガンタ・ナータプッタの説であるかどうかは疑わしい。つまり、インドにおいてそのような結びつきが主張されていたかどうか、筆者は寡《か》聞《ぶん》にして知らない。むしろ中国において想像されただけではないのかと推定される。吉蔵の『百論疏』(聖提婆の『百論』の注釈書)には、インドの外道は因果について三種類の考えを持っていたとする。つまり、第一に因も無く果も無いとする説。これは善業も悪業も認めず、その報いも認めないもので、六師外道の一人、プーラナ・カッサパの説であろう。第二に因は無いが果は有るとする説。これは現在の輪廻という苦の果を認めるが、そのような結果になったのはまったくの偶然であり、特定の原因などないとする考えである。これも六師外道の一人、マッカリ・ゴーサーラ(アージーヴィカ教の開祖)の説であろう。第三に因も有り果も有るとする説で、これはさらに四つに分類される。すなわち、「因果有るに就いて、復た四師有り。一に僧佉は因中に有りと執す。二に世師は因中に無しと執す。三に勒沙婆は亦た有り亦た無し。四に若提子は有に非ず無に非ず」(大正四二・二八七下)とある。この記述は本書のそれと同じである。

【訳】 さらにまた、あらゆる修行をなすことを因とし、〔仏の〕寿命の長さを果とする場合、あらゆる修行という因は果の生じるのを待って滅するのか、果〔の生じるの〕を待たないで滅するのか。もし果の生じるのを待って滅するならば、〔因が〕常住であると名づける。もし果の生じるのを待たないで滅するならば、〔因が〕断滅すると名づける。断滅・常住である以上、因果を成立させない。何をこの経の宗とするのか。

さらにまた、断滅・常住である以上、一乗妙法の妨げとなる。どうして法を妨げるものを宗とするのか。

さらにまた、もし一瞬の心の善が継続して仏果にまで到ると言うならば、〔一瞬の心の善が〕滅してから継続するのか、滅しないで継続するのか。もし滅してから継続するならば、継続して生じるものはあるが、継続させる前のものがないことになる。もし滅しないで継続するならば、継続させる前のものはあるが、継続して生じるものがないことになる。どうして仏果にまで継続するのか。経論によって推しはかると、いずれもこの因果はないのであり、だれと同一であり、また異なるのか。

【訓読】 又(1)た万行を修するを因と為し寿量を果と為さば、万行の因は果起こるを待って滅すと為すや、果を待たずして滅すと為すや。若し果起こるを待って滅せば、則ち名づけて常と為す。若し果起こるを待たずして滅せば、則ち名づけて断と為す。既に是れ断常なれば、則ち因果を成ぜず。何を以て此の経の宗と為すや。

又た既に是れ断常なれば、則ち一乗妙法を障《さ》う。云何んが法を障うるを用て宗と為すや。

又た若し一念の善相続して仏果に至ると言わば、滅し已《お》わって続くと為すや、滅せずして続くと為すや。若し滅し已わって続かば、則ち能続有るも、所続無し。若し滅せずして続かば、則ち所続有るも、能続無し。云何んが続いて仏果に至らんや。経論を以て之れを推《すい》するに、並びに此の因果無く、誰れと同異ならんや。

【注】（1）底本「縦又」の「縦」を甲本によって削る。

【解説】先に、因と果との関係について、因が果を含んでいるかどうかについて四句分別をなし、因果の成立しないことを主張した。これは空間的な視点からの因果批判であったが、ここは修行の因と仏果との関係について、実は因果の関係が成立しないことを時間的な観点から論証する段である。二つの論証が示されている。第一に、因と果の関係においては因が果に先行すると考えられているが、この場合、因が滅するのは果が生じてからか、果が生じる前においてかのいずれかである。前者の場合は果が生じても、まだ因が存続することになり、このことを認めれば、因は滅することがなく常住であるという常見に陥る。後者の場合は果が生じる前に因が滅し、実際にはその因が果を生じる能力があるのかどうか曖昧となり、結局因は無能であるという断見に陥る。このような断見・常見においては、因果の関係は成立しないとされる。一般的に言えば、原因と結果との関係は、ある条件Aの下にBという現象が必ず生起するという場合、Aが原因でBが結果と呼ばれる。ここでは修行によって仏果を獲得するのであるから、修行が因で仏果が果であり、仏教においても通常このように表現して何ら問題はない。ところが、吉蔵は本質的な立場から、因と果をあらかじめ実体として措定《そてい》すると、上述の断見・常見という誤った考えに陥るので、これを否定し、あくまで関係性における非実体的なものとして因と果とが設定されると考えたのである。この考えを承けて、断見・常見は一乗妙法を妨げるものであるから、『法華経』の宗旨たりえないと主張する。

第二に、微々たる善が継続して最後に仏果にまで到達するという場合、前の善と後の仏果との関係においてそれぞれを実体的に捉えれば、前が滅して後が生じるか、前が滅しないで後が生じるかのいずれの場合においても、継続ということが成立しないと言われる。

現代において普通言われる原因と結果の議論に比べて分かりにくい論証であるが、因と果とを実体として捉えた場合の矛盾を指摘したものであると思われる。この段の最後で、このような実体的な因果が成立しない以上、成立しない因果を『法華経』の宗旨とする三説と、吉蔵の説が同じか異なるかは論じることができないと結論づけている。

【訳】第二に、たといこの因果があっても、彼がそのまま道理にこの因果があると思うならば、有所得を成立させる。『経』には「有所得ならば、道がなく果がない」とある。どうして宗とするのか。

さらにまた有所得について、『経』には「動かず、出ない」とある。〔動かないことと出ないことは〕どちらも乗の意味ではない。どうして経の宗とするのか。『涅槃経』には「有所得とは無明と名づける」とある。どうして無明を平等な偉大な智慧である経（『法華経』）の宗とするのか。「有所得とは二十五有の名である」とある。どうして二十五有を多くの徳を有する経（『法華経』）の宗とするのか。

【訓読】二には、縦《たと》い此の因果有りとも、彼れは便ち道理に此の因果有りと謂《おも》えば、則ち有所得を成ず。『経』に云わく、「有所得なれば、道無く果無し」(1)と。何を以て宗と為すや。

又た有所得とは、『経』に云わく、「動ぜず出でず」(2)と。都《すべ》て乗の義に非ず。云何んが用て経の宗と為すや。『涅槃経』に云わく、「有所得とは名づけて無明と為す」(3)と。寧んぞ無明を用て、平等大慧の経の宗と為すや。「有所得とは、二十五有に名づく」(4)と。云何んが二十五有を用て衆徳の経の宗と為すや。

【注】(1)出典未詳。(2)出典未詳。(3)『南本涅槃経』巻第十五、梵行品、「有所得者、名

為無明」(大正一二・七〇六下)を参照。(4)『南本涅槃経』巻第十五、梵行品、「有所得者、名二十五有」(同前)を参照。二十五有は衆生が輪廻する世界を二十五種に分けたもの。具体的には、四悪道(地獄・餓鬼・畜生・阿修羅)、四洲(弗婆提・瞿耶尼・欝単越・閻浮提)、六欲天(四王天・三十三天・閻魔天・兜率天・化楽天・他化自在天)の欲界の十四有、初禅天、大梵天、二禅天、三禅天、四禅天、無想天、五浄居天(無煩天・無熱天・善現天・善見天・色究竟天)の色界の七有(五浄居天を一有と数える)、四空処天(空無辺処天・識無辺処天・無所有処天・非想非非想処天)の無色界の四有の合計二十五有である。

【解説】 第一の批判において、固定的実体として因と果とを立てると、因果が成立しないことを述べた。しかし、吉蔵は、関係性において因と果とが成立する次元をまったく無視することはしない。つまり、因果の成立する相対的次元を認めるのである。私たちの言語習慣のなかで、因と果を区別して使用することの有効性を承認するのである。ただし、第二の批判は、因果の成立する相対的次元を認めたとしても、道理という絶対的次元に因果が存すると考えるのは有所得であると批判する。有所得とは、空の認識とまったく対立する誤った認識とされ、吉蔵はあらゆる場面で、無所得空、無所得中道を主張するのである。

ここでは、有所得について、経典を引用して四つの欠陥を指摘している。第一に、有所得には道がなく果がないと言われ、果徳を宗旨とすることが不可能となってしまう。第二に、有所得は不動不出と言われ、『法華経』の一乗の乗(乗り物)の意義と矛盾する。第三に、有所得は無明(根源的無知の意で、智慧とまったく対立する概念)のことだと言われ、平等大慧の経と規定される『法華経』と矛盾する。第四に、有所得は二十五有という輪廻的世界の迷える生存のことだと言われ、多くの徳を有する『法華経』と矛盾する。

【訳】質問。『大品般若経』と『涅槃経』には自ら有所得・無所得を論じることがあってよい。『法華経』には、(仏に)頭を下げたり、手を挙げたりするようなごくわずかな善でも、どれもみな仏の悟りを完成することを明かしている。どうして有所得の善は一乗ではないと選び捨てるのか。

解答。有所得と無所得とは、思うに多くの経の帰着すべき趣旨であり、聖人の観察の奥深い集まり場所であり、得失の根本を明らかにし、仏教の偏《かたよ》り・正しさを示す。どうして『法華経』に当てはまらないことがあろうか。

さらにまた、この経の文は自ら有所得と無所得とを明らかにしている。今、かいつまんで三文を取り挙げる。

第一に最初に宗(根本趣旨)を開示するところで、すぐに「私は無数の巧みな手段によって衆生を指導し、多くの執著から離れさせる」とある。

第二に後の流通のところで富楼那が仏を讃えて「とてもすばらしい。世尊は智慧と巧みな手段によって衆生があらゆるところで貪《むさぼ》り執著していることから救い出す」と言っている。「あらゆるところで貪り執著している」とは、小乗に執著し、大乗に執著し、三乗に執著し、一乗に執著することである。それゆえこの経が正面から無所得を明かすのが分かる。

さらにまた、この経は盛んに静かに滅していることについて語る。たとえば「この法は示すことができず、言葉で捉えるべき様相が静かに滅している」とあるようなものである。さらにまた、「諸法はもとからいつも静かに滅している様相である」とある。「静かに滅している様相」とは、とりもなおさず無所得、実相の別名である。この経が有所得を明かしていると言うべきではない。

【訓読】問う。『大品』と『涅槃』とは自ら有得・無得を論ず可し。『法華経』には、低頭《ていず》挙手《こしゅ》(1)の一豪《いちごう》の善(2)も並びに皆な仏道を成ずるを明かす。豈に有得の善は一乗に非ずと簡《えら》ばんや。

答う。得と無得とは、蓋し是れ衆経の旨帰《しいき》、聖観《しょうかん》の淵府《えんぷ》にして、得失の根本を弁じ、仏教の偏正を示す。豈に『法花』を該羅せざらんや。

又た即ち此の経の文は自ら得と無得とを辨ず。今略して三文を挙ぐ。

一には初め宗を開いて即ち云わく、「我れ無数の方便を以て衆生を引導《いんどう》し、諸著を離れしむ」

(3)と。

二には後の流通に、富楼那、仏を歎じて云わく、「甚だ奇なり。世尊は智恵方便を以て、衆生の処処に貪著するを抜出す」(4)と。「処処に貪著す」とは、小に著し、大に著し、三に著し、一に著す。故に知る、此の経は正しく無所得を明かすなり。

又た此の経は盛んに寂滅を談ず。「是の法は示す可からず、言辞の相寂滅す」(5)と云うが如し。又た云わく、「諸法は本と従《も》り来《このかた》、常《つね》自に寂滅の相なり」(6)と。「寂滅の相」は、即ち是れ無得・実相の異名なり。応に此の経は有所得を辨ずと言うべからず。

【注】(1)『法華経』方便品、「或有人礼拝　或復但合掌　乃至挙一手　或復小低頭　以此供養像　漸見無量仏」(大正九・九上)を参照。(2)底本の「一豪善之」を甲本によって「一豪之善」に改める。(3)『法華経』方便品、「吾従成仏已来、種種因縁種種譬喩広演言教、無数方便引導衆生令離諸著」(大正九・五下)を参照。(4)『法華経』五百弟子受記品、「世尊甚奇特、所為希有。随順世間若干種性、以方便知見而為説法、抜出衆生処処貪著」(同前・二七中)を参照。(5)『法華経』方便品、「是法不可示　言辞相寂滅」(同前・五下)を参照。(6)『法華経』方便品、「諸法従本来　常自寂滅相」(同前・八中)を参照。

【解説】有所得をめぐって一つの問答が展開されている。質問の趣旨は次の通りである。『法華経』方便品には、仏に対して供養する仕方がけっして完全なものではなく、不完全で些《さ》細《さい》なものであっても、すべて仏の悟りを完成することに直結することが説かれている。どんな些細なちっぽけな善行も成仏という結果をもたらしてくれるので、五世紀頃から『法華経』は万善同帰教《まんぜんどうききょう》と呼ばれた。具体的には、本文にあるように、頭を下げたり手を挙げたりして仏像に供養することが仏の悟りを完成することになると言われる。また、少年が遊びで草木や筆、または指の爪で仏像を描くという些細な善行もやがて成仏につながると説かれるのは有名なところである。ところが、質問者は、これらの些細な善行は有所得の善であるから、『法華経』は有所得の善が成仏に結びつくことを認めているはずなのに、なぜ吉蔵は有所得の善を『法華経』の一乗と矛盾対立するものとして捨てるのか、と詰問する。

　吉蔵の解答の趣旨は、有所得と無所得とはすべての経典、すべての仏たちの観察実践行の根本であり、仏教の得失、偏正を判別する基準であるから、当然『法華経』にも行きわたり当てはまるものである、というものである。具体的に『法華経』が有所得と無所得とを説き示す経文を三文（実は四文）引用している。第一の引用は、執著を離れさせるということを、有所得を捨てるという意味に解釈しているのである。第二の引用も「貪著」から救済することを有所得からの救済と解釈しているのである。第三の引用は、実は二箇所の引用がなされている。二文とも「寂滅」という語があり、吉蔵はこれを無所得、実相の別名と解釈している。寂滅は絶対の静寂という宗教的境地を指す場合があり、その場合はニルヴァーナ（涅槃）を意味することもある。吉蔵は、寂滅を執著を離れた境地と解釈して、無所得と同義と考えたのであろう。また、寂滅が諸法の本来のあり方であるから、実相（真実の姿）と同義と考えたのであろう。

【訳】　第三に、この経の文によってこれを責める。もし乗が因であると言うならば、この義はそうではない。今、『法華経』を講じるのであるから、『法華経』を証拠とするのが適当である。『法華経』には三車・一車はすべて果であることを明かしている。それゆえ譬喩品に「今、この三車はすべて門の外にある」とあるのは、とりもなおさず三界を越えた果徳を車としている。それゆえ下の譬喩との対応には、すべて果徳によってこれと対応させている。涅槃を挙げて羊車に対応させ、自然慧を挙げて鹿車に対応させ、仏果の四徳の智を挙げて牛車に対応させ、大涅槃という果徳を挙げて大車に対応させている。それゆえ「すべて如来の滅度によって滅度させる」とある。

さらにまた、仏果の多くの徳を挙げて大車に対応させている。それゆえ「〔衆生に〕すべて仏たちの解脱三昧を与える」とある。それゆえ「平等に大車を与える」と名づける。それで三車・一車はみな果としての乗であって、因としての乗ではないことが分かる。

さらにまた、この経を妙法と呼ぶ。妙法とは仏果である。徳はすべて完全であり、煩悩はすべて尽きているので妙と名づけ、因であれば、徳がまだ完全ではなく、煩悩がやはりまだ尽きていなければ、妙とは名づけないので、当然果を宗そのものとするべきである。因は宗そのものではないのである。

【訓読】 三には、則ち此の経の文を用て之れを責む。若し乗は是れ因なりと言わば、是の義然らず。今、『法花』を講ずるに、宜しく『法花』を以て証と為すべし。『法花』には三車・一車皆な悉く是れ果なるを明かす。故に譬喩品に云わく、「今此の三車は皆な是れ門の外に在り」(1)と。即ち三界の外の果徳を車と為す。故に下に合譬《ごうひ》(2)に、皆な果徳を以て之れに合す。涅槃を挙げて羊車に合し、自然恵《じねんえ》を挙げて鹿車に合し、仏果の四徳智を挙げて牛車に合し、大涅槃の果徳を挙げて大車に合す(3)。故に云わく、「皆な如来の滅度を以て之れを滅度せしむ」(4)と。

又た仏果の衆徳を挙げて、以て大車に合す。故に云わく、「悉く諸仏の解脱三昧を与う」(5)と。故に「等しく大車を賜う」(6)と名づく。則ち知る、三車・一車は皆な是れ果乗にして因乗に非ず。

又た此の経は称《しょう》(7)して妙法と名づく。妙法とは、仏果なり。徳円かならざる無く、累尽きざる無きが故に名づけて妙と為し、因ならば、徳は未だ円かならず、累は猶お未だ尽きざれば、名づけて妙と為さざれば、則ち応に果を以て正宗と為すべし。因は正宗に非ざるなり。

【注】（1）『法華経』譬喩品、「如此種種羊車鹿車牛車今在門外、可以遊戯」（大正九・一二下）を参照。（2）底本「下合譬談」の「談」を甲本によって削る。（3）『法華経』譬喩品、「若有衆生内有智性、従仏世尊聞法信受、慇懃精進欲速出三界自求涅槃、是名声聞乗。如彼諸子為求羊車出於火宅。若有衆生従仏世尊聞法信受、慇懃精進求自然慧、……若有衆生従仏世尊聞法信受、勤修精進求一切智仏智自然智無師智如来知見力無所畏、……我有無量無辺智慧力無畏等諸仏法蔵。是諸衆生皆是我子、等与大乗。不令有人独得滅度、皆以如来滅度而滅度之。是諸衆生脱三界者、悉与諸仏禅定解脱等娯楽之具。皆是一相一種聖所称歎、能生浄妙第一之楽」（大正九・一三中―下）を参照。文中、涅槃・自然慧・四種の智（一切智・仏智・自然智・無師智）があり、「大涅槃」とはないが、「浄妙第一之楽」をそのように解釈しているのであろう。（4）前注（3）の引用を参照。（5）前注（3）の引用を参照。（6）『法華経』譬喩品、「爾時長者各賜諸子等一大車」（大正九・一二下）、「以是妙車　等賜諸子」（同前・一四下）を参照。（7）底本の「秤」は「称」の俗字なので、本書では「称」を用いる。以下同じ。

【解説】　第三の批判は、『法華経』の経文によって、三説それぞれを個別に批判することである。ここは第一説に対してである。第一説は前に見たように、乗（乗り物。教えをたとえる）を因の意味と規定している。これに対して、吉蔵は二つの観点から乗が果であることを論証しようとしている。第一の方法は、譬喩品に出る羊車・鹿車・牛車の三車、大白牛車の一車はいずれも果を意味するものとして説明されているというものである。まず、

「三車が門外にある」というのは、三車が六道輪廻の範囲である三界の外にあるという意味であるから、果徳を車としているのである。また、合譬のところで、羊車・鹿車・牛車・大白牛車がいったい何を象徴しているのかを説明して、それぞれ涅槃・自然慧・仏果四徳智・大涅槃果徳という果を象徴していると説明している。合譬とは、中国の経典注釈書の術語で、「譬を合す」と訓読し、譬喩を思想的内容に対応させることである。つまり、経典において譬喩が説かれた後に、経典自らがその譬喩の意味することを解説することである。ともあれ、乗り物というのは、現在地から目的地まで運んでくれるものであり、目的地までの過程を重視すると、因を意味すると解釈され、あくまで目的地が重要であると考える場合には、果を意味すると解釈される。因を意味すると解釈する第一説は、吉蔵の立場からは上のように批判されたのである。

次に第二の方法は、経題の「妙法」が仏果を意味するということである。完全な徳を持ち、すべての煩悩を断ち切っていることが仏果の意義であり、それではじめて妙と言われるのである。以上の二つの方法によって、果こそ『法華経』の正宗(宗旨そのもの)と結論づけられているのである。

【訳】 次に第二について質問する。もし仏果だけを乗とするならば、これもまたそうではない。子供たちが車を求め、仏がすぐに車を与える。子供たちが車を得ることは、とりもなおさず子供たちが果を得ることである。それゆえ「このりっぱな車に乗って直ちに道場に到る」とある。それで因を乗となすことが分かる。どうして乗でないであろうか。さらにまた、『大品般若経』などの経はみな乗は因の意味であることを明かしている。どうして果だけを乗とすることができようか。

【訓読】次に第二を問う。若し偏えに仏果を以て乗と為さば、是れも亦た然らず。諸子は車を求め、仏は即ち車を賜う。諸子車を得るは、即ち諸子果を得。故に云わく、「是の宝車に乗って、直ちに道場に至る」(1)と。即ち知る、因を以て乗と為す。寧んぞ乗に非ざらんや。又た『大品』等の経に皆な乗は是れ因の義なるを明かす(2)。何ぞ偏えに果を用て乗と為すことを得んや。

【注】(1)『法華経』譬喩品、「乗此宝乗　直至道場」(大正九・一五上)を参照。(2)出典未詳。

【解説】ここは果を宗旨とする第二説に対する批判であり、乗には因の意義もあることを指摘し、仏果だけを乗の内容として宗旨とすることも誤りであると批判している。「りっぱな車に乗って直ちに道場に到る」という経文には、目的地(道場)に到着するまで、車に乗って行く点で、因の意義も含まれていることを指摘したのである。

【訳】　次に、第三〔の説〕を破る。因果を宗とすることもまたそうではない。この経の初分は始めから終わりまで盛んに果徳を論じている。今、かいつまんで三つの証拠を引用する。第一には宗(根本趣旨)を開示するところで、略説して仏の智慧のとても深いことを讃えている。第二には仏知見を開くことについて広説している。第三には多宝〔如来〕は〔釈尊の〕説を証明して、偉大な智慧の平等なるさまを讃えている。それゆえ初分は始めから終わりまで盛んに果徳を論じており、因を明かすのではないことが分かる。

これら多くの理由によって三家の解釈を探求すると、どれもみな成立しない。それゆえこれらと同異を論じることはできない。

質問。なぜいくつかの考えを洗い清め破る必要があるのか。

解答。もし因果などの見解があれば、とりもなおさず有所得である。有所得は麁と名づけ、妙とは名づけない。有所得は非法と名づけ、法とは名づけない。今、因果などの見解を停止させさず不浄で汚れた色がついたものであり、蓮華ではない。今、因果などの見解を停止させれば、とりもなおさず無所得である。無所得であるから妙法と名づけ、蓮華と呼ぶ。それゆえ経の宗である。

【訓読】 次に第三を破す。因果を宗と為すこと、是れも亦た然らず。此の経は初分に始終盛んに果徳を談ず、今略して三証を引く。一には宗を開いて略説して仏の智恵の甚だ深きを歎ず(1)。二には広く仏知見を開く(2)を説く。三には多宝の証説に大恵平等を歎ず(3)。故に知る、初分に始終盛んに果徳を談じ、因を明かすに非ず。

此の衆義を以て三家の解釈を求むるに、並びに皆な成ぜず。故に之(4)れと同異す可きこと無し。

問う。何が故に要《かなら》ず須らく諸計を洗破すべきや。

答う。若し因果等の見有らば、即ち是れ有所得なり。有所得は之れを名づけて麁と為し、名づけて妙と為さず。有所得は名づけて非法と為し、名づけて法と為さず。有所得は即ち是れ不浄染著にして、是れ蓮花に非ず。今、因果等の見を息《や》むるは、即ち是れ無所得なり。無所得の故に名づけて妙法と曰《い》い、称して蓮花と為す。故に是れ経の宗なり。

【注】 (1)『法華経』方便品、「諸仏智慧甚深無量」(大正九・五中)を参照。(2)『法華経』方便品、「諸仏世尊欲令衆生開仏知見使得清浄、故出現於世」(同前・七上)を参照。(3)一七三頁注(3)参照。(4)甲本により「之」を補う。

【解説】　ここは、はじめに、『法華経』の初分は因を明かし、後分は果を明かすから、因果をともに宗旨とするという法雲の第三説に対する批判をなしている。内容的には、『法華経』の初分は因ばかりでなく、盛んに果徳をも説いているということを、三つの証拠を挙げて論証している。実は法雲も「今、此の経には因を明かすの処にも亦た果の義有り。即ち開仏知見と言う」（大正三三・五七四中）と述べて、吉蔵の挙げる第二の証拠に言及している。しかし、法雲が開仏知見について「前は則ち因の為めの故に果を明かす」（同前・五七四下）と述べているように、全体的には『法華経』の初分を因と見ていることは間違いのないところである。これに対して、吉蔵は初分は因と同様に果を説いていると捉えているのである。

以上のように、三説すべてが成立しないのであるから、これと吉蔵自身の説との同異を論じることは不可能であると結論づけられている。そこで、一つの問答が展開されている。つまり、なぜ上のように三説すべてが破られるのかという問いが設定される。それに対して、因果という見方は有所得であり、有所得は妙でもなく、法でもなく、蓮華でもないこと、因果という見方をなくせば、無所得であり、無所得こそ妙であり、法であり、蓮華の意義があるから、『法華経』の宗旨となることができることが答えられている。

【訳】 質問。どうして有所得の見解を停止させることが、とりもなおさず妙法蓮華であることを知ることができるのか。

解答。今、かいつまんで三つの証拠を引用する。

第一に『正観論』に「因縁品からずっと諸法を推しはかり探求すると、有も無であり、無も無であり、亦有亦無も無であり、非有非無も無である。これを如・法性・実際・涅槃と名づける」とある。それゆえ有所得の因果を探求すると実体あるものとして捉えることができないということが、とりもなおさず妙法であることが分かる。

第二に『法華論』には、方便品に「私は無数の巧みな手段によって衆生を指導し、多くの執著から離れさせる」とあることについて、「執著に四種ある。第一に界に執著する。三界などのことである。第二に〔禅定の境〕地に執著する。欲界定地、乃至、滅尽定地のことである。第三に分の執著である。在家は五欲に執著し、出家は名誉・利益に執著することである。第四に乗の執著である。小乗に執著し、大乗に執著することなどである」と解釈している。それゆえ執著するものがあるのは妙法と名づけず、執著するものがないのがとりもなおさず経の宗であることが分かる。

第三に関中の肇公の『百論序』には「ひっそりとして寄るべがないが、道理として自ら深い次元で合致し、さっぱりとして拠り所がないが、事実として真実を失わない。根本に返る道はここにはっきりと現われる」とある。それゆえ心に執著するものがないのがとりもなおさず妙法であり、この経の宗となすことが分かる。

【訓読】 問う。何を以て有所得の見を息むれば、即ち是れ妙法蓮花なることを知ることを得るや。

答う。今、略して三証を引く。

一には『正観論』に云わく、「因縁品従り来、諸法を推求《すいぐ》するに、有も亦た無、無も亦た無、亦有亦無も亦た無、非有非無も亦た無なり。是れを(1)如・法性・実際・涅槃と名づく」(2)と。故に知る、有所得の因果を求めて不可得なるは、即ち是れ妙法なり。

二には『法花論』に、方便品に「我れ無数の方便を以て衆生を引導して諸著を離れしむ」(3)と云うを釈すらく、「著に四種有り。一には界に著す。三界等を謂う。二には地に著す。欲界地、乃至、滅尽定地を謂う。三には分著。在家の五欲に著し、出家の名利に著するを謂う。四には乗著。小乗に著し、大乗に著す等なり」(4)と。故に知る、著する所有るは妙法と名づけず、著する所無きは即ち是れ経の宗なり。

三には関中の肇公の『百論序』に云わく、「蕭焉《しょうえん》として寄無く、理として自ら玄会《げんえ》し、儻然《とうねん》として拠《こ》靡《な》く、事として真を失わず。返(5)本の道は茲《ここ》に著《あら》わる」(6)と。故に知る、心に依著する所無きは、即ち是れ妙法にして、此の経の宗と為すなり。

【注】（1）底本の「是名名」の「名」一字を甲本によって削る。（2）『中論』観涅槃品、「従因縁品来、分別推求諸法、有亦無、無亦無、有無亦無、非有非無亦無。是名諸法実相。亦名如法性実際涅槃」（大正三〇・三六中）を参照。（3）一九一頁注（3）参照。（4）『法華論』巻下、「彼処処著、或著諸界。或著諸地。或著諸分。或著諸乗。……」（大正二六・五下）を参照。（5）底本の「変」を『百論序』の本文によって「返」に改める。（6）『百論序』、「儻然靡拠而事不失真、蕭焉無寄而理自玄会。返本之道著乎茲矣」（『出三蔵記集』巻第十一所収。大正五五・七七中）を参照。

【解説】 上で述べた、有所得の見解をなくして、無所得の立場になることが妙法蓮華であるという主張の理由について問われて、吉蔵は三つの経論を引用して答えている。第一の引用は『中論』観涅槃品の文で、青目の注の部分である。『中論』の第一章の観因縁品から第二十五章の観涅槃品まで、諸法(広く言えば、物質的存在、精神的存在のすべてを指す。具体的には『中論』で考察されるさまざまな概念を指し、涅槃や煩悩などもすべて含まれる)の存在に関して探求してきたが、有、無、亦有亦無、非有非無という四種のあり方すべてが成立しないことが諸法の実相(吉蔵の引用には出ないが、『中論』の原文には出る)、すなわち、諸法の真実の様相と言われる。そして、諸法の実相の同義語として、如・法性・実際・涅槃が挙げられている。如はタタター(tathatā)の訳で、真如《しんにょ》とも漢訳される。原義はそのようであることの意であり、言語や思慮を越えた諸法の真実のすがたを指す言葉として用いられるようになった。法性はダルマター(dharmatā)の訳で、諸法の本性の意味である。実際はブータ・コーティ(bhūta-koṭi)の訳で、真際《しんざい》とも漢訳される。原義は真実なる極限、究極の根拠の意である。涅槃はニルヴァーナ(nirvāṇa)の訳で、煩悩の火を吹き消した状態、絶対の静寂を意味する。因果も当然諸法に含まれるから、諸法の四種のあり方が成立しないということは、因果も実体的な存在としては成立しないことになり、これが諸法実相・如・法性・実際・涅槃と規定され、吉蔵によれば、これらは妙法と同義であると結論づけられるのである。『中論』の同じ箇所にも「諸の有所得皆な息めば、戯論《けろん》皆な滅す。戯論滅するが故に諸法の実相に通達し、安隠(穏に通じる)道を得」とある。

第二の引用は『法華論』の文である。『法華論』はインドの唯識学派の思想家ヴァスバンドゥ(五世紀頃。天親、世親と漢訳される)の著作で、インドの『法華経』の注釈書としては現存する唯一のものである(二種類の漢訳があるだけで、梵本はない)。吉蔵はこれの注釈書『法華論疏』を執筆している。引用箇所は、方便品の「執著を離れさせる」の部分の注釈で、執著に四種類あることを述べている。つまり、これらの四種の執著を離れさせることが、そのまま妙法であり、『法華経』の宗旨であるというものである。引用文中の

「地に著す」の地とは、禅定地のことで、禅定の境地を意味する。欲界地は欲界の禅定の境地のこと、滅尽定地は心の働きをすべて滅した禅定の境地で、声聞の四果（聖者の四種の位で、預流《よる》果・一来果・不還《ふげん》果・阿羅漢果のこと）のなかの不還果以上の者が修めることのできる禅定である。

第三の引用は鳩摩羅什の弟子、僧肇の『百論序』からのもので、心に拠り所、寄るべのないことに着眼しての引用である。心に執著のないことが、そのまま妙法であり、『法華経』の宗旨であるというもので、第二の引用と同じ趣旨である。このように、吉蔵は徹底して有所得を批判して、無所得・無所著を主張しているのである。

## ㈡　取りて破せず

【訳】　第二に、取るが破らないとは、これまで有所得の立場で断滅・常住に執らわれた心を余すところなく徹底して洗い清めて破る必要があり、そうして後に始めて仏の相対的関係の上に成立する概念設定という巧みな手段を用いる働きを明らかにすることができる。もし衆生が当然因を宗となすことを聞いて悟ることができるならば、すぐに〔その人の〕ために因を説く。当然果を宗となすことを聞いて悟ることができるならば、すぐに〔その人の〕ために果を説く。当然因と果のどちらをも宗となすことを聞いて悟ることができるならば、すぐに〔その人の〕ために因果を説く。三世の仏・菩薩たちが経を説き、論を制作する場合、その意は衆生が悟ることができることを宗そのものとすることにあるのであって、教えに固定したものはないのである。

【訓読】第二に、取りて破せずとは、要ず須らく前来、有所得もて断常に執する心を破洗し、畢竟《ひっきょう》して遺《のこ》すこと無かるべく、然る後に始めて仏の因縁仮名の方便の用を辨ずるを得。若し衆生応に因を宗と為すを聞いて悟りを得べくんば、即ち為めに因を説く。応に果を宗と為すを聞いて悟りを得べくんば、即ち為めに果を説く。応に倶に因果を宗と為すを聞いて悟りを得べくんば、則ち為めに因果を説く。三世の諸仏菩薩は経を説き論を造るに、意は衆生の得悟を正宗と為すに在りて、教に定まり無きなり。

【解説】第一の「破して取らず」において、徹底して有所得を破り無所得に到達した上で、はじめて仏が衆生を救済するために、諸法の縁起、相依《そうえ》相関《そうかん》の関係に基づいて、言葉によって究極的立場を説明するという方便の働きを論じることができるのである。ここにおいては、衆生の救済こそが第一義的事がらであるから、三説も衆生の悟りを得ることを条件として許容、肯定されるのである。吉蔵は、仏の経、菩薩の論が衆生の悟りを根本とし、けっして固定的なドグマのないことを明らかにして、三説がその存在意義を保有する場を設定しているのである。

【訳】 質問。どうしてそうであることが分かるのか。

解答。全部で六つの証拠を引用する。

第一に『文殊問経』には「十八部の論と根本の二部はどれも大乗から出たもので、是もなく非もない。私の説は未来に生じるであろう」とある。

第二に『大集経《だいじっきょう》』には「異なる五つの部派があるけれども、どれも如来の法界、および大涅槃を妨げない」とある。

第三に『摂《しょう》大乗論』には「仏たちはただ利益を与えることだけを固定したものとしているが、教えには固定したものはない」とある。

第四に『大智度論』には六家が般若を解釈しているのを明かしているが、論主はその是非を判定していない。どれも仏の口から出たもので、いずれも道を開示し、常に衆生に利益を与えるからである。経そのものでないことはない。

第五に『中論』観法品には「諸法には固定した様相はなく、仏たちは数かぎりない巧みな手段によって、ある場合はすべてが真実であると説き、ある場合はすべてが真実でない・真実でもあるし真実でないのでもある・真実でもなく真実でないのでもないと説き、四句はどれも悟りを得、みな仏の教えである」とある。

第六に求那跋摩《ぐなばつま》三蔵の遺文の偈には「多くの議論はそれぞれ異端であるが、修行は道理として二つのものはない。片方にだけ執らわれれば、是非〔の対立〕があり、通達すれば、争いがない」とある。

それゆえ衆生の都合に合わせて、教えには固定したものはないのである。

【訓読】 問う。何を以て然るを知るや。

答う。凡そ六証を引く。

一には、『文殊問経』に云わく、「十八部の論、及び本の二は皆な大乗従り出《い》ず。是も無く、亦た非も無し。我が説は未来に起こる」(1)と。

二には、『大集経』に云わく、「五部の不同有りと雖も、皆な如来の法界《ほうかい》、及び大涅槃を妨げず」(2)と。

三には、『摂大乗論』に云わく、「諸仏は唯だ利益を以て定まりと為せども、教に定まり有ること無し」(3)と。

四には、『智度論』に、六家、波若を釈するを明かすに、論主其の是非を判ぜず(4)。皆な仏口より出で、並びに能く道を開き、常に物を益するを以ての故に、正経に非ざること無し。

五には、『中論』観法品に云わく、「諸法に決定《けつじょう》の相無し。諸仏に無量の方便有りて、或は一切実を説き、或は一切不実・亦実亦非実・非実非非実を説く。四句並びに皆な道を得、皆な是れ仏法なり」(5)と。

六には、求那跋摩三蔵の遺文の偈に云わく、「諸論各異端なるも、修行するに理に二無し。偏執すれば是非有り、達せば違諍《いじょう》無し」(6)と。

故に知る、縁の宜しき所に適《かな》って、教に定まり無きなり。

【注】(1)『文殊師利問経』巻下、「十八及本二　悉従大乗出　無是亦無非　我説未来起」(大正一四・五〇一中)を参照。「本二」とは根本分裂で生まれた上座部と大衆部のことで、「十八」は枝末分裂でできた部派の数。合わせて二十の部派が生まれた。(2)『大方等大集経』巻第二十二、虚空目分第十之一、「如是五部雖各別異、而皆不妨諸仏法界及大涅槃」(大正一三・一五九中)を参照。(3)出典未詳。(4)『大智度論』巻第十一、「問曰、般若波羅蜜是何等法。答曰、有人言、無漏慧根是般若波羅蜜相。……復有人言、般若波羅蜜是有漏慧。……復有人言、従初発意乃至道樹下、於其中間所有智慧、是名般若波羅蜜。……復有人言、菩薩有漏無漏智慧、総名般若波羅蜜。……復有人言、菩薩般若波羅蜜無漏無為不可見無対。復有人言、是般若波羅蜜不可得相、若有若無若常若無常若空若実是般若波羅蜜……」(大正二五・一三九上―下)を参照。(5)『中論』観法品、「諸仏無量方便力、諸法無決定相。為度衆生、或説一切実、或説一切不実、或説一切実不実、或説一切非実非不実。……而此中於四句無戯論、聞仏説則得道」(大正三〇・二五上―中)、「一切実非実　亦実亦不実　非実非非実　是名諸仏法」(同前・二四上)を参照。(6)『梁高僧伝』巻第三の求那跋摩(グナヴァルマン〈Guṇavarman〉の音写。三七

七—四三一。主に『菩薩善戒経』などの大乗律の翻訳をなし、南林寺において初めて中国に戒壇を立てた）の伝に、「諸論各異端　修行理無二　偏執有是非　達者無違諍」（大正五〇・三四二上）とあるのを参照。

【解説】　上で主張した命題、仏の説法はすべて衆生の救済のためになされるのであり、そこに固定的なドグマはないこと、したがって、学説そのものの是非を受け手の側の衆生と切り離して議論するべきではないことを示す証拠を六種挙げている。それぞれの引用の意図は容易に理解されるであろう。

㈢　亦た立て亦た破す

【訳】　第三に、立てもするし破りもするとは、因果などの三〔説〕は、経の文に出ているけれども、〔経の〕正しい意味ではないので、これを破る必要がある。立てるということは、今、一応、上の三師が明らかにした内容に対する。この経は因でもなく果でもない中道を体とし、因果などを経の大きな作用とする。

質問。因果などを作用となし、非因果を体とする。これはどの文に出るのか。

解答。方便品のなかには「このような偉大な果報のさまざまな性質や様相の意義」を明かしている。この偈は上の因果の法を頌《じゅ》している。次の偈にすぐに「この法は示すことができず、言葉で捉えるべき様相が静かに滅している」とある。この偈はとりもなおさず非因果の義を明かしている。それゆえ非因果を体となし、因果などを作用となすことが分かる。因果と非因果がそうである以上、〔乗の〕三・一、〔仏寿の〕近・遠、〔乗や仏寿の〕権・実もまたそうである。非三非一を体となし、三・一を作用となす。非近非遠を体となし、近・遠を作用となす。非権非実を体となし、権・実を作用となす。けれども他の義はただ経の作用を把握するだけで、経の体を認識しない。体を把握しない以上、どうして作用を把握するのか。たとい作用を把握しても、作用の義は成立しない。もし因が乗であると執らわれれば、すぐに果を非難することになる。果が乗であると執らわれれば、そのまま因を破ることになる。それぞれ因果に執らわれて、すぐに因果のどちらも用いることを指弾する。


【訓読】 第三に、亦た立て亦た破すとは、因果等の三は経の文に出《い》ずと雖も、是れ正意に非ざるが故に、須らく之れを破すべし。言う所の立とは、今、一往、上の三師の明かす所に対す。此の経は非因非果の中道を以て体と為し、因果等を経の大用と為す。

問う。因果等を用と為し、非因果を体と為す。此れ何れの文に出ずるや。

答う。方便品の中に、「是くの如き大果報の種種の性と相の義」(1)を明かす。此の偈は上の因果の法(2)を頌す。次の偈に即ち云わく、「是の法は示す可からず、言辞の相寂滅す」(3)と。此の偈は即ち非因果の義を明かす。故に知る、非因果を以て体と為し、因果等を用と為す。因果・非因果既に爾れば、三一・近遠・権実も亦た然り。非三非一を体と為し、三一を用と為す。非近非遠を体と為し、近遠を用と為す。非権非実を体と為し、権実を用と為す。然るに、他義は但だ経の用のみを得て、経の体を識らず。既に体を得ざれば、云何んが用を得んや。設使《たと》い用を得るも、用の義成らず。若し因は是れ乗なりと執せば、即ち果を斥《しりぞ》く。果は是れ乗なりと執せば、便ち因を破す。各、因果に執して、即ち双べて因果を用うるを弾ず。

【注】(1)『法華経』方便品、「如是大果報　種種性相義」(大正九・五下)を参照。(2)いわゆる十如是の箇所、「所謂諸法如是相・如是性・如是体・如是力・如是作・如是因・如是縁・如是果・如是報・如是本末究竟等」(同前)を指す。(3)一九一頁注(5)参照。

【解説】「立てる」は、この場合、これまで用いられてきた「取る」と同義である。「亦た立て亦た破す」とは、三説を採用する面と批判する面との両面のあることを意味する。採用する面とは、非因非果の中道を宗の体とし、因果を宗の用とすることである。三説の主張する因果を用として一部取り入れるからである。ここでは宗を体と用の二面から捉えている。体と用は、本体とその作用の意味で、中国仏教の議論の枠組みとしてしばしば使われる。体は因果などの相対概念による把捉を超越突破したものであり、その体の作用の面は因果などによって表現される。三説を批判する面とは、三説は用を捉えていても、体を捉えていないので、用は体の用なのであるから、真実には用の意義をも正しく捉えていることにはならないと批判することである。正しく捉えていないから、因が乗であるとか、果が乗であるとか、執らわれた考えに陥って、因果をともに用いることができないのである。

【訳】 しかし、この経は始めから終わりまで四句を完備して乗の意義を明かしている。

第一に、因は乗であって果は乗ではない。つまり「子供たちがこのりっぱな車に乗って直ちに道場に到る」ということである。

第二に、果は乗であって因は乗ではない。それゆえ「仏は自ら大乗に住し、その獲得した法は禅定・智慧・力によって荘厳され、これで衆生を救済する」とある。

第三に、因果をともに乗となす。つまり前の二句を含む。

第四に、非因非果を乗となす。「この法は示すことができず、言葉で捉えるべき様相が静かに滅している」という意味である。

【訓読】　而るに此の経は始終、四句を具して乗の義を明かす。一には、因乗にして果乗に非ず。即ち「諸子、此の宝車に乗りて直ちに道場に至る」(1)なり。
二には、果乗にして因乗に非ず。故に云わく、「仏自ら大乗に住し、其の得る所の法の如きは、定慧力もて荘厳し、此れを以て衆生を度す」(2)と。
三には、双べて因果を用うるを乗と為す。即ち前の二句を含む。
四には、非因非果を乗と為す。謂わく、「是の法は示す可からず、言辞の相寂滅す」(3)と。

【注】　(1)一九七頁注(1)参照。(2)『法華経』方便品、「仏自住大乗　如其所得法　定慧力荘厳　以此度衆生」(大正九・八上)を参照。(3)一九一頁注(5)参照。

【解説】　『法華経』に説かれる乗には、因・果・因果・非因非果の四種の意義が備わっていることを、経文を挙げて示している。

【訳】　質問。乗は運び去るという意味である。非因非果はどうして乗であるか。
解答。非因果を説いて、衆生が四句、百非を超出するようにさせる。それゆえ真実の運び去るという意味と名づける。さらにまた、『〔涅槃〕経』には「仏性に五種の名称がある。

五種のなかで、一乗と名づける」とある。しかるに、『〔涅槃〕経』に仏性は非因果であることを明らかにしている以上、一乗はどうして非因果でないことがあろうか。四句があるけれども、三句を乗の作用となし、第四句を乗の体となす。それゆえ上の三句を説いて、非因非果の第四句に帰着させる。また非因非果によるので、因果などの作用があるのである。

質問。昔の人ではだれが非因非果を経の体となしたか。

解答。『注法華経』には揚子江下流地方の道安・支道林・道壹《どういつ》・慧遠、黄河上流地方の羅什・僧肇・道融《どうゆう》・道恒《どうごう》という八人の師の要説を採用して、経序を著述している。それゆえ「〔火〕宅を脱出して車を求める場合、いったいどれが小〔さい車〕でどれが大〔きい車〕であろうか。〔化〕城を消滅させて宝を採る場合、どれが〔三百由旬の〕近さでどれが〔五百由旬の〕遠さであろうか。〔『法華経』の〕教えは三乗・一乗を越えており、〔仏身の〕果は一丈六尺〔の釈尊の肉身〕を越えている」とあるのである。

【訓読】問う。乗は是れ運出の義なり。非因非果は云何んが是れ乗ならんや。

答う。非因果を説いて、衆生をして四句を出で百非を越えしむ。故に真の運出の義と名づくるなり。又た『経』に云わく、「仏性に五種の名有り。五種の名の中に名づけて一乗と為す」(1)と。而して『経』は既に仏性は是れ因果に非ざるなりと明かせば(2)、一乗は豈に是れ因果に非ざるを得ざらんや。四句有りと雖も、三句(3)を乗の用と為し、第四句を乗の体と為す。

故に上の三句を説いて非因非果の第四句に帰せしむ。亦た非因非果に由るが故に、因果等の用有るなり。

問う。古旧誰れか非因非果を用て経の体と為すや。

答う。『注法花経』は、江左の安・林・一・遠、河右の什・肇・融・恒の八師の要説を採りて経序を著わす。故に云わく、「宅を出でて車を求むれば、何れか小、何れか大なるや。城を滅して宝を採れば、孰《いず》れか近、孰れか遠ならんや、教は三一の表に凝《こ》り、果は丈六の外に玄なるなり」(4)と。

【注】(1)『南本涅槃経』巻第二十五、師子吼菩薩品に仏性の異名として、第一義空・十二因縁・中道・一乗・首楞厳定を挙げている(大正一二・七六七下—七六九中を参照)。一乗については「一乗者、名為仏性」(同前・七六九上)とある。(2)『南本涅槃経』巻第二十五、師子吼菩薩品、「非因非果名為仏性。非因果故常恒無変」(同前・七六八中)を参照。(3)底本の「三句四句」を底本の注記によって「四句三句」に改める。(4)この経序は現存しない。

【解説】上で、乗の第四の意味として非因非果を示したことについて、乗は衆生を因から果へ運ぶ働きを持つから乗なのであって、非因非果は乗ではありえないのではないかと疑問を呈している。しかし、非因非果は因果の規定を突破超越した究極的次元を指示したものであるから、この非因非果によって、四句分別(たとえば、諸法の存在性について、有・無・亦有亦無・非有非無の四つの選択肢を設定した上で、どの場合をも否定する、仏教の議論にしばしば見られる議論の仕方）や百の否定的表現によっても表わすことのできないとされる究極的次元へと衆生を導いてくれるのであるから、まさしく真実の乗たりうるのである。

また、一乗と仏性を同一視し、かつ仏性を非因果であると規定する『涅槃経』に基づき、一乗も非因果であることを述べている。そして、乗の因・果・因果・非因非果の四種の意義のうち、前三者を乗の用とし、非因非果を乗の体としている。ここでも、体・用の論理が適用されている。前三者が非因非果に帰着し、逆に非因非果によって前の三者が成立する関係を指摘している。

『注法華経』は南斉の在家の仏教信者である劉虬《りゅうきゅう》（四三八―四九五）の編集した『法華経』の注釈書であるが、現存しない。しかし、博引旁証で鳴る吉蔵の法華疏に五十回弱の引用があるので、その内容の一端を知ることができる。彼は『法華経』『無量義経』の注釈書とそれぞれの経序を著わしたと言われるが、『無量義経序』のみ現存する。本文にある八人の僧の名は、順に道安（三一二―三八五）・支道林（支遁。三一四―三六六）・道壱（隆安年間三九七―四〇一に七十歳で死去）・廬山慧遠（三三四―四一六）・鳩摩羅什（三四四―四一三、または三五〇―四〇九）・僧肇（？―四一四）・道融（生没年未詳）・道恒（三四六―四一七)である。『注法華経』が非因非果を経の体としていると指摘される理由は、引用にあるように、火宅から脱出して求める車が大小の相対概念による把捉を越えており、また、化城を滅して宝処において宝を取る次元においては三百由旬と五百由旬という距離の遠近の差は越えられていることを示しているからである。

前者の三車火宅の譬喩はすでに解説した(一〇六―一〇九頁参照)ので、化城喩品第七に説かれる化城宝処の譬喩について簡単に解説しよう。大変険《けわ》しく、人もいない恐ろしい道を踏破して五百由旬の遠きにある宝処(宝のある場所)を目指す一団が、疲労と恐怖で、もう前進する気力も失《う》せて、引き返そうとした。そのとき、一人の聡明な指導者が「かわいそうな者たちだ。いま、引き返してしまえば、宝を手に入れることはできない」と考え、方便の力によって、途中の三百由旬のところに幻影の城市(化城。城市は城壁に囲まれた都市の意)を作り出して、「皆、恐れるな。引き返すな。いま、この大きな城市で思う存分休むことができる。もしこの城市に入れば、速やかに安らかになることができる。もし前進して宝処(ここでは城市の中にあると示唆されている)に到着すれば、また去ることもできる」と呼びかける。人々は喜んで城市に入り、すでに五百由旬を踏破したと思い、安らかな気持ちになった。そのとき、指導者は人々が十分に休息して疲れが取れたのを知って、この城市を消滅させ、人々に「皆、さあ、宝処は近くにある。前の大きな城市は私が神通力によって作り出したもので、休憩するためのものであった」と打ち明けたのである。五百由旬の宝処は仏の大涅槃、究極の仏果を意味し、三百由旬の化城は声聞の涅槃・縁覚の涅槃を意味すると言われる。

### ㈣　破せず立てず

【訳】　第四に、〔説を〕破るのでもなく立てるのでもないとは、けれども実相にはまだ破るべき三家の義もあったためしはないし、また立てるべき今の義もあったためしはない。もし破ることや、立てることがあれば、とりもなおさず言葉で述べることができるということであり、どうして「諸法は静かに滅した様相であり、言葉で述べることはできない」と言うのか。肇公の『涅槃無名論』には「須菩提は無言によって道を明らかにし、帝釈・梵天は聴くことを絶して花を降らし、釈尊はマガダ国で室を閉じ〔梵天勧請があるまで説法しなかったこと〕、浄名〔維摩詰〕はヴァイシャーリーで口を閉じる。それゆえ口はこれによって沈黙する。どうして説明がないと言えるか。説明では言うことのできないものなのである」とある。とりもなおさず『法華経』の「言葉で捉えるべき様相は静かに滅している」ということである。静かに滅しているので、どうして破ること、立てることが存在することがあろうか。もしこのように明らかに知ることができるならば、とりもなおさず

『法華経』の宗旨である。

この四句（破して取らず・取りて破せず・亦た取り亦た破す・取らず破せず）は、思うに経論の根本中心であり、道を開示し病を打破する霊妙な方法である。これを採用して多くの義を貫く必要がある。

【訓読】第四に、破するに非ず立つるに非ずとは、然るに実相(1)には未だ曾て三家の義の破す可きもの有らず、亦た未だ曾て今の義の立つ可きもの有らず。若し破有り立有らば、即ち是れ言を以て宣《の》ぶ可し。何ぞ「諸法は寂滅の相にして、言を以て宣ぶ可からず」(2)と謂わんや。肇公の『涅槃論』に云わく、「須菩提は言無くして以て道を顕わし、釈梵は聴を絶して以て花を雨《ふ》らし、釈迦は室を摩《ま》竭提《かつだい》に掩《おお》い、浄名は口を毘耶離《びゃり》に杜《ふさ》ぐ。故に口、之れを以て黙る。豈に辨無しと曰わんや。辨もて言うこと能わざる所なり」(3)と。即ち是れ『法花』の「言辞の相寂滅す」(4)なり。寂滅に寧んぞ破立の存す可きもの有らんや。若し能く此くの如く照達せば、即ち是れ『法花』の宗旨なり。

斯の四句は蓋し経論の大宗なり。道を開き病を斥くるの妙術なり。必ず須らく之れを採りて、以て衆義を貫通すべし。

【注】（1）底本の「実」を甲本によって「実相」に改める。（2）『法華経』方便品、「諸法寂滅相　不可以言宣」（大正九・一〇上）を参照。（3）僧肇『肇論』「涅槃無名論」、「所以釈迦掩

室於摩竭、浄名杜口於毘耶、須菩提唱無説以顕道、釈梵約聴而雨華、斯皆理為神御、故口以之而黙。豈曰無辯。辯所不能言也」（大正四五・一五七下）を参照。（4）一九一頁注（5）参照。

【解説】　ここは最後の第四の「破せず立てず」（「取らず破せず」）の項であり、言語による議論そのものを超越する実相においては、三説も吉蔵の説もはじめから存立しないことを指摘している。このことを主張するために、『法華経』や僧肇の『涅槃無名論』を引用して、究極的次元が言葉によって把捉することができないことを示しているのである。

以上のように、吉蔵は三説に対して「破して取らず」「取りて破せず」「亦た取り亦た破す」「取らず破せず」の四つの視点から批判した。これを整理すると、言語による把捉を超越する実相においては上の三説や吉蔵自身の説も、その存在する余地はないこと（「取らず破せず」）、次に、言語による議論を認める次元においては、非因非果の中道を体とし、因果などを用となすと考えることができること（「亦た取り亦た破す」）、次に、『法華経』の宗旨を因果的視点によってのみ捉えることは有所得の説であり、有所得の説はすべて否定されること（「破して取らず」）、しかし、有所得を破し無所得に達した上では、三説がすべて許容、肯定されること（「取りて破せず」）が示されている。

# 第三章　『法華経』の経題＝妙法蓮華経の解釈——釈名題門

【訳】第三に経の題名を解釈する。あらためて七門を開く。第一に名をつける考えについての門。第二に名をつけることが異なることについての門。第三に〔名が〕変わること・変わらないことについての門。第四に〔名が〕いくつの意義を備えるかについての門。第五に〔名が経の〕前〔にあるか〕後〔にあるか〕ということについての門。第六に翻訳についての門。第七に名を解釈することについての門。

【訓読】第三に経の題目を釈す。更に七門を開く。一に名を立つるの意の門〔立名意門〕。二に名を立つること同じからざるの門〔立名不同門〕。三に転・不転の門〔転不転門〕。四に義を具うることの多小《(ママ)》の門〔具義多小門〕。五に前後の門〔前後門〕。六に翻訳の門〔翻訳門〕。七に名を釈するの門〔釈名門〕。

【解説】　本章が『法華遊意』の十章のなかで最も分量が多い。中国においては、経題がその経典の思想の本質を表現するものとして重視されたことは、序章ですでに述べた通りである。智顗の『法華玄義』も実にその三分の二が経題釈である。本章は本文にあるように七節に分けられている。訓読文にある［　］には原語を入れておいた。

## 一　経典に名称を付す理由――立名意門

【訳】　第一に名をつける考えについての門。『涅槃経』に「低羅婆夷《たいらばい》は本当は油を食べないが、強いて食油と名づける。涅槃も同様であり、本当は名称・様相がないけれども、強いて名称・様相によって説く」とある。涅槃はとりもなおさず法華の別名である。涅槃に名称・様相がないが、強いて名称・様相によって説く以上、法華もまた名称・様相がないが、強いて名称・様相によって説く。強いて名称・様相によって説く理由は、衆生が名称によって理を悟り、理によって修行を開始し、修行によって解脱が得られるようにさせようと思うからである。

【訓読】　第一に立名意門《りゅうみょうい》とは、『涅槃経』に云わく、「低羅婆夷は実には油を食せざれども、強いて食油と名づく。涅槃も亦た爾り。実には名相無けれども、強いて名相もて説く」(1)と。

涅槃は即ち是れ法花の異名なり。涅槃に既に名相無けれども、強いて名相もて説けば、法花も亦た名相無けれども、強いて名相もて説く。強いて名相もて説く所以は、衆生をして、名に因《よ》りて以て理を悟り、理に因りて以て行を起こし、行に因りて以て解脱を得しめんと欲するが故なり。

【注】（1）『南本涅槃経』巻第二十一、光明遍照高貴徳王菩薩品、「如坻羅婆夷名為食油。実不食油、強為立名、名為食油。是名無因強立名字。善男子。是大涅槃亦復如是。無有因縁、強為立名」（大正一二・七四七中）を参照。坻羅婆夷はタイラ・パーイン（taila-pāyin）の音写。油を飲むものの意で、ゴキブリ、油虫の類。

【解説】吉蔵は経題を解釈するに先立って、はじめになぜ経典に名称をつけるのかという基本的な問題を提示する。『法華経』の経題は涅槃と同じように、本来名称・様相を越えたものであるが、強いて名称・様相を借りて表現すること、その理由は衆生がその名称に基づいて理を悟り、その理によって修行を始め、そしてついには解脱を得ることができるようにさせるためであることが説き示されている。仏教における究極的次元が言葉によっては表現されないことを強調するとともに、なお仏教において言葉を使用するのは、あくまで衆生の救済のためであることを明かし、以下、詳しく経題を解釈するにあたって、最も重要な仏教における言葉の意義を指摘したものである。

## 二　経題のつけ方——立名不同門

【訳】　第二に名をつけることが異なる門について。多くの経は、ある場合は仏が自ら名をつけ、ある場合は弟子が質問するのを待って、その後ようやく名をつける。ある場合は序品のなかであらかじめ前に名をつけ、ある場合は中心的教説のなかでようやくはじめて名をつける。ある場合は一つの意義を説くのにまかせてすぐに名をつけ、ある場合は一経を説きおわって、最後に名を定める。ある場合は一経のなかでただ一題を高く掲げ、ある場合は一経のなかで多くの名をつける。ある場合は一つの名をつける多くの経があり、ある場合は別に名をつけることのない一部の経がある。名をつけることが異なることについて、かいつまんで五双十義がある。詳しくは『浄名玄義』に敷衍《ふえん》して述べた通りである。今、この『法華経』は仏が中心的教説のなかで自ら名をつける。もし経によれば、仏はただ一名をつけるだけである。『法華論』の場合は、〔『法華経』〕一部の始めから終わりまでに十七種の名があることを明かしている。そこ〔『法華論』〕に敷衍して説く通りである。

【訓読】　二に立名不同門とは、衆経は或は仏自ら名を立て、或は弟子の発問を待って、然る後に方に立つ。或は序品の中に預《あらかじ》め前に名を立て、或は正説の内に方に始めて名字を立つ。或は一義を説くに随って即ち名字を立て、或は一経を説き竟わって最後に名を制す。或は一経の内に但だ一題を標するのみにして、或は一経の内に多名を立つ。或は衆経有りて一の名字を立て、或は一部有りて別に名を立つること無し。立名不同に、略して五双十義有り。具《つぶ》さには『浄名玄義』に已に広く之れを述ぶるが如し。今、此の『法花』は是れ仏、正説の中に於て自ら名字を立つ。若し経に依らば、仏は但だ一名を立つるのみ。『法花論』の若《ごと》きは、一部の始終に十七種の名字有るを明かす。彼しこに広く説くが如きなり。

【解説】 経題のつけ方にさまざまな場合のあることを明かしている。本文に「浄名玄義」とあるのは、『浄名玄論』巻第二(大正三八・八六三中を参照)を指している。そこには本文の「五双十義」が具体的に説かれている。それによれば、本文の第一義(仏が自ら名をつける)と第二義(弟子の質問を待って名をつける)は「自他一双」と言われ、『法華経』が前者の例で、『金剛般若経』が後者の例である。第三義(序品で名をつける)と第四義(正説で名をつける)は「序正一双」と言われ、『金光明経』が前者の例で、多くの経が後者の例とされる。第五義(経の途中で一義にしたがって名をつける)と第六義(経が終わって名をつける)は「前後一双」と言われ、『小品般若経』が前者の例で、『維摩経』が後者の例である。第七義(一つの名だけつける)と第八義(複数の名をつける)は「一多一双」と言われ、多くの経が前者の例で、『維摩経』が後者の例とされる。第九義（名をつける）と第十義（名をつけない）は「立名不立名一双」と言われ、『大般涅槃経』が前者の例で、『大品般若経』が後者の例とされる。『浄名玄論』において、これら五双は次のような関係を有するものとして捉えられている。「立名不立名一双」が最初にあり、そのなかの「立名」において「自他一双」がある。この自他一双のなかの「自」において「序正一双」があり、「他」において「前後一双」がある。この「前後一双」のなかの「後」において「一多一双」がある。

このような五双十義の枠組みのなかで『法華経』を位置づけると、『法華経』は、経のなかで経題が話題に出てくるので、もちろん「立名」であり、仏が自ら『法華経』を説くと言っているので「自」であり、正説のなかで経題を出しているので「正」である。「一多一双」に関しては、『法華経』自身は一名しか出していないので「一」に相当するが、『法華論』によれば、十七名を挙げているので「多」に相当することになる。十七名とは、『法華論』巻上（大正二六・二下―三上）を参照すると、無量義経・最勝修多羅《しゅたら》・大方広経・教菩薩法・仏所護念・一切諸仏秘密法・一切諸仏之蔵・一切諸仏秘密処・能生一切諸仏経・一切諸仏之道場・一切諸仏所転法輪・一切諸仏堅固舎利・一切諸仏大巧方便経・説一乗経・第一義住・妙法蓮華経・最上法門である。

## 三　時代による経題の変化――転不転門

【訳】　第三に〔名が〕変わること・変わらないことについての門について。すべての仏経には、名のつけ方に二種がある。第一には名称が今も昔も変わらない。第二には仏が世に出現するのにまかせて名称が変化する。『涅槃経』にある場合は「法鏡と名づける」とあり、ある場合は「甘露の鼓などと名づける」とある通りである。今、この『法華経』は二種のなかで、名称が今も昔も変わらない〔ものである〕。それゆえ大通智勝仏・威音王〔仏〕・二万の日月灯明〔仏〕、および釈迦仏の説くものはみな妙法蓮華と呼ぶ。〔名が〕変わること・変わらないことについての門がある理由は、思うに、異なる都合に合わせ、時に合わせて説くからである。

【訓読】　三に転・不転門とは、一切の仏経、名を立つるに二有り。一には名字、古今転ぜず。二には仏の出世に随って名字改易す。『涅槃』に或は「法鏡と名づく」(1)と云い、或は「甘露の鼓等と名づく」(2)と云うが如し。今、此の『法花経』は二種の中に於て、名字、古今転ぜず。故に大通智勝仏・威音王・二万の日月灯明、及び釈迦仏の説く所は皆な妙法蓮花と称す。転・不転門有る所以は、蓋し是れ宜しきの不同に随い、時に適って説けばなり。

【注】(1)『南本涅槃経』巻第十四、梵行品、「何等名為伊帝目多伽経。如仏所説。比丘当知、我出世時所可説者、名曰契経。鳩留秦仏出世之時、名甘露鼓。拘那含牟尼時、名曰法鏡。迦葉仏時、名分別空。是名伊帝目多伽経」(大正一二・六九三下―六九四上)を参照。(2)同前。

【解説】経題が時代によって変化する場合と変化しない場合とがある。前者の例に『涅槃経』が引用されており、十二部経のなかの伊帝目多伽《いだいもくたか》経(イティヴリッタカ、itivṛttaka)の名称が、釈尊のときには「契経《かいきょう》」、鳩留秦《くるしん》(クラクッチャンダ、Krakucchanda)仏のときには「甘露鼓」、拘那含《くなごん》(カナカ、Kanaka)仏のときには「法鏡」、迦葉《かしょう》(カーシュヤパ、Kāśyapa)仏のときには「分別空」と名づけられたように変化したという。これに対して、『法華経』の場合は変化しない。例として挙げられた仏は、大通智勝仏が化城喩品、威音王仏が常不軽菩薩品、二万の日月灯明仏が序品にそれぞれ登場する。

### 四　経題の内容——具義多少門

【訳】第四に〔名が〕いくつの意義を備えるかについての門について。多くの経は名をつけるのに、いくつの意義によるのか定まっていない。ある場合は一つの意義によって名をつけ、ある場合は二つの意義によって名をつけ、ある場合は三つの意義によって名を掲げる。

一つの意義によって名をつけるとは、ある場合は、それぞれただ人、法、場所、時、事がら、譬喩だけ〔の意義によって名をつけるの〕である。

ただ人だけ〔の意義によって名をつける〕とは、『提謂《だいい》経』の類である。ただ法だけ〔の意義によって名をつける〕とは、『涅槃経』の例のようなものである。ただ場所だけ〔の意義によって名をつける〕とは、『楞伽《りょうが》経』のようなものである。ここでは度処と翻訳する。ただ時だけ〔の意義によって名をつける〕とは、つまり『時非時経』である。ただ事がらだけ〔の意義によって名をつける〕とは、『枯樹《こじゅ》経』などのことである。ただ譬喩だけ〔の意義によって名をつける〕とは、『金光明《こんこうみょう》経』などである。

二つの意義によって名をつけるとは、ある場合は法と譬喩をどちらも取り挙げる。『妙法蓮華経』のようなものである。ある場合は人と法をどちらも題につける。『維摩詰不思議解脱経』などのようなものである。

三つの意義によって名をつけるとは、『勝鬘師子吼《ししく》一乗大方便経』のようなものである。勝鬘は人の名のことである。師子吼は譬喩の名のことである。一乗大方便はとりもなおさず法の名である。

【訓読】 四に具義多少門とは、衆経、名を立つるに、多小《たしょう》定まり無し。或は一義もて名を立て、或は二義もて名を立て、或は三義もて名を標す。

一義もて名を立つとは、或は但だ人のみ、但だ法のみ、但だ処のみ、但だ時のみ、但だ事のみ、但だ喩えのみ。

但だ人のみとは、『提謂』(1)の流なり。但だ法のみとは、『涅槃』の例の如し。但だ処のみとは、『楞伽』(2)の如きなり。此に翻じて度処(3)と為す。但だ時のみとは、即ち『時非時経』(4)なり。但だ事のみとは、『枯樹経』(5)等を謂うなり。但だ喩えのみとは、『金光明』等なり。

二義もて名を立つとは、或は法譬双べ挙ぐ。『妙法蓮花』の如し。或は人法倶に題す。『維摩詰不思議解脱』等の如きなり。

三義もて名を立つとは、『勝鬘師子吼一乗大方便』の如し。勝鬘とは、謂いて人名と為すなり。師子吼は、喩えの名を謂う。一乗大方便は、即ち法の名なり。

【注】(1)『提謂波利経』のこと。北魏時代に中国で作られた偽経で、入蔵されていない。(2)『楞伽阿跋多羅宝経』、または『入楞伽経』(いずれも『大正新脩大蔵経』第十六巻所収。順に六七〇番、六七一番)のこと。(3)楞伽はランカー(Laṅkā)の音写で、スリランカのこと。度処と漢訳することは未詳。(4)『仏説時非時経』(『大正新脩大蔵経』第十七巻所収。七九四番)のこと。(5)『仏説枯樹経』(『大正新脩大蔵経』第十七巻所収。八〇六番)のこと。

【解説】どんな内容に基づいて経題がつけられるのかについて、人・法・場所・時・事がら・譬喩など一つの意義によってつけられる場合、上記のなかから二つの意義を組み合わせてつけられる場合、三つの意義を組み合わせてつけられる場合のあることを述べている。問題の『法華経』は法(「妙法」)と譬喩(「蓮華」)の二つの意義によってつけられたものであることを明かしている。

## 五　経題のつけられる場所——前後門

【訳】第五に〔名が経の〕前〔にあるか〕後〔にあるか〕ということについての門について。天竺の梵本によれば、前にはみな題目がない。ただ悉曇《しったん》と言うだけである。ここでは吉法と言い、また成就とも名づける。名をつけるのはみな経末においてである。ところが、後の〔題を〕前に移し変えるのは、思うに、経を翻訳する人が震旦《しんたん》の国のやり方にしたがって、異なる名称によって〔経の〕部類の区別相違を認識させようとするからである。

【訓読】五に前後門とは、天竺の梵本に依れば、前には皆な題無し。但だ悉曇(1)と云うのみ。此には吉(2)法と言い、亦た成就と名づく。名を立つること皆な経末に在り。而るに、後を迴《めぐ》らして初めに在るは、蓋し是れ翻経の人、震旦(3)国の法に随い、名字不同に因りて、部類の差別を識らしめんと欲するが故なり。

【注】（1）シッダム（siddhaṃ）の音写。成就、吉祥と漢訳される。（2）底本の「好」を甲本によって「吉」に改める。『浄名玄論』巻第二、「天竺経題在後、而初皆云悉曇。悉曇云成就。亦云吉法」（大正三八・八六三下）を参照。（3）古代インドにおいて中国をチーナ・スターナ（Cīna-sthāna）と呼んだが、その音写。

【解説】梵本では経題は経の末尾にあるが、中国では翻訳者がそれを経の冒頭に移し変えたことを明かしている。梵本の冒頭には普通聖音オームと三帰依文が置かれているが、本文のようにシッダム（悉曇）と記される場合もある。

## 六　「正」と「妙」との訳語の比較――翻訳門

【訳】第六に翻訳門について。梵本によれば、薩達摩《さつだつま》分陀利《ふんだり》修多羅《しゅたら》という。竺法護は薩を正と翻訳したので『正法華経』という。晋の羅什は薩を妙と翻訳したので『妙法蓮華経』という。逕山《けいざん》の慧遠は前の〔正と妙の〕二つをどちらも用い、さらに真法・好法という二つの名を加えた。今思うに、天竺の一つの題名には多くの意義が含まれているが、経を翻訳する人は一つの意義を採用するのにまかせるので、それぞれ別個にこれを翻訳するだけである。

【訓読】六に翻訳門とは、梵本に依れば、薩達摩分陀利修多羅と云う。竺法護は薩を翻じて正と為す。故に『正法花経』と云う。晋の羅什は薩を翻じて妙と為す。故に『妙法蓮花経』と云う。遥山(1)の慧遠は、双べて前の二を用い、更に両名を加う。謂わく、真法・好法なり。今謂《おも》えらく、天竺の一題名に具さに衆義を含む。訳経の人、一義を取るに随うが故に、各、別に之を翻ずるのみ。

【注】(1)遥山は未詳。実際には廬山慧遠を指すと考えられる。『法華玄論』巻第二にも「遠公双用二説、加以多名。謂真法好法等也」(大正三四・三七一下)とある。

【解説】『法華経』のサンスクリット原典の題名は、サッダルマプンダリーカ・スートラ(*Saddharmapuṇḍarīka-sūtra*)であり、本文にあるように「薩達摩分陀利修多羅」と音写される。本節で問題とされるのは、このなかの「薩」の漢訳についてである。「薩」は存在するという意味の動詞√as の現在分詞 sat の音写であり、正しい、善いなどの意味を持つ。この言葉を竺法護は「正」と漢訳したので『正法華経』となり、鳩摩羅什は「妙」と漢訳したので『妙法蓮華経』となったのである。両者の漢訳には「正」「妙」の相違ばかりでなく、「分陀利」(白蓮)を竺法護は「華」と訳し、鳩摩羅什は「蓮華」と訳したという相違もあるが、これについては問題として取り挙げられていない。

このように、サッダルマには「正法」と「妙法」という二つの訳語があるが、さらにまた、廬山慧遠は「真法」「好法」という訳語を用いたとされるので、合計四つの訳語があることになる。吉蔵は、これらの訳語のうち、どれが最も優れた訳語であるかという問題を正面から議論するのである。なかでも、「正法」と「妙法」の訳語としての優劣が本節の主題となっている。

次に、吉蔵は訳語の優劣を論じる前提として、翻訳というものは原語の含む多くの意味のうち、ある特定の意味を取り、他の意味を捨てることによって成立するものである以上、どんな訳語も原語の意味を完全に正しく伝えることはできないと述べ、翻訳についての基本的な見解を明らかにしている。

【訳】 多くの意義が含まれるということについて、そうはいっても仏たちの修行する道は邪であったり正であったりしたことはない。内外の二つの邪に対するために、正という名をつける。第一に、九十六種〔の外道〕の説く法を邪と呼び、如来の説く法を正と名づける。それゆえかの〔如来の説く法と〕異なる道である邪に対して、仏道を正とすることを明らかにする。第二に、昔、五乗が異なることに執らわれて、一道に背くことを邪と名づける。そうである理由は、道は二つさえないのであるから、どうして五つあることがあろうか。

それゆえ五乗が異なることに執らわれて一道に背くので邪と呼ぶ。かの二つの邪に対するので、仏の修行する道を正法と呼ぶことを明らかにする。

【訓読】言う所の具さに多義を含むとは、然れども諸仏の行ずる所の道は、未だ曾て邪と正とならず。内外の二邪に対せんが為めの故に、立てて正と為《な》す。一には九十六種の説く所の法を、之れを称して邪と為す。如来の説く所の法を、之れを目づけて正と為す。故に彼の異道の邪に対して、仏道を正と為すを明かす。二には昔、五乗の異に執して一道に乖くを、之れを名づけて邪と為す。然る所以は、道は尚お二無し。寧んぞ五有ることを得んや。故に五異に執して一道に乖くが故に、称して邪と為す。彼の二邪に対するを以ての故に、仏の行ずる所の道を、称して正法と為すを明かす。

【解説】ここでは「正法」についての概念規定が試みられている。以下、吉蔵は順に「妙法」「真法」「好法」の概念規定を行なっていくが、結論を先取りして解説しておく。概念規定を試みる前提として、仏たちの修行実践する道は邪正、麁妙などの相対概念による把捉を突破超越していることを確認し、このような絶対的な道に視座を据えながら、しかも、言語の相対的次元に降り立って、内外の二邪に対して正の名を立て、二麁に対して妙を立て、二偽に対して真を立て、二悪(不善)に対して好を立てることを明かしている。つまり、第一には外道と仏教全体との比較に基づいて、前者を邪、麁、偽、悪(不善)と規定し、後者を正、妙、真、好と規定する。第二には仏教の内部において五乗と一乗との比較に基づいて、前者を邪、麁、偽、悪(不善)と規定し、後者を正、妙、真、好と規定する。このように二重構造を持つ規定がなされている。

ただし、この「正法」の段では、五乗がそのまま邪と規定されているのではなく、厳密に言えば、五乗が最終的には一乗に帰着することを知らずに、五乗のそれぞれが絶対的な教えであると執著することが邪と規定されている点が注意される。その他の段では五乗そのものが一乗に対比して、麁、偽、悪(不善)と規定されているが、趣旨は同じと考えてよいと思われる。

【訳】 妙法というのは、仏たちの修行する道は麁であったり妙であったりしたことはない。二つの麁に対するために、妙と褒め讃える。第一に、外道の説く法には言葉はあるが、意味がない。つまり浅薄な法であるので麁と名づける。出世間の法には言葉も意味もあるので、妙と名づける。第二に五乗という麁に対して、仏乗を妙と讃える。さらにまた、五乗は巧みな手段としての説であるから麁と呼び、一乗は真実の法であるから妙と呼ぶ。

次に、真法というのは、やはりまた二つの意味がある。第一に、外道の法を偽と名づけ、仏たちが修行するものを真と呼ぶ。『涅槃経』に「これらの多くの外道は上べだけで偽りを言い、真諦がない」とある通りである。それゆえ仏法には真諦のあることを明らかにする。次に、五乗という偽に対して、一乗という真を明らかにする。それゆえ方便品には「ただこの一つの事がらのみ真実で、残りの二つは真実ではない」とある。二つでさえ真実ではないのであるから、まして五乗が真実であろうか。

好法というのは、やはりまた二つ〔の意味〕がある。第一に、外道の邪見を悪法と名づけるのに対して、仏たちの法の正しい見解を好法と呼ぶ。『涅槃経』には「二乗を求める者を不善と名づけ、大乗を求める者を善と名づける」とある。善はとりもなおさず好法である。

**【訓読】** 妙法と言うは、諸仏の行ずる所の道は未だ曾て麁と妙とならず。二麁に対せんが為めの故に、歎美《たんび》して妙と為す。一には外道の説く所の法は、字有るも義無し(1)。是れ即ち浅近《せんこん》の法なるが故に、名づけて麁と為す。出世の法は字有り義有れば(2)、之れを目づけて妙と為す。二には五乗の麁に対するが故に、仏乗を歎じて妙と為す。又た五乗は是れ方便の説なるが故に、称して麁と為す。一乗は是れ真実の法なるが故に、称して妙と為す。

次に、真法と言うは、亦た二義有り。一には外道の法は、之れを目づけて偽と為す。諸仏の行ずる所は、之れを称して真と為す。『涅槃』に云うが如し、「是の諸の外道は虚仮詐称《こけさしょう》にして真諦有ること無し」(3)と。故に仏法に真諦有るを明かす。次に、五乗の偽に対して、以て一乗の真を辨ず。故に方便品に云わく、「唯だ此の一事のみ実にして、余の二は則ち真に非ず」(4)と。二すら尚お真に非ず。況んや五乗実ならんをや。

好法と言うは、亦た二有り。一には外道の邪見を名づけて悪法と為すに対して、諸仏の法の正見を、称して好法と為す。『涅槃経』に云わく、「二乗を求むる者を名づけて不善と為し、大乗を求むる者、之れを名づけて善と為す(5)」(6)と。善は即ち是れ好法なり。

【注】(1)『南本涅槃経』巻第二、哀歎品、「世間法者、有字無義。出世間者、有字有義」(大正一二・六一七中)を参照。(2)同前。(3)正確な出典は未詳だが、『南本涅槃経』巻第十三、聖行品、「我仏法中有真実諦、非於外道」(大正一二・六八八下)を参照。(4)『法華経』方便品、「唯此一事実　余二則非真」(大正九・八上)を参照。(5)底本の「名為之善」を甲本によって「名之為善」に改める。(6)正確な出典は未詳だが、『南本涅槃経』巻第八、如来性品、「修余法苦者、皆名不善。修余法楽者、則名為善」(大正一二・六五一中)を参照。

【解説】この段では「妙法」「真法」「好法」の概念規定を試みているが、いずれも上に述べたように、二重構造を持った規定となっている。

【訳】質問。一乗の教えが生じるのは、ただ当然かの五乗だけに対するべきである。なぜまた外道に対するのか。

解答。『涅槃経』の教えは、かえって〔無常・苦・無我の〕三つを修行する比丘を批判し、また外道を選び捨てる。それゆえ外道には真諦がなく、また仏の常住〔という説〕を盗む。今、仏法を妙とすることを明かすのであるから、どうして外道という妙でないものや、五乗という麁に対しないであろうか。

【訓読】 問う。一乗の教起こるは、但だ応に彼の五乗に対すべきのみ。何が故に亦た外道に対するや。

答う。『涅槃』の教は乃ち三修(1)の比丘を斥けて、復た外道を簡ぶ。故に外道に真諦有ること無く、及び仏の常を盗竊《とうせつ》す。今、仏法を妙と為すを明かせば、豈に外道の非妙、及び五乗の麁に対せざらんや。

【注】 (1)『南本涅槃経』巻第二、哀歎品、「汝等若言我亦修習無常苦無我等想、是三種修無有実義」(大正一二・六一六上)を参照。

【解説】 上の二重規定は、第一に外道と仏教全体(五乗)との比較相対、第二に五乗と『法華経』の一乗との比較相対に基づいていた。そこで、『法華経』の一乗は五乗と比較相対するのみでよいはずなのに、外道と比較相対するのはなぜかとの質問がなされたのである。つまり、第二の規定だけで十分ではないかという趣旨である。

『涅槃経』においては、法身が常住であるのに、誤って無常であると思い込むこと、涅槃は楽であるのに、誤って苦であると思い込むこと、仏は我であるのに、誤って無我であると思い込むことを「三修」と呼んでいる（これは劣の三修と言われるもので、正しく法身の常、涅槃の楽、仏の我を認識することが「勝の三修」と呼ばれるのに対する）。これに諸仏菩薩の有する正法が浄であるのに、誤って不浄であると思い込むことを含めて、四顛倒《てんどう》という。顛倒とはひっくり返った考えという意味である。出家の比丘が、声聞・縁覚が無常で、一切外道が苦で、生死が無我であると認識することはまったく正しいのであるが、上に述べた対象（法身・涅槃・仏）について、無常・苦・無我と思い込むのは誤った認識であるので、『涅槃経』において、このような比丘の誤った認識が批判されるのである。また、世間の人々は出家の比丘とは逆に、無常・苦・無我である対象に対して、誤って常・楽・我であると認識する誤りを有しており、『涅槃経』においては、この世間の人々も批判されているので、吉蔵はこの世間の人々のなかに外道を含んでいると解釈して、本文のように答えたのであろう。

仏法が妙であるという立場からは、それ以外のもの、すなわち、仏法以外の外道、および仏の教えではあるが、方便の教えである五乗が麁なるものとして排除されるのである。

【訳】質問。〔正・妙・真・好の〕四つの名称を備えている以上、なぜ妙とだけ呼ぶのか。

解答。全部で三つの理由がある。

第一に、経に妙という文はあるが、正という呼び名はない。たとえば「私の法は妙であって考えることは難しい」とある。さらにまた「この乗は微妙で、清浄で、第一である」とある。とりもなおさずその証拠である。

第二に、妙は精細で深遠であることの呼び名である。妙という名をつければ、褒め讃える意味となる。そのまま私の法は微妙であるから、凡夫、二乗、および修行を開始したばかりの菩薩は思いはかることができないという意味である。もし「私の法は正であって考えることは難しい」と言うならば、中国の言葉として巧みな表現ではなく、意味を表わすのに都合がよくないのである。

第三に、次に意味について推しはかると、そもそも正は邪と相対して名づけられたものであり、妙は麁に相対して名づけられたものである。九十六の〔外道の〕法を邪となし、如来の五乗の法を正と名づけるのが適当であるので、正は五乗の法について言うのである。五乗は正であるけれども、正であってもなお麁であり、ただ一乗の法だけがやっと妙と呼ばれる。それゆえ妙は一を住みかとするのである。外道を麁となし、五乗を妙となすと言うことはできない。また、五乗を邪となし、一乗を正となすと言うこともできない。外道を仏法に比較すれば、あたかも石と玉のようなものである。五乗と一乗は同じくいずれも玉である。ただし玉に精なるものと麁なるものとがある。それゆえ五乗を麁となし、一乗を妙となすのである。

【訓読】問う。既に四名を具すれば、何が故に独《ひと》り称して妙と為すや。

答う。凡《およ》そ三義有り。

一には経に妙の文有れども、正の称無し。「我が法は妙にして思い難し」(1)と云うが如し。又た云わく、「是の乗は微妙、清浄、第一なり」(2)と。即ち其の証なり。

二には妙は是れ精微深遠の称なり。妙の名を立つるは、則ち称歎の義なり。便ち我が法は微妙なるを以て、凡夫二乗、及《お》以《よ》び始行の菩薩、思量すること能わざるの義なり。若し「我が法は正にして思い難し(3)」と云わば、則ち方言巧みならず、義に於て便ならざるなり。

三には次に義に就いて推す。夫れ正は耶(4)に形《くら》ぶるを以て称を受け、妙は麁に待《たい》するを以て名を得。宜しく九十六法を以て邪と為し、如来の五乗の法を正と称すべし。故に正は五乗の法に在るなり。五乗は正なりと雖も、正にして猶お麁なるがごとし。唯だ一乗の法のみ乃ち称して妙と為す。故に妙は一に主《やど》るなり。外道を麁と為し、五乗を妙と為すと云うを得ず。亦た五乗を邪と為し、一乗を正と為すと云うを得ず。外道の法(5)は仏法に形ぶれば、其れ猶お石と玉とのごとし。五乗と一乗とは同じく皆な是れ玉なり。但だ玉に精麁有り。故に五乗を以て麁と為し、一乗を妙と為すなり。

【注】（1）『法華経』方便品、「我法妙難思」（大正九・六下）を参照。（2）『法華経』譬喩品、「是乗微妙　清浄第一　於諸世間　為無有上」（同前・一五上）を参照。（3）底本の「義」を甲本によって削る。（4）「耶」は「邪」に通じる。（5）甲本によって「法」を補う。

【解説】上に述べたように、正・妙・真・好の四種の概念は基本的に共通な規定を受けているので、そのなかから妙だけが経題として選ばれる理由が問題となる。この問題について、吉蔵は三点にわたってその理由を考察している。第一の理由は、『法華経』に「妙」という文字はあるが、「正」という文字はないというものである。その具体的な証拠として、方便品と譬喩品の文を引用しているが、たしかに「我が法は妙にして思い難し」に対応する『正法華経』の部分は「斯の慧は微妙にして、衆の了せざる所なり」（大正九・六九中）となっており、また、『正法華経』の他の箇所にも「妙」という文字が少なからずあるので、この理由も一理あるのではないかと誤解されやすい。しかし、『妙法蓮華経』にも「正法」という語句が多数存するので、けっして妥当な理由とは言えないであろう。

第二の理由は、「妙」という文字は「精微深遠」なるものに名づけたもので、褒め讃えるという意味があるというものである。これは中国語として「妙」が「正」よりも適当であるという理由である。

第三の理由は、九十六種の外道を邪となし、五乗の法を正となし、さらに五乗の法を麁となし、一乗を妙となすというものである。つまり、邪と正は外道と五乗の比較の場面において用い、麁と妙は五乗と一乗の比較の場面において用いるように限定するのである。しかし、これは最初に示した邪正、麁妙それぞれの二重規定と相違するので、言葉の定義に一貫性がないと批判されてしまうであろう。

「正」と「妙」との訳語の優劣という吉蔵の問題意識は興味深いものであるが、その解答はあまり説得力を持っていないと言わざるをえない。なかでは、中国語としての意味を基準とする第二の理由が方法論的に妥当であると思うが、訳語の優劣は当時の思想状況や当時の受け手の中国人の意識などとの相対関係を踏まえたものでなければならず、したがって、相対的な優劣関係を持つにすぎないであろう。鳩摩羅什が中国に来た時代は老荘思想が流行しており、その『老子』には「常に無欲にして、以て其の妙を観る」「玄の又た玄、衆妙の門」などとあり、「妙」は天地万物を生み出す根源の実在である「道」の幽微《ゆうび》深遠なさまを形容する言葉として使われている。このような思想状況において、私たちの感覚、知覚で捉えがたいものを表現する言葉としての「妙」は、単なる「正しさ」よりも、中国の人にとってより深い関心を喚起するものであったのであろう。また、鳩摩羅什もそのような状況を踏まえて、あえてサット(sat)の直訳とはやや離れる「妙」と漢訳したのであろう。後の注釈家が「妙」に不可思議、絶対の意味を読み込んだのも、中国語の字義解釈としては十分に理由のあることであった。

## 七　経題の解釈——釈名門

### (一)「妙」の解釈

【訳】　第七に〔経典の〕名を解釈する門について。今、達摩(=法)を解釈すると、妙の意味を解釈することになる。この経は、文は七巻あるけれども、宗(根本の教え)は一乗に帰着するので、一乗の法を妙とするのが適当である。それゆえ譬喩品には「この乗は微妙で、清浄で、第一である。さまざまな世間において無上の存在である」とある。この偈は四乗の麁に対して、仏乗を妙であると讃える。上半分は二乗の麁に対して、仏乗を妙であると讃える。下半分は人天乗の麁に対して、仏乗を妙であると讃える。「この乗」とは、仏乗を意味するのである。「微妙で、清浄である」というのは、仏乗を讃えるのである。徳がすべて完全であるから「微妙」といい、煩悩がすべてなくなっているから「清浄」と名づける。

さらにまた、そもそも煩悩を論じると、いわゆる麁である。麁に関してなくなる以上、多くの徳がみな完全となる。煩悩がなくなり徳が完全であるので、妙と呼ぶ。さらにまた、煩悩がすべてなくなるので、有とすることもできない。徳がすべて完全であるので、無と言うこともできない。有でもなく無でもないので、中道の法である。それゆえ妙と呼ぶ。大涅槃の空と不空という意義と同じである。〔衆生の輪廻する範囲の存在である〕二十五有が空無なので、有と言うこともできない。常楽我浄があるので、無と言うこともできない。そして一乗と大涅槃とには、それ以上相違がない。それゆえ譬喩品には、大涅槃を挙げて、大車(大白牛車)に対応させるので、「人にただ涅槃を得させず、みな如来の涅槃によって涅槃を得させる」とある。その証拠である。

【訓読】第七に釈名門とは、今、達摩の法を解すれば、則ち妙の義を釈す。此の経は、文は七軸なりと雖も、宗は一乗に帰すれば、宜しく一乗の法を以て妙と為すべし。故に譬喩品に云わく、「是の乗は微妙、清浄、第一なり。諸の世間に於て、上有ること無しと為す」(1)と。此の偈は四乗の麁に対して、仏乗を歎じて妙と為す。上半は二乗の麁に対して、仏乗を歎じて妙と為す。下半は人天乗の麁に対して、仏乗を嘆じて妙と為す。「是の乗」とは、仏乗を謂うなり。「微妙、清浄」とは、仏乗を歎ずるなり。徳、円かならざること無きを以ての故に「微妙」と云う。累、尽きざること無きが故に「清浄」と名づく。

又た夫《そ》れ累を論ずれば、所謂る麁なり。麁に在りて既に尽くれば、則ち衆徳並びに円かなり。累尽き徳円かなるが故に、称して妙と為す。又た累、尽きざること無ければ、有と為す可からず。徳、円かならざること無ければ、無と言う可からず。有に非ず無に非ざれば、則ち中道の法なり。故に称して妙と為す。大涅槃の空・不空の義に同じ(2)。空にして二十五有無きを以て、有と言う可からず。常楽我浄有れば、無と言う可からず。而して一乗と大涅槃とは、更に異なり有ること無し。故に譬喩品に云わく、「大涅槃を挙げて、大車に合す」(3)と。故に云わく、「人をして独り滅度を得ること有らしめず、皆な如来の滅度を以て、之れを滅度す」(4)と。則ち其の証なり。

【注】(1)二四四頁注(2)参照。(2)『南本涅槃経』巻第二十五、師子吼菩薩品、「智者見空及与不空。……空者、一切生死。不空者、謂大涅槃」(大正一二・七六七下)を参照。(3)本書にはすでに「挙大涅槃果徳、合大車。故云皆以如来滅度而滅度之」(大正三四・六三七中)とあった。一九四頁を参照。したがって、ここは経文の引用ではないので、「譬喩品云」の「云」は衍字かもしれない。(4)一九五頁注(3)参照。

【解説】この第七節の「釈名門」は第三章「釈名題門」のなかで中心的なものであることは、タイトルの類同性からも察せられるし、また、実際に分量も最も多い。便宜上、十項に分けるが、第一項から第八項まではさまざまな角度から「妙法蓮華経」の「妙」の解釈をしている。

冒頭に、達摩（ダルマ、dharma）＝法を解釈することが「妙」を解釈することになると述べている。つまり、「妙法」は「妙なる法」という句造りであり、妙は法の形容語であるから、法の内実を考察することによって、はじめてその法が妙と表現されるものであることが判明するのである。そこで、次に法の内実が一乗であることを述べた後に、譬喩品の「是の乗は微妙、清浄、第一なり。諸の世間に於て、上有ること無しと為す」という偈を通して一乗について考察するのが、この項の方法である。

では、この偈の解釈を順に見ていこう。はじめに、偈の全体の趣旨は四乗の麁に対して、仏乗を妙とすることである。これまでの本文のなかで、五乗の麁という表現が見られ、この四乗の麁という表現と矛盾するのではないかという疑問が出るかもしれない。吉蔵における五乗は人乗・天乗・声聞乗・縁覚乗・仏乗である。したがって、五乗が麁で一乗が妙であると言ったときの一乗は実際には仏乗であるから、麁と規定された五乗のなかの仏乗と『法華経』の一乗＝仏乗との関係が問題となる。吉蔵の考えでは、両者が教えとしては同一であるから、四乗の麁という表現が正確である。ただし、上に述べたように、五乗の麁という場合も、その趣旨は五乗が一仏乗に統合されることを認識せず、それぞれが絶対的なものとして、互いに異なり相容《あいい》れないと執著することを麁と規定したと解釈すべきである。つまり、五乗のなかの仏乗も他の四乗と相容れず対立したものと捉えられるだけならば、そのような捉え方は、他の四乗を統合する『法華経』の仏乗からは批判されるのである。

次に、この偈の前半は声聞乗・縁覚乗の二乗の麁に対するもので、後半は人乗・天乗の麁に対するものと解釈される。後に出るように、後半の「諸の世間に於て」が世間の乗、すなわち、人乗・天乗を指すと解釈されるからである。

では、偈の解釈を具体的に見ていこう。まず、「是の乗」は仏乗の意味である。次に、「微妙」は完全な徳が備わっているという意味で、「清浄」はすべての累＝煩悩をなくしているという意味である。累がなくなり、徳が完全であれば、妙と呼ぶのにふさわしいし、前者が非有、後者が非無を示していて、結局、中道の法を意味するので、これまた妙と呼ぶのが適当であるとされる。

【訳】「第一」というのは、方便品に「ただ一仏乗だけあって、その他の第二、または第三の乗はない」とあるので、第一という名は第二・第三に対して生じたものであることが分かるのである。第二・第三の乗について考えると、煩悩はまだなくならず、徳はまだ完全でない。『涅槃経』に「二乗の人はただ空だけを見て、不空を見ない」とある通りである。それゆえ中道を行かないので、第一と呼ぶことができない。仏・如来たちは、徳はすべて完全であり、煩悩はすべてなくなっており、空と不空との意義をどちらも見て中道を行くので、第一と呼ぶのである。

「さまざまな世間において無上の存在である」とは、人天を世間となす。世間の乗は妙ではない。それゆえ「さまざまな世間において無上の存在である」と言うのである。

【訓読】言う所の「第一」とは、方便品に云わく、「唯だ一仏乗のみ有り。余乗の若しは二、若しは三有ること無し」(1)と。則ち知る、第一の名は二・三に対して起こるなり。二・三の乗は、累猶お未だ尽きず、徳猶お未だ円かならざるを以てなり。『涅槃』に云うが如し、「二乗の人は唯だ空を見て不空を見ず」(2)と。故に中道を行かざれば、称して第一と為すを得ず。諸仏如来は、徳円かならざること無く、累尽きざること無く、具さに空と不空との義を見、中道を行くが故に、称して第一と為すなり。

「諸の世間に於て、上有ること無しと為す」とは、人天を世間と為す。世間の乗は則ち妙に非ず。故に云わく、「諸の世間に於て、上有ること無しと為す」と。

【注】(1)『法華経』方便品、「唯有一乗法」(大正九・八上)と「無有余乗若二若三」(同前・七中)を合糅したもの。(2)『南本涅槃経』巻第二十五、師子吼菩薩品、「声聞縁覚見一切空、不見不空」(大正一二・七六七下)を参照。

【解説】　ここでは、はじめに、偈の「第一」の解釈がなされる。これは第一乗＝仏乗の意味であり、第二乗＝縁覚乗、第三乗＝声聞乗に対して、第一と呼ばれるのである。なぜ、第一と呼ばれるのかと言えば、すべての累をなくし完全な徳を備える諸仏如来は、空（すべての累をなくす面）と不空（完全な徳を備える面）の両面を認識して中道を行くからである、と説明される。上の妙の理由にも中道が挙げられていたが、ここでも中道が着目されている。

次に、「諸の世間に於て、上有ること無しと為す」は、「世間」が人乗・天乗を意味すると解釈され、それらは妙ではないと言われる。

【訳】　これまで偈を全体的に解釈してきた。今、次に個別に偈の文を解釈する。

そもそも十種の悪い行為をなして、〔地獄・餓鬼・畜生道の〕三途の境涯を報いとして受けるので、麁と呼ぶ。五戒は人として生まれる報いを招くことができるので、人乗を妙とする。人乗は楽が少なく苦が多いので麁と呼ぶ。十種の善は天の身を受けることができる。苦が少なく楽が多いので、天乗を妙とする。人と天はまだ生老病死を免れないので、麁と名づける。声聞は三界を脱出することができるので、妙と名づける。声聞は福が少なく宗教的能力が劣っているので、これを麁と呼ぶ。縁覚は福が多く宗教的能力が優れているので、これを妙と呼ぶ。声聞と縁覚は、煩悩がやはりまだなくならず、徳がやはりまだ完全でないので麁と呼ぶ。仏乗だけが、徳がすべて完全であり、煩悩がすべてなくなっているので妙と呼ぶ。

【訓読】上来、総じて偈を釈し竟わる。今、次に別して偈の文を釈す。

夫れ十悪業を造れば、報として三途を感ずるが故に称して麁と為す。五戒は人の報を招得すれば、則ち人乗を以て妙と為す。人乗は楽少なく苦多きが故に称して麁と為す。十善は天の身を感得す。則ち苦少なく楽多ければ、則ち天乗を妙と為す。人・天は未だ生老病死を勉《まぬか》れざるが故に名づけて麁と為す。声聞は三界を出《い》ずることを得るが故に名づけて妙と為す。声聞は福少なく鈍根なれば、之れを称して麁と為す。縁覚は福厚く利根なれば、之れを名づけて妙と為す。声聞・縁覚は累猶お未だ尽きず、徳猶お未だ円かならざるが故に称して麁と為す。唯だ仏乗有るのみにして、徳円かならざること無く、累尽きざること無きが故に称して妙と為す。

【解説】ここでは五乗のランクを明らかにしている。まず、十悪によって三悪道に生まれる行為が最低にランクされる。これはまだ五乗に含まれない。次に、五戒によって人に生まれる人乗が位置し、次に、十善によって天に生まれる天乗が位置する。人乗・天乗はまだ六道輪廻の範囲内であるから、次に、三界を脱出する三乗が位置する。三乗のなかで、声聞乗と縁覚乗とは、福徳〔過去の善行〕の多少、宗教的能力の優劣によって、後者の縁覚乗が優れたものと規定される。最後に、声聞乗・縁覚乗と仏乗とは、累をすべてなくしているかどうか、完全な徳を備えているかどうかという点で、後者の仏乗が優れている、すなわち、妙であると規定されるのである。

## (二)「妙」に関する三種の旧説

【訳】質問。今、一乗を妙であると明らかにするが、古い説とどこが相違するのか。

解答。この経を解釈する者に、全部で三つの説がある。

第一に、「この経は一乗の因を明らかにしているけれども、やはり無常の果を受ける。そこで〔経〕文には『〔仏の寿命は〕過去については塵沙《じんじゃ》を越え、未来についてはまた上の数の二倍ある』とある。さらにまた、薬草喩品には『究極的な涅槃であり、常に静かに滅している様相であり、最終的に空に帰着する』とある。『最終的に空に帰着する』とは、最終的に身・智を灰のように滅して無余涅槃に入ることである。それゆえやはり無常である。〔無余涅槃は〕無大涅槃にまで至って、はじめて〔それが〕常住であることを明らかにする。〔無余涅槃は〕無常である以上、当然麁である。ただし、前の多くの経が〔仏の寿命は〕過去については塵沙を越え、未来についてはまた上の数の二倍あるということをまだ明らかにしていないのに対して、この経を讃えて妙とするだけである。もし『涅槃経』の教えに対すれば、やはり麁である」という。

【訓読】問う。今、一乗を妙と為すことを明かすに、旧と何が異なるや。

答う。此の経を釈する者に、凡そ三説有り。

一に云わく、「此の経は一乗の因を辨ずと雖も、猶お無常の果を感ず。是を以て文に云わく、『過去は塵沙を過ぎ、未来は復た上の数に倍す』(1)と。又た薬草喩品に云わく、『究竟の涅槃、常寂の滅相にして、終に空に帰す』(2)と。『終に空に帰す』とは、終に灰身滅智して無余涅槃(3)に入る。故に猶お是れ無常なり。大涅槃に至りて、方に常住を辨ず。既に是れ無常なれば、則ち応に是れ麁なるべし。但だ前の諸経の、未だ過去は塵沙を過ぎ、未来は復た上の数に倍するを辨ぜざるに対す。故に此の経を歎じて、以て妙と為すのみ。若し『涅槃』の教に望まば、則ち猶お是れ麁なり」と。

【注】(1)『法華経』如来寿量品に説かれる仏の寿命を言う。釈尊は過去五百塵点劫の昔に成仏したと言われ、未来については「我本行菩薩道所成寿命、今猶未尽復倍上数」(大正九・四二下)とある。塵沙は塵や砂のように数の多いことをたとえる。(2)『法華経』薬草喩品、「如来知是一相一味之法。所謂解脱相・離相・滅相・究竟涅槃・常寂滅相、終帰於空」(同前・一九下)を参照。(3)身体という残余がまだある涅槃を有余涅槃といい、身体を滅した完全な涅

槃を無余涅槃という。つまり、生前に獲得する涅槃が有余涅槃であり、死後獲得する涅槃が無余涅槃である。

【解説】 これまでの議論において、一乗が妙であることが確認されてきたので、この吉蔵の見解と旧説との相違点が質問される。これに対して、吉蔵以前の法華経解釈が三説紹介される。これらはいずれも『法華経』において仏身の常住(永遠性)が説かれているかどうかに関するものである。

第一説は、『法華玄論』によれば法雲の解釈とされる。巻第二に「光宅雲公言わく、猶お是れ無常なり。然《しか》る所以は、教に五時有り。唯だ第五の『涅槃』のみ是れ常住教なり。四時は皆な無常なり。『法華』は是れ第四時教なり。是の故に仏身は猶お是れ無常なり。又た此の経に自ら無常を説く。下の文に『復た上の数に倍す』と言うが如し。復た久しと称すと雖も、終《つい》自に限り有り。故に無常と知る。又た薬草品に云わく、『終に空に帰す』と。『終に空に帰す』とは、既に是れ無常なれば、終に無余に入るなり」(大正三四・三七二上)とあり、内容がほぼ一致している。

本文の解説に戻る。第一説は『法華経』は一乗の因を明らかにしているけれども、それによって得られる果がまだ無常であると解釈する。その証拠として、如来寿量品に説かれる仏の寿命は有限なものとされること、薬草喩品には無余涅槃というまだ無常であるものに入ることが説かれていることを挙げている。そして、結論として、『法華経』はそれ以前の経に比べれば妙であるが、『涅槃経』に比べれば、かえって麁であると言う。

法雲には弟子の筆録になる『法華義記』が現存するので、それに当たって、法雲がここで吉蔵の紹介するような説を実際に立てたのかどうかを確認しなければならない。まず、「終帰於空」については注釈が見られない。次に、如来寿量品の「復倍上数《ぶばいじょうしゅ》」については、随文解釈の箇所では「不滅を明かす」（大正三三・六六九中）とあるだけで参考にならない。ところが、巻第一の冒頭の箇所で「因を明かせば、則ち万善を収羅《しゅうら》するを、以て一因と為す。果を語れば、則ち復た上の数に倍するを、以て極果と為す」（同前・五七二下）と述べ、「復倍上数」をもって『法華経』に明かされる果の標識と見なしている。法雲によれば、『法華経』以前に言われる釈尊の寿命は八十歳（普通の仏伝による）や七百阿僧祇（『首楞厳《しゅりょうごん》三昧経』に出る）であり、これに対して『法華経』に明かす仏の寿命はそれらよりも長遠であり、そしてその寿命が長遠である理由は、衆生を救済するために神通力によって寿命を延長するからである、というものである。したがって、『法華経』の寿命長遠も相対的な長遠にとどまると言われる。法雲はこれを次のような譬喩で示している。五丈の柱を二丈だけ土に埋めて、三丈を土から出した場合、この三丈が昔日の七百阿僧祇であり、土に埋まった二丈も掘り出して五丈となったものが『法華経』の「復倍上数」であるから、今昔の仏寿の相違は、三丈と五丈の相違で、相対的な長短の差があるだけである、というものである。このように、法雲は「復倍上数」を『法華経』の仏寿の標識と見て、昔日の短寿に比較して相対的な長遠を認めたが、その長遠が相対的なものであるかぎり、『涅槃経』に明かされる仏身の常住から見れば、なお無常であると結論づけたのである。後に述べるように、このような法雲の『法華経』観は吉蔵によって厳しく批判された。

【訳】 第二に、「この経は常住を明らかにしたが、やはりまだ明瞭にではない。ただ不十分に常住を明かしているだけである。そうである理由は、この経はまだ八倒を取り除かず四徳を明かしていない。ただ寿命が無窮であることを明かすだけであるので、不十分に常住を明らかにするというのである。『涅槃経』の教えに至って、はじめて明瞭に常住を明らかにする」と解釈する。

第三に、「自ら小乗の教えは無常で不十分な説を明らかにしている。すべての大乗経はみな余すことなく明瞭に常住を説くものである」と解釈している。

【訓読】 第二に釈して云わく、「此の経は已に常を辨ずれども、猶お未だ顕了《けんりょう》ならず。但だ是れ覆相《ふぞう》(1)して常を明かすのみ。然る所以は、此の経は未だ八倒(2)を除かず、四徳(3)を明かさず。但だ寿命無窮を明かすのみなるが故に、是れ覆相して常を辨ず。『涅槃』の教に至りて方に顕了に常を辨ず」と。

第三に釈して云わく、「自ら小乗の教は則ち無常覆相の説を辨ず。一切の大乗経は皆な是れ常住にして、顕了無余なり」と。

【注】(1)覆相は「顕了」の対語で、真相を覆いかくすの意。直接明瞭にではなく、間接的に、あるいはあまり明瞭ではなくの意。(2)無常・苦・無我・不浄なものを常・楽・我・浄と見なす凡夫の四顚倒と、常・楽・我・浄なものを無常・苦・無我・不浄と見なす二乗の四顚倒を合わせたもの。(3)大涅槃の有する常・楽・我・浄の四種の徳。

【解説】 第二説は、『法華義疏』巻第十によれば、四時教判を立てる者の解釈である(大正三四・六〇三上を参照)。四時教判は、すでに紹介した五時教判のなかの第二時の三乗通教(『般若経』)と第三時の褒貶抑揚《ほうへんよくよう》教(『維摩経』など)を合わせて一時としたものである。この第二説は、『涅槃経』が明瞭に仏身の常住を説いているのに対して、『法華経』はあまり明瞭ではない仕方で常住を説いている、という解釈である。

第三説は、『法華義疏』巻第十によれば、半満二教の教判を立てる者の解釈である(大正三四・六〇三上を参照)。半満二教は大乗を意味する満字教と小乗を意味する半字教とのことで、吉蔵や智顗は菩提留支(菩提流支にも作る。?—五二七)の立てた教判としている。この第三説は、大乗経典はすべて常住を明かしているのであるから、『法華経』もその例外ではなく、当然常住を明かしている、という解釈である。

【訳】今、全体的にこの三つの説を論評する。最初の解釈は下根の人であり、次の解釈は中根の人であり、第三〔の解釈〕は上根の人である。そうである理由は、最初の解釈は法の悪口を言う過失がとても深いので下根である。次の説は〔法を〕非難することが少し軽いので中根と呼ぶ。第三〔の解釈〕は、かえって言葉は究極的であるが、執らわれれば迷いとなる。それゆえ上根人である。これらはみな有所得について、もともと三段階に展開する。

【訓読】今、総じて此の三説を許す。初めの釈は是れ下根の人、次の釈は是れ中根の人、第三は是れ上根の人なり。然る所以は、初めの釈は謗法《ほうぼう》の過《あやま》ち甚だ深しと為すが故に、是れ下根なり。次の説は毀呰《きし》少しく軽ければ、称して中根と為す。第三は乃ち言は究竟なれども、封執《ふうしゅう》すれば迷いを成ず。故(1)に是れ上根の人なり。此れは皆な有所得の中に就いて、自ら三品を開く。

【注】（1）底本の「教故」の「教」を甲本によって削る。

【解説】三説を立てる者の機根（宗教的能力）を三段階に分類している。『法華経』の仏身を無常と見る第一説の者は下根であり、不十分な常住と見る第二説の者は中根であり、明瞭な常住と見る第三説の者は上根と規定される。その理由は、第一説が最も謗法の過失が重大であるから下根と厳しく評価される。謗法とは、ここでは『法華経』を誹謗することである。第二説は謗法の程度が少し軽いので中根とされる。第三説の『法華経』が仏身の常住を説くということはまったく正しいが、常住であることに執らわれれば迷いとなってしまう。前の二者に比べれば上根とされる。これらは、吉蔵の解釈から見れば、いずれも有所得、執らわれた立場であり、それを三段階に分類したものである。

## ㈢　第一説（仏身無常説）の批判

【訳】質問。最初の解釈はどうして法の悪口を言う過失が深いのか。

解答。今、四つのあり方によってこのことを明らかにすれば、〔法の〕悪口を言う〔過失が〕深いことが分かる。第一に『法華経』以前の教えによってこれを非難する。第二に『法華経』そのものの文によってこれを批判する。第三に関河《かんが》の古い説について考える。

第四に理論的に推しはかり非難する。

【訓読】 問う。初めの釈は云何《いか》んが謗法の過ち深きや。

答う。今、四処を以て之れを徴せば、則ち謗深しと為すを知るなり。一には『法花』の前の教を用て難を為す。二には『法花』の正文を用て之れを責む。三には関河(1)の旧説を尋ぬ。四には義を以て推して難ず。

【注】 (1)後の本文に出るように、関中(東の函谷関、南の武関、西の散関、北の蕭関の四関の内部の地域)の僧叡と河西(黄河以西の地域)の道朗をまとめて表現したものであろう。

【解説】 第一説の謗法の罪が最も重いとされ、これに対する吉蔵の批判も最も厳しく徹底している。法雲の抱いた『法華経』の仏身無常説は、『涅槃経』こそが真に仏身の常住を説いた経典であるとする五時教判に則った考えであるが、吉蔵によれば、『法華経』においてすでに仏身の常住が完全に説き明かされているのである。吉蔵の法雲説に対する批判は四つの方法に基づいてなされる。この四つの方法は以下順に取り挙げられる。

## (1)『法華経』以前の教えによる批判

【訳】『法華経』以前の教えとは、大小の『般若経』(『大品般若経』と『小品般若経』)とるが、『浄名経』などの経のことである。『大品般若経』常啼品《じょうたい》には「仏たちの色身には去来があるが、法身には去来がない」とある。『金剛般若論』には「〔生・住・滅の〕三相は〔如来〕の本質と異なるので、それ(三相)を離れれば、如来である」とある。それゆえ如来は有為法ではなく、法身はとりもなおさず常住であることが分かる。『浄名経』方便品には「この身は憂い厭《いと》わしいものであり、当然法身を願うべきである」とある。思うに、生死の身の無常を批判し、すぐさま法身の常住を讃えている。それゆえ近づいて導く教えが成立し、〔常住を〕喜び〔無常を〕厭うという観察が確立する。もし生死無常であって、法身もまたあらためて生成消滅するならば、同じく厭い捨てるべきものである。どうして喜ぶであろうか。それゆえ近づいて導く教えも成立せず、〔常住を〕喜び〔無常を〕厭うという観察の修行も確立しない。弟子品には「法身は無漏《むろ》であり、多くの漏が尽きている」とある。これは無常の原因(漏)のないことを明らかにしているのである。「法身は無為であり、有為生滅なるものに堕ちない」とある。これは仏果が無為で常住であることを明かしているのである。『般若経』『浄名経』について考えると、『法華経』以前の教えであるが、それでさえ常住を明らかにしている。『法華経』は二経の後に位置するのであるから、どうして無常であろうか。

【訓読】『法花』の前の教は、大小の『波若』、及び『浄名』等の経を謂う。『大品』常啼品に云わく、「諸仏の色身《しきしん》に去来有り、法身に去来無し」(1)と。『金剛波若論』に云わく、「三相(2)は体を異にするが故に、彼を離るれば、是れ如来なり」(3)と。故に知る、如来は有為法に非ず、法(4)身は即ち是れ常住なり。『浄名』方便品に云わく、「此の身は患厭《げんえん》す可し。当に法身を楽《ねが》うべし」(5)と。蓋し、是れ生死の身無常なるを毀ち、即ち法身の常住を歎ず。故に逼《ひっ》引《いん》の教成じ、欣厭《ごんえん》の観立つ。若し生死無常にして法身復た改めて起滅せば、則ち同じく厭棄《えんき》す可し。何ぞ欣《よろこ》ぶ所あらんや。故に逼引の教成ぜざれば、欣厭の観行立たず。弟子品に云わく、「法身は無漏にして諸漏已に尽く」(6)と。此れは無常の因有ること無きを明かすなり。「法身は無為にして諸数に堕せず」(7)と。此れは仏果の無為常住なるを明かすなり。『波若』・『浄名』を尋ぬるに、是れ『法花』の前の教なれども、尚(8)お常住を辨ず。『法花』は二教の後に居れば、寧んぞ是れ無常ならんや。

【注】(1)『大品般若経』巻第二十七、法尚品、「諸仏不可以色身見。諸仏法身無来無去」(大正八・四二一下)を参照。(2)底本の「身」を甲本によって「相」に改める。(3)『金剛般若波羅蜜経論』巻上、「三相異体故　離彼是如来」(大正二五・七八二下)を参照。三相は有為法

の三つの特性で、生(法が生じること)・住(法がとどまること)・滅(法が滅すること)のことである。(4)甲本によって「法」を補う。(5)『維摩経』方便品、「此可患厭。当楽仏身。所以者何。仏身者即法身也」(大正一四・五三九中―下)を参照。(6)『維摩経』弟子品、「仏身無漏、諸漏已尽」(同前・五四二上)を参照。(7)『維摩経』弟子品、「仏身無為、不堕諸数」(同前)を参照。(8)底本の「当」を甲本によって「尚」に改める。

【解説】ここに引用される『般若経』や『維摩経』の文の趣旨は、生死無常のこの身を厭い捨てて、無為常住の法身を願い求めることである。これらの経は『法華経』以前に説かれたものであるから(ただし、吉蔵は『大品般若経』の一部が『法華経』より後に説かれたとする)、そこに仏身の常住が説かれていれば、当然『法華経』にも仏身の常住が説かれているはずである、というものである。

### (2)『法華経』自身の文による批判

【訳】次に、『法華経』の文によってこれを破る。方便品には「私は涅槃を説くけれども、また真実の涅槃ではない。諸法はもともと常に静かに滅している様相である」とある。この文は今昔の大乗と小乗との二つの滅の真偽を明らかにしているのである。昔の小乗の

〔煩悩の〕滅は真実の滅ではなく、今の大乗の滅は真実の滅である。昔の小乗の涅槃は真実の涅槃ではなく、今の大乗の涅槃は真実の涅槃である。もしそうであるならば、とりもなおさず昔の小乗の常住は真実の常住ではなく、今の大乗の常住は真実の常住である。

譬喩品には「ただ虚妄を離れるだけであるのを解脱と名づけるのであるが、本当はまだすべての解脱を得ていない」とある。声聞の人はただ四住地の煩悩だけを断ち切るのを「虚妄を離れる」と名づけるが、まだ無明住地の煩悩を断ち切っていない。つまり、今の教えは、五住地の煩悩をすべて断ち切るのを「すべての解脱」と名づけることを示す。もしそうであるならば、小乗の人は、〔分段の生死と不思議変易の生死の〕二つの生死の原因である煩悩がまだなくならないので無常である。如来は、五住地の煩悩がすべてなくなっている。それゆえ常住である。乃至、寿量品には「〔仏の〕寿命は無量阿僧祇劫で、常住で滅しない」とある。〔仏身が常住であることを明かす経の〕文の場所はとても多いので、完全には列挙することはできない。

質問。もしこの経が常住を明かしているならば、なぜ寿量品に「また上の数の二倍である」とあるのか。

解答。『法華論』には「『また上の数の二倍である』とは、如来の常住の命を示している。なくすことができないからである」とある。そこで、この文が無常ではないことが分かる。

【訓読】　次に、『法花』の文を用て之れを破す。方便品に云わく、「我れ涅槃を説くと雖も、是れ亦た真の滅に非ず。諸法は本と従り来《このかた》、常自《つね》に寂滅の相なり」(1)と。此の文は今昔大小の二の滅の真偽を明かすなり。昔の小滅は真の滅に非ず、今の大滅は是れ真の滅なり。昔の小涅槃は真の涅槃に非ず、今の大涅槃は是れ真の涅槃なり。若し爾らば、即ち昔の小の常は真の常に非ず、今の大の常は是れ真の常なり。

譬喩品に云わく、「但だ虚妄を離るるを、名づけて解脱と為す。其の実は未だ一切の解脱を得ず」(2)と。声聞の人は但だ四住惑(3)のみを断ずるを、虚妄を離ると名づけ、未だ無明住地を断ぜず。即ち今の教は、具さに五住地を断ずるを「一切解脱」と名づくることを顕わす。若し爾らば、小乗の人の二の生死の因は未だ傾かざるが故に是れ無常なり。如来は五住地並びに尽《つ》く。所以に是れ常住なり。文処甚だ多ければ、具さには列す可からず。乃至、寿量品に云わく、「寿命は無量阿僧祇劫にして、常住にして滅せず」(4)と。

問う。若し此の経に已に常住を明かさば、何が故に寿量品に「復た上の数に倍す」(5)と云うや。

答う。『法花論』に云わく、「復た上の数に倍すとは、如来の常命を示現《じげん》す。尽くす可からざるが故なり」(6)と。則ち知る、此の文は無常に非ず。

【注】　(1)『法華経』方便品、「我雖説涅槃　是亦非真滅　諸法従本来　常自寂滅相」(大正九・八中)を参照。(2)『法華経』譬喩品、「但離虚妄　名為解脱　其実未得　一切解脱」(同前・一五中)を参照。(3)見一処住地(三界の誤った見解)・欲愛住地(欲界の誤った思慮)・色

愛住地(色界の誤った思慮)・有愛住地(無色界の誤った思慮)の四種の煩悩のこと。住地とは煩悩を生じる根本の体の意。これに無明住地(根本的無知)を加えて、五住地という。『勝鬘経』一乗章に出る(大正一二・二二〇上)。(4)『法華経』如来寿量品、「如是我成仏已来、甚大久遠。寿命無量阿僧祇劫、常住不滅」(大正九・四二下)を参照。(5)二五五頁注(1)参照。(6)『法華論』巻下、「所成寿命復倍上数者、此文示現如来命常。善巧方便顕多数故、過上数量不可数知」(大正二六・九下)を参照。

【解説】 法雲説に対する批判の第二の方法は、『法華経』自身が仏身の常住を説いていることを示すことである。したがって、ここでは、『法華経』から常住を説く経文を引用している。第一に方便品の文を引用している。この引用によって、昔の小乗の涅槃と今の大乗の涅槃とを比較相対して、前者は真実の涅槃ではなく、後者こそ真実の涅槃であることを明かしている。さらに、大乗の涅槃こそ真実の常住であることを述べている。

第二に譬喩品の文については、四住地の煩悩を断ち切ることを「虚妄を離れる」ことと解釈し、五住地の煩悩(すべての煩悩)を断ち切ることを「一切解脱」と解釈した上で、小乗の人は第五の無明住地の煩悩を断ち切っていないので、輪廻生死から解脱できないと批判している。それに対して、仏はすべての煩悩を断ち切って輪廻から解脱し、涅槃を獲得しているから、常住の存在であると結論づけている。

第三に寿量品の文は、端的に仏が「常住不滅」であることを言ったものであるから、説明の必要もないであろう。

前に述べたように、法雲は「復倍上数」を有限な数として、『法華経』の仏身が結局は無常であると解釈したので、ここで、法雲の立場からの質問として、法雲の解釈とは異なる「復倍上数」の新解釈を要求する質問を設定している。これに対して、吉蔵は『法華遊意』では『法華論』の「如来の常住の寿命を示す」という解釈の権威を借りて答えるにとどまっている。

他の法華疏ではどうであろうか。法雲の解釈を批判するためには、どうしても吉蔵自身の独自の解釈を提示しなければならなかったであろう。『法華玄論』においては、この「復倍上数」について次のように解釈している（大正三四・三七七下を参照）。仏は久しい以前に成仏したことが説かれるが、これは久しい以前に常住の仏身を獲得したことを意味している。そして、この常住の仏身を獲得した時を一生補処《ふしょ》（最高位の菩薩）の弥勒菩薩でさえ知ることができず、仏しか知ることができない。したがって当然常住でなければならないのである。『法華義疏』には、五百塵点劫の譬喩に出る「世界」の数が不可数（数え切れないほど多い）であり、その世界をすりつぶしてできる「塵」の数が不可数であり、さらに、仏が成仏してから今まで経過した時間はその譬喩で示される数よりも多いので不可数であると述べ、したがって、「復倍上数」の「上」は三つの不可数であり、未来はその倍であるから、不可数の不可数である。つまり、仏の寿命は数量を越えた常住であると結論づけている(同前・六〇六下を参照)。『法華統略』には、端的に「常住」と表現するよりも、壮大な規模の譬喩を説いて、「復倍上数」と言うほうが人々に常住を実感させる上でより優れた表現であると述べている(続蔵一―四三―一・八三右下を参照)。このことは、注(6)に引用した『法華論』においても示唆されている。

### (3) 僧叡・道朗の説に基づく批判

【訳】 第三に、関河の古い解釈を用いることについて。関中《かんちゅう》の僧叡《そうえい》は羅什の『法華経』を直接受けた。その『経序』に「分身はそれが真実のものではないことを明かし、〔仏の〕寿命の長さはそれが数で表わされるものではないことを定める」とある。「分身はそれが真実のものではないことを明かす」とは、釈尊と仏たちが互いに指し示して分身とするので、どちらも真実の仏でないことが分かる。真実の仏とは、如来の霊妙な法身を意味する。「〔仏の〕寿命の長さはそれが数で表わされるものではないことを定める」とは、〔仏の〕寿命は数えることができないので、如来の寿命は有為生滅なるものに堕ちず、常住であることを明かす。『法華論』と深い次元で合致するのである。さらにまた、『浄名経』の「仏身は無為で、有為生滅なるものに堕ちない」と、その意味は同じである。
河西《かさい》の道朗は『法華経』の注釈書を著述し、見宝塔品には「法身は常住であり、道理として生滅はない」と明かしていると解釈している。また、寿量品には「如来の寿命の長さは虚空と同じで無限である」と明かしている〔と解釈している〕。すべての世間ではただ身体と寿命だけが大事である。今、世間のあり方にしたがって、またこの二つを明かす。『涅槃経』それゆえ、前に法身の常住を明かし、後に寿命が滅しないことを明らかにする。『涅槃経』が前に長寿を明かし、後に金剛身を明らかにするのと相違はないのである。

【訓読】 三に関河の旧釈を用うとは、関中の僧叡は面《まのあた》り羅什の『法花』を受く。其の『経序』に云わく、「分身は其の不実を明かし、寿量は其の非数を定む」(1)と。「分身は其の不実を明かす」とは、釈迦と諸仏と互いに指して分身と為せば、則ち知る、倶に実の仏には非ず。実の仏とは、如来の妙法身を謂うなり。「寿量は其の非数を定む」とは、寿は数う可からざれば、如来の寿命は諸数の中に堕せず、是れ常住なるを明かす。『法花論』と玄会するなり。又た、『浄名経』の「仏身は無為にして、諸数に堕せず」(2)と、其の義同じなり。
河西の道朗は『法花』の疏(3)を著わし、見宝塔品には「法身は常住にして、理として存没《そんもつ》なし」と明かすと釈す。亦た寿量品には「如来の寿量は虚空に同じ」と明かす。一切世間は唯だ身と命とのみなり。今、世法に随従して、亦た斯の両《ふた》つを明かす。故に前に法身の常なるを明かし、後に寿の無滅なるを辨ず。『涅槃経』に、前に長寿を明かし後に金剛心を辨ずる(4)と異なること無きなり。

【注】(1)僧叡『法華経後序』(『出三蔵記集』巻第八所収)、「然則寿量定其非数、分身明其無実」(大正五五・五七中)を参照。(2)二六五頁注(7)参照。(3)河西の道朗には『法華統略』という名の法華疏のあったことが『法華玄論』巻第二に出る(大正三四・三七六下)が、現存しない。彼は曇無讖の『大般涅槃経』の翻訳に参加し、『大涅槃経序』が現存している(『出三蔵記集』巻第八所収。大正五五・五九中—六〇上を参照)。(4)『南本涅槃経』の長寿品第四、金剛身品第五の前後関係を指摘したものである。

【解説】 第三の批判の方法は、『法華経』を漢訳した鳩摩羅什から直接指導を受けた僧叡と、『涅槃経』の漢訳に参加し、『法華統略』という名の注釈書を著述した道朗の権威ある学説を引用することである。まず、僧叡の説について、吉蔵は「釈迦」や「諸仏」が互いに分身仏であり、その分身仏は如来の霊妙な法身ではないと解釈している。吉蔵にとっては『法華経』が「釈迦」や「諸仏」の分身仏の根底に常住の法身を説いているということを主張したいのであろう。また、寿命については常住であると解釈し、すでに見た『法華論』『維摩経』とその趣旨が同一であることを主張している。ただし、『法華経後序』の

「分身は其の不実を明かす」は「分身はそれが実体的なものではないことを明かす」が本来の意味であるが、今は吉蔵の解釈の通りに現代語訳した。「実」という概念は、吉蔵の解釈したように「本当の」という意味も当然あるが、仏教文献の特殊な意味として、「実体的なもの」（空と反対の意味）という意味があり、僧叡の文は後者の意味である。『法華経』には十方世界から多数の分身仏が集まって来るが、このように釈尊の分身仏が多数存在するということは、それが永遠の本質を持つ実体的なものではないことを意味しているのである。

　次に、道朗は『涅槃経』の漢訳に参加した人なので、彼の『法華経』解釈は権威を持ちうると、吉蔵には考えられたのであろう。というのは、法雲は『涅槃経』には仏身の常住が説かれているが、『法華経』には説かれていないと解釈したのであるから、その『涅槃経』の漢訳の場に列席した道朗の発言は貴重な証言となりうるからである。その道朗は見宝塔品には法身の常住が説かれており、如来寿量品には寿命の無限が説かれていると解釈している。吉蔵によれば、世間でも身体と寿命が大切にされるので、その世間のあり方にしたがって、『法華経』においてもこの二点を説き示し、それは『涅槃経』と揆《き》を一《いつ》にすると言っている。

### (4) 理論的批判

【訳】 第四に、理論によって非難することを明かすことについて、全部で十の理論がある。

第一に、この経に因果を明かすけれども、妙という意義は果にある。因がまだ完全究極でない場合は、やはりまだ妙ではない。もし仏果がやはり無常であるならば、無常は苦である。無常・苦である以上、無我・不浄であり、かえって麁法である。どうして妙と名づけようか。

第二に、『〔法華〕経』には「一つの偉大な仕事のためという理由で世間に出現する」とある。どうして始めから終わりまで無常で不完全な麁法によって衆生を教化するはずがあろうか。これは父子の情け深い心に背き、仏たちの本心を傷つける。

第三に、前に一乗は昔の三乗と異なることを明かし、後に常住は昔の無常と異なることを明かす。一乗は昔の三乗と異なるから、一乗を薬となして三乗の病を破ることができ、常住は昔の無常と異なるから、また常住を薬となして無常の病を破ることができるので、〔三乗の病と無常の病の〕両方を治療するという意義である。もし今やはりまだ無常であるならば、ただ一乗によって三乗を破ることがあるだけで、常住によって無常を破ることがないので、病を治療することはまだ完全でなく、理を明らかに示すことも十分でない。

【訓読】 第四に義を用て難ずるを明かすとは、凡そ十義有り。

一には此の経は因果を明かすと雖も、妙の義は果に在り。因、未だ円極ならざれば、則ち猶お未だ妙ならず。若し仏果猶お是れ無常ならば、無常は則ち苦なり。既に無常・苦なれば、則ち無我・不浄なり。乃ち是れ麁法なり。何ぞ名づけて妙と為さん。

二には『経』に云わく、「一大事の因縁の為めの故に世に出現す」(1)と。何ぞ終始、無常不了の麁法を以て、以て物を化す容《べ》けんや。此れは則ち父子の恩情に乖き、諸仏の本意を傷つく。

三には前に一乗は昔の三乗に異なるを明かし、後に常住は昔の無常に異なるを明かす。一乗は昔の三乗に異なるを以ての故に、一乗を以て薬と為して三病を破することを得、常は昔の無常に異なるを以ての故に、亦た常住を以て薬と為して無常の病を破することを得れば、則ち是れ双治の義なり。若し今猶お是れ無常ならば、但だ一を以て三を破すること有るのみにして、常を以て無常を破すること有ること無ければ、則ち病を治すること未だ円かならず、理を顕わすこと足らず。

【注】 (1)『法華経』方便品、「諸仏世尊唯以一大事因縁、故出現於世」(大正九・七上)を参照。

【解説】 第四の方法は理論的な批判である。『法華経』が仏身の常住を説くという、十種の理論的な根拠を示している。本文が長いので、適当な長さに区切って解説する。

第一の根拠。『法華経』は因果を明かしているけれども、果こそ妙と呼ぶのに足るのであって、その果が無常であるならば、それは妙法ではなく、実に麁法となってしまうというものである。つまり、妙法である以上、常住の果(仏果)であるはずである。これは妙法の内実を確定することによって、その内実と矛盾する仏身無常説を批判する方法である。これは妙法の内実をどのように確定するかには、解釈者の恣意《しい》が入ることも十分ありうるが、経題の妙法を分析することには一応の妥当性が認められる。

第二の根拠。『法華経』には仏が一大事の因縁のためにこの世に出現したことが説かれており、仏が一生涯、最後まで仏身の無常という不完全な麁法だけを説くというのであれば、それは父子の関係にたとえられる仏と衆生との愛情あるべき関係に違反し、衆生を救済するという仏たちの本心を破ることになってしまうというものである。つまり、たとえて言えば、可愛い子に真実の大事なことを話さないで死んでしまうのは、親が無慈悲であるということである。『法華経』の後に『涅槃経』において仏身常住が説かれるという法雲にとっては、『法華経』において仏身常住が説かれなくとも一向に差し支えがないので、この批判はこれだけでは無効である。後に出る第九の根拠に見られるように、『法華経』が仏の最後の説法である場合があるということを合わせ見なければならない。

第三の根拠。『法華経』は一乗によって三乗の病を対治《たいじ》・治療し、仏身の常住によって無常の病を対治・治療するのであって、『法華経』の仏身が無常であるならば、無常の病を対治することが欠けてしまうというものである。『法華経』が二つの病を対治するという前提が証明されていないので、この批判は無効である。

【訳】　第四に、もし一乗は三乗と異なるけれども、一乗の果がやはりまだ無常であるならば、また昔の異なる三乗と同じである。最後まで三乗であるならば、一乗の教えはない。両方を治療するということはまったくないのである。

第五に、さらにまた、もし今の一乗が昔の三乗と異なるけれども、無常である点はやはり昔と同じならば、因は声聞と異なり、果は阿羅漢と同じである。すべて意味をなさないのである。

第六に、前の文には身子を請願の主とすることを明かすけれども、身子は小乗のなかの究極であり、〔三乗〕の異に執らわれる究極である。それゆえ一乗を説いて、小乗を改めて大乗に入らせ、〔三乗の〕異を捨てて〔一乗の〕同に帰着させるので、大乗には小乗を収め取るという意義があり、小乗には大乗を喜ぶという道理がある。それで初分の経は、機と教とが合致している。後分の経は弥勒を請願の主とする。弥勒は因位の究極であり、無常の究極である。もし仏果がやはりまだ無常であると説けば、果には因を収め取るという道理はなく、因には果を喜ぶという意義はない。かくて機と教とが互いに背くのである。

【訓読】四には若し一乗は三に異なれども、一乗の果は猶お是れ無常ならば、則ち還た昔の異に同じ。終《つい》に是れ三乗なれば、則ち一乗の教無し。都《すべ》て両治無きなり。

五には又た、若し今の一は昔の三に異なれども、無常は猶お昔に同じからば、則ち因は声聞に異なり(1)、果は羅漢に同じ。都て義に非ざるなり。

六には前の文に、身子を請主と為すを明かせども、身子は小乗の中の極《きわ》みにして異に執するの窮《きわ》みなり。故に一乗を説いて、小を改め大に入り、異を捨て同に帰せしむれば、則ち大に小を接するの義有り、小に大を欣ぶの理有り。則ち初分の経は機と教と符会《ふえ》す。後分の経は弥勒を請主と為す。弥勒は是れ因位の窮みにして無常の極みなり。若し仏果は猶お是れ無常なりと説かば、則ち果に因を接するの理無く、因に果を欣ぶの義無し。便ち機と教と相乖くなり。

【注】(1)底本の「因果果声聞」を続蔵本、重梓本によって「因異声聞」に改める。

【解説】第四の根拠。第三の根拠において、もし仏身が無常であるならば、一乗によって三乗の病を対治することだけがあって、常住によって無常の病を対治することはなくなると指摘したが、ここでは最終的に一乗によって三乗の病を対治することもなくなってしまうというものである。一乗は、因位にある菩薩を仏果に運ぶのであるから、その仏果が無常で不完全なものであるならば、乗も不完全なものとなるということを言ったものであろう。この主張自身は妥当な考えであるが、仏身無常説の批判には直接関係がない。むしろ、これは第三の根拠に含ませるのが妥当であり、十項に整理するという形式美の追求が反映しているのであろう。

第五の根拠。一乗を説くという点では昔と異なり、仏身の無常を説くという点では昔と同じであるならば、因は声聞と異なるが、果は阿羅漢と同じことになり、一貫性がないというものである。一乗とは菩薩が仏になる教えである。つまり、因は菩薩で声聞と異なるが、果は無常とされるから、仏果ではなく阿羅漢の果となってしまうと批判する。これは仏はすべて常住であるという前提に立つものである。ところが、八十歳の寿命の釈尊や七百阿僧祇の釈尊はいずれも無常の存在であることは事実であり、このように無常と規定される仏果の存在を認める以上、この批判も有効性を持ちえない。

第六の根拠。『法華経』の初分は身子＝舎利弗が方便品において仏に説法を懇請《こんせい》する。この舎利弗は小乗のなかで最高位の者であり、三乗が異なるということに執らわれる最大の人であるから、この舎利弗に対して一乗が説かれることは、舎利弗の機と一乗の教えとがまったく合致している。これに対して、『法華経』の後分は弥勒菩薩が従地涌出品において仏に説法を懇請する（具体的には地涌の菩薩についての質問）。この弥勒菩薩は一生補処の菩薩（次に生まれるときは成仏することのできる菩薩）と言われるのであるから、菩薩としての最高位である。換言すれば、本文にあるように因位の究極であり、無常の存在のなかでは最高位なのである。このような弥勒菩薩が質問をしているのであるから、答えとして説かれることが仏身の無常であっては、弥勒菩薩の機と仏身無常説の教えとが合致しないというものである。この根拠は『法華経』における質問者の資格と、それに対する答えの内容との相関関係に基づくもので、ある程度の妥当性を有するものと考えられる。

【訳】　第七に、天親は寿量品には三身を明かしていると解釈している。ブッダガヤで成仏するものを化身となし、久しい以前に成仏して寿命が無量であるものを報身となし、「ここで死んだり彼しこで生まれたりする生死がなく、真実でもなく虚偽でもなく同一でもなく別異でもないもの」を法身となす。三身を残らず明かす以上、どうして常住でないことがあろうか。

第八に、『涅槃経』菩薩品には「たとえば『法華経』において八千の声聞は記別を受けて大きな果実を完成することができたようなものである。あたかも秋に収穫を行ない、冬に貯蔵してそのほかに何もすることがないようなものである」とある。それゆえ『法華経』が十分に真理を示した究極的なものであることが分かる。どうして常住を明かさないであろうか。

第九に、二万の日月灯明仏は法華経を説いてからそのまま涅槃に入った。真理を十分に示した法を説いてから、その後涅槃に入ったことが分かるはずである。もしまだ真理を十分に示した法を説かないならば、そのまま涅槃に入ることはできないのである。

第十に、もし品に如来寿量と題目をつけることがそのまま無常であると言うならば、ここに四句がある。第一に無量であるものを無量であると説く。『涅槃経』に「ただ仏だけが、仏の寿命が無量であると見る」とあるようなものである。第二に有量であるものを有量であると説く。釈尊〔の寿命〕がちょうど八十年であるようなものである。第三に有量であるものを無量であると説く。無量寿仏のようなものである。第四に無量であるものを有量であると説く。『金光明経』、乃至、この『〔法華〕経』のようなものである。また『華厳経』に「如来の深遠な境界は、虚空とその量が同じである」とあるようなものである。

【訓読】　七には天親《てんじん》は、寿量品には三身を明かすと釈す(1)。伽耶《がや》に成仏するを化身と為し、久しく已に仏を得て寿命無量なるを報身と為し、「生死の若しは退、若しは出有ること無く、実に非ず、虚に非ず、如に非ず、異に非ざる」(2)を法身と為す。既に具さに三身を明かせば、豈に是れ常住に非ずや。

八には『涅槃経』の菩薩品に云わく、「『法花経』に八千の声聞、記別を受け大果実を成ずることを得るが如し。秋収め冬蔵し、更に作《な》す所無きが如し」(3)と。故に知る、『法花』は顕了究竟なり。豈に常を明かさざらんや。

九には二万の日月灯明仏は法花経を説き竟わって、便ち涅槃に入る。当に知るべし、了義の法を説き已竟《おわ》り、然る後に滅するのみ。若し未だ了義の法を説かずば、則ち便ち滅することを得ざるなり。

十には若し品に如来寿量と題するは便ち是れ無常なりと言わば、此《ここ》に四句有り。一には無量を無量と説く。『涅槃』に云うが如し、「唯だ仏のみ、仏の其の寿無量なりと観《み》る」(4)と。二には有量を有量と説く。釈迦は方に八十年なるが如し。三には有量を無量と説く。無量寿仏の如し。四には無量を有量と説く。『金光明経』(5)、乃至、此の経の如し。亦た『花厳』に云うが如し、「如来の深遠の境界は、其の量虚空《こくう》に斉《ひと》しきなり」(6)と。

【注】(1)『法華論』巻下、「八者示現成大菩提無上故。示現三種仏菩提故。一者示現応仏菩提。随所応見而為示現。如経皆謂如来出釈氏宮去伽耶城不遠、坐於道場、得成阿耨多羅三藐三菩提故。二者示現報仏菩提。十地行満足得常涅槃証故。如経善男子我実成仏已来無量無辺百千万億那由他劫故。三者示現法仏菩提。謂如来蔵性浄涅槃常恒清涼不変等義。如経如来如実知見三界之相次第、乃至不如三界見於三界故」(大正二六・九中)を参照。(2)一六〇頁注(2)参照。(3)『南本涅槃経』巻第九、菩薩品、「是経出世、如彼菓実、多所利益安楽一切、能令衆生見如来性。如法花中八千声聞得受記莂成大果実。如秋収冬蔵更無所作。一闡提輩亦復如是、於諸善法無所営作」(大正一二・六六一中)を参照。ちなみに、この文は『北本涅槃経』の場合は如来性品に属するので、本文に菩薩品とあることは、吉蔵が『南本涅槃経』を用いたことを証明す

るものである。（4）『南本涅槃経』巻第九、月喩品、「唯仏観仏其寿無量、喩如夏日」（同前・六五八上）を参照。（5）『合部金光明経』巻第一、寿量品、「釈尊寿命　不可計劫　億百千万仏寿如是　無量無辺」（大正一六・三六〇下）を参照。（6）『六十巻華厳経』巻第五、菩薩明難品、「如来深境界　其量斉虚空」（大正九・四二九下）を参照。

【解説】　第七の根拠。インドにおける現存する唯一の『法華経』の注釈書である天親『法華論』に、如来寿量品の文が三種の仏の菩提（応仏菩提・報仏菩提・法仏菩提）を明かしていることを権威ある解釈として、『法華経』が応身（化身）・報身・法身の三身を明かすことを述べ、そのなかの法身は当然常住の存在であるから、『法華経』には仏身の常住が説かれると主張している。吉蔵は『法華論』の権威を認め、『法華玄論』以来、しばしばこれを引用している。この根拠は他の権威を借りるものであるが、ある程度の有効性を持ちうると思われる。

第八の根拠。『涅槃経』自身が『法華経』における声聞授記に言及していることを取り挙げて、『法華経』を究極的な教えと結論づけ、したがって、仏身の常住を明かしているというものである。『涅槃経』における『法華経』への言及は、八千の声聞は記別を受けたが、一闡提は例外であることを言いたかったのであるから、吉蔵の解釈にはやや無理があるようである。

第九の根拠。日月灯明仏は法華経を説いて、そのまま涅槃に入ったのであるから、『法華経』が究極的な教えである。なぜならば、究極的な教えを説かないままで、仏が涅槃に入ることはありえないからであるというものである。これはある程度の有効性を持ちうると思う。

第十の根拠。如来寿量品という品名が仏の寿命の有限性を意味すると誤解される危険性を除くために、実際の仏寿の有量・無量と、それの表現との関係を四句に整理している。すなわち、無量を無量と説く・有量を有量と説く・有量を無量と説く・無量を有量と説く、という四つの場合である。『法華経』は第四の立場であり、表現は有量のようであるが、真実には無量であるというものである。これは、経の表現とその意味するものとの関係は多様であることを指摘したもので、この指摘そのものは説得力を持っていると思われる。『法華経』に関しても、品名からすぐに有限の寿命であると短絡させる解釈を批判する力を持っていると考えられる。ただし、『法華経』が逆に無限の寿命を説いているかどうかは、内容によって判断されるべきであるから、仏身無常説そのものを批判する根拠としては不十分であろう。

以上、やや厳しく吉蔵の第四の理論的批判を検討してきたが、あまり説得力を持っているとは言えない面が目立ったようである。しかし、だからと言って、仏身無常説に根拠があると言うのではない。

### ㈣　第二説（覆相の仏身常住説）の批判

【訳】　次に第二説を破る。この経が不十分に常住を明らかにするということは、これもまたそうではない。つまり上で述べた十の意義によって常住を明かしていることは明瞭である。根拠もなく不十分に常住を明らかにしているといってはならない。さらにまた、この経は二つの方便の門を開いて、二つの真実の意義を示す。二つの方便の門を開くとは、乗の方便と身の方便とを意味するのである。二つの真実の意義を示すとは、乗の真実と身の真実とを意味するのである。乗の方便は三因三果を意味し、乗の真実は一因一果を意味する。身の方便は生滅無常の身を意味し、身の真実は生滅のない常住の身を意味する。もし、やはりまだ不十分であるならば、方便の門はまだ開かれず、真実の様相はまだ示されていないことになる。

【訓読】　次に、第二説を破す。此の経は是れ覆相して常を明かすと謂わば、是れも亦た然らず。即ち上の十義もて常を明かすこと顕了なり。応に妄《みだ》りに謂いて以て覆相して常を明かすと為すべからず。又た此の経は二の方便の門を開き、二の真実の義を顕わす。二の方便の門を開くとは、乗の方便と身の方便を謂うなり。二の真実の義を顕わすとは、乗の真実と身の真実を謂うなり。乗の方便とは、三因三果を謂い、乗の真実とは、一因一果を謂う。身の方便とは、生滅無常の身を謂い、身の真実とは、無生滅常住の身を謂う。若し猶お是れ覆相ならば、則ち是れ方便の門未だ開かず、真実の相未だ顕われず。

【解説】 第一説に対する批判（本文では第四の十種の理論的批判の方法を挙げている）によって、『法華経』は顕了に仏身の常住を説くことが判明したのであるから、覆相して常住を説くという第二説も当然批判されるべきであり、内容的にはすでに批判が終わっているのである。

乗の方便を開き、乗の真実を示すことは『法華経』の初分に説かれ、身の方便を開き、身の真実を示すことは『法華経』の後分に説かれるとするのが吉蔵の考えで、これについてはすでに解説した。ここでは身の真実とは、生滅を越えた常住の仏身を意味するとし、『法華経』が仏身の常住を説くことを当然視している。

【訳】 質問。もしこの経がはっきりと常住を明らかにしているならば、どうして『涅槃経』にあらためて説く必要があるのか。

解答。多くの経に義を明らかにするのに、それぞれ根本中心がある。『法華経』は敷衍して一乗を明かし、かいつまんで常住の義を明らかにする。『涅槃経』は敷衍して常住を明らかにし、かいつまんで一乗を明らかにする。そうである理由は、『法華経』は道理が唯一であることを明かす以上、唯一の仏性のあることが分かる。寿命が無尽であることを明かす以上、常住であることが分かる。敷衍して明らかにする必要がない。ただし宗教的能力の劣る人は『法華経』の一乗を聞いても悟らないので、敷衍して仏性を明らかにして、一乗をしっかりと解釈し、敷衍して常住の義を明らかにして、寿命の長遠をしっかりと解釈して、はじめて悟ることができる。

質問。なぜ『涅槃経』は宗教的能力の劣る人のために説かれたと分かるのか。

解答。この経は二種の子供のいることを明かしている。第一には心を失っていない〔子供〕。第二には本心を失っている〔子供〕。『華厳経』から『法華経』までは心を失っていない子供のために説き、いずれもみなこれを悟ることができるので、『涅槃経』を説く必要がない。心を失っている子供は毒気《どっけ》が深く〔体内に〕入り本心を失っているから、『法華経』を聞いても悟らず、涅槃に入ることを宣言し、常住を説いて、はじめて理解することができる。

【訓読】問う。若し此の経、已《すで》に顕了に常を明かさば、何ぞ『涅槃』に更に説くを用いんや。

答う。衆経、義を明かすこと各、大宗有り。『法花』は広く一乗を明かし、略して常の義を辨ず。『涅槃』は広く常住を明かし、略して一乗を辨ず。然る所以は、『法花』に既に道理は唯一なりと明かせば、則ち唯一の仏性なるを知る。既に寿命無尽と明かせば、即ち是れ常なるを知る。広く辨ずるを須《もち》(1)いず。但だ鈍根の人は、『法花』の一乗を聞くも悟らざれば、広く仏性を明かして一乗を釈成《しゃくじょう》し、広く常の義を明かして寿命の長遠なるを釈成して、方に了悟することを得。

問う。何が故に以て『涅槃』は鈍根の人の為めに説くと知るや。

答う。此の経に二子有りと明かす。一には心を失わず。二には本心を失う(2)。『花厳』従り『法花』に至るまでは、心を失わざる子の為めに説き、並びに皆な之れを悟ることを得れば、『涅槃』を説くことを須いず。心を失う子は、毒気深く入りて本心を失うが故(3)に、『法花』を聞くも悟らず、滅を唱え常を説いて、方に解了《げりょう》することを得。


【注】(1)底本の「不復」を甲本によって「不須」に改める。(2)『法華経』如来寿量品、「諸子飲毒、或失本心、或不失者」(大正九・四三上)を参照。(3)『法華経』如来寿量品、「毒気深入、失本心故」(同前)を参照。

【解説】『法華経』が『涅槃経』と同様に顕了に仏身の常住を説くとすると、ここに新しい問題が生じる。それは『涅槃経』の存在意義についてである。『涅槃経』の最大の特色である仏身常住説がすでに『法華経』において説かれたとすると、なぜあらためて『涅槃経』が説かれねばならなかったのか。この問題に対して、吉蔵は三種の理由を挙げて答えている。ここの本文はその第一で、『涅槃経』は鈍根の者のためであるというものである。

本文では、まず、経典にはそれぞれ異なる中心教説があることを述べた上で、『法華経』は詳しく一乗を説き、簡略に常住を説くのに対し、『涅槃経』は詳しく常住を説き、簡略に一乗を説く、という二経の特徴を指摘している。さらに、『法華経』の道理唯一（一乗の思想を指す）は唯一仏性を意味し、寿命無尽（復倍上数を指す）は仏身常住を意味するから、『涅槃経』において詳しく説く必要がないのであるが、鈍根の者は仏性と仏身常住を説く『涅槃経』をあらためて聞いてはじめて理解することができるのである。つまり、『涅槃経』は『法華経』を聞いても理解できない鈍根の者のための教えであることを明かしているのである。

次に、本文では第一の鈍根のための経という意義づけの根拠について質問が設定される。それに対し、『法華経』の如来寿量品の良医の譬喩に出る、毒を飲んだ子供たちのなかに、本心を失った子と、まだ失っていない子という二種類の子の区別を紹介し、『華厳経』から『法華経』までは本心を失っていない子のために説かれた経であり、『涅槃経』は本心を失った子のために説かれた経であることを示している。

【訳】　第二に、『法華経』を説いて悟ってから、『涅槃経』を説くのを聞いて、そのままま

た理解を増進させる者がいる。

第三に、また『法華経』を聞かず、直ちに『涅槃経』を聞いて悟ることのできる衆生がいる。相伝には「『宝性論』には、『「大品般若経」などは利根の菩薩のために説き、「法華経」は中根の人のために説き、「涅槃経」は下根の人のために説く』とある」という。

さらにまた、同じく般若であるけれども、『般若経』に無量の部があるように、同じく常住を明らかにするけれども、常住を明らかにするのに、どうしてまた多部のあることを妨げようか。たとえば七巻の『金光明経』には敷衍して常住を説いているようであるが、再び『涅槃経』を説かないことがありえようか。

【訓読】　二には自ら『法花』を説くに已に悟り、『涅槃』を説くを聞いて、便ち復た解を進む。三には復た衆生の、『法花』を聞かず、直ちに『涅槃』を聞いて悟りを得る者有り。相伝に云わく、「『宝性論』に云わく、『「大品」等は利根の菩薩の為めに説き、「法華」は中根の人の為めに説き、「涅槃」は下根の人の為めに説く』と」(1)と。

又た、同じく是れ波若なりと雖も、『波若』に無量の部有るが如く、同じく常を明かすと雖

も、常を明かすに何ぞ亦た多部有ることを妨げんや。七巻の『金光明』に已に広く常住を明かす(2)が如きも、復た『涅槃』を説かざることを得可けんや。

【注】(1)出典未詳。『宝性論』にもこのような文はない。(2)『合部金光明経』巻第一、寿量品、「如来寿命無量」(大正一六・三六〇下)を参照。

【解説】『涅槃経』の存在意義について、『法華経』を聞いても理解できない鈍根の者のために説かれる経であるという第一の意義が明かされたが、ここでは、第二、第三の意義が示されている。第二の意義は、『法華経』を聞いて悟り、さらに『涅槃経』を聞いて悟りを深める者のためであるということであり、第三の意義は、『法華経』を聞かず、直接『涅槃経』を聞いて悟る者のためであるということである。

### (五) 第三説(顕了の仏身常住説)の批判

【訳】次に、第三にこの経はもう常住を明らかにしていると明かすことを破る。この言葉には当然非難すべきことはない。しかし、今、正しい道から眺めると、やはりまだ究極的ではない。もし常住に執らわれれば、生死が断滅すると考える。これはかえって断見と常見との二見であり、中道に背く。それゆえ『中論』成壊品には「もし受ける法があれば、断常の二見に堕ちる。受ける法とはあるいは常住であり、あるいは無常であることが分かるはずである」とある。それゆえ有所得の執著はみな断常の二見に堕ちることが分かる。断常の二見に堕ちる以上、仏ではないし、また妙とも名づけない。外道の人が「受ける法があれば、断常の二見には堕ちない。因果が継続するので、断でもなく、また常でもない」と質問する。龍樹が「涅槃は〔生死の〕継続を消滅させるので、これは断滅である」と答える。これは大涅槃を獲得すれば、生死の継続を消滅させるので断滅であり、大涅槃の常住なるものを獲得すれば、そのまま常住であることを明かしている。『〔勝鬘〕経』にもまた「生死が無常であることを見るのを断見と名づけ、涅槃が常住であることを見るのを常見と名づける」とある。それゆえ断常に執らわれれば、〔断常の〕二見に堕ち、仏でもないし、妙でもないことが分かる。

【訓読】 次に、第三に此の経に已に常住を辨ずと明かすを破す。此の語は応に簡《けん》(1)然《ねん》すること無かるべし。但だ今、正道を以て之に望むに、猶お未だ究竟ならず。若し常住に執せば、則ち生死は断滅すと計す。此れは乃ち是れ断常の二見にして、中道を乖傷《かいしょう》す。故に『中論』成壊品に云わく、「若し受くる所の法有らば、則ち断常に堕す。当に知るべし、受くる所の法は、若しは常、若しは無常なり」(2)と。故に知る、有所得の取著は皆な断常の二見に堕す。既に断常に堕すれば、則ち是れ仏に非ず、亦た名づけて妙と為さず。外人問うて云わく、「受くる所の法有らば、断常に堕せず。因果相続するが故に不断にして、亦た不常なり」(3)と。龍樹答えて云わく、「涅槃は相続を滅すれば、是れ則ち断滅と為す」(4)と。此れは大涅槃を得れば、生死の相続を滅するが故に是れ断滅にして、大涅槃の常住を得れば、則ち便ち是れ常住なりと明かす。『経』に亦た云わく、「生死無常を見るを名づけて断見と為し、涅槃常を見るを名づけて常見と為す」(5)と。故に知る、断常に執すれば、則ち二見に堕し、仏に非ず、妙に非ず。

【注】(1)「箇」は「間」に通じるものとして解釈する。(2)『中論』巻第三、成壊品、「若有所受法　即堕於断常　当知所受法　為常為無常」(大正三〇・二八下)を参照。(3)『中論』巻第三、成壊品、「問曰、所有受法者　不堕於断常　因果相続故　不断亦不常」(同前)を参照。(4)『中論』巻第三、成壊品、「答曰、法住於自性　不応有有無　涅槃滅相続　則堕於断滅」(同前)を参照。(5)『勝鬘経』顚倒真実章、「見諸行無常、是断見非正見、見涅槃常、是常見非正見」(大正一二・二二二上)を参照。

【解説】『法華経』が仏身の常住を明かしているとする第三説に対しては、一応正しいが、まだ究極的な立場ではないと批判している。仏身の常住に執著すれば、他方で生死が断滅するという断見に陥ることになる。これは、仏身(後出の表現では涅槃)と生死を対照させて、前者が常住、後者が無常と固定的に見ることであり、それぞれ常見、断見となる。この断常の二見は中道を傷つけることになって、誤った考えである。

本文では、『中論』の引用によって議論を展開しているが、その趣旨は次のようなものである。まず、実体として受ける法があれば、それは常か無常であるから、常見か断見に陥る、という龍樹の主張命題が設定される。これに対して、因と果とが次々に生滅しながら継続していくので、生滅するという点では常見に陥らず、継続するという点では断見に陥らない、と外道が反論する。これに対して、龍樹は、涅槃においては生死の継続がなくなるので断見である、と批判している。吉蔵は、この龍樹の答えの趣旨を、大涅槃を獲得する場合、生死の継続がなくなる側面を取り挙げれば断見であり、涅槃の常住を獲得する側面を取り挙げれば常見であると整理している。そして、『勝鬘経』によって、無常の生死と常住の涅槃を固定した対立項と見る立場を、それぞれ断見、常見と規定して、このような二見は仏でもなく、妙でもないと結論づけている。

このように、無常説を厳しく批判して、『法華経』の仏身常住説を立証しようとした吉蔵が、常住に執著することをも厳しく批判するところに、何ものにも執著しない無所得を根本とする吉蔵の真骨頂がある。

## ㈥ 用妙と体妙

【訳】 質問。もし三種によって仏を解釈することがいずれも成立しなければ、今どのように仏を明らかにすれば妙であるのか。

解答。龍樹の『中論』観如来品にしたがうと、盛んに法身について語り、十二種の見を破っている。初めに空有の四句は仏でないことを明らかにしている。ある場合は「仏は世諦有である」と言い、ある場合は「仏は真諦空である」と言い、ある場合は「仏は空有の二諦のどちらにも収められる」と言い、ある場合は「仏は空でもなく有でもなく、二諦の外に越え出ている」と言う。このような四つの見解はどれも法身〔について述べているの〕ではない。空有の四句が法身〔について述べてい〕ない以上、常無常の四句や辺無辺の四句もその意義は同様である。

外道の人が「もし十二種の考えがあっていずれも仏〔について述べてい〕ないならば、当然仏はないはずではないか」と質問する。論主が「邪見が深く厚ければ、如来はないと説く」と答える。それゆえ仏がないわけではないことが分かる。外道の人がさらにまた「仏がもし無でなければ、そのまま当然有であるはずであろう」と質問する。論主は「如来は静かに滅した様相である。有であると分別することもまた仏〔について述べているの〕ではないのである」と答える。外道の人はさらにまた「もし仏が有でもなく無でもなければ、どのように心を動かして仏身を観察するのか」と質問する。論主は「このような本性として空であることのなかでは、思惟することも実体あるものとしては把握できない」と答える。それゆえ少しでも心を寄せようとすれば、仏に背くことが分かる。もしそうであれば、どうして常住の見をもって仏となすことができようか。

【訓読】 問う。若し三種もて仏を釈するに倶に成ぜずんば、今、云何んが仏を辨ずるに、而も是れ妙なるや。

答う。龍樹の『中論』観如来品に就《つ》くに、盛んに法身を談じて十二種の見を破す(1)。初めに空有の四句は仏に非ずと明かす。或は仏は是れ世諦の有なりと言い、或は仏は是れ真諦の空なりと言い、或は仏は具《つぶ》(2)さに空有の二諦の所摂なりと言い、或は仏は非空非有にして二諦の外に出《い》ずと言う。此くの如きの四見は皆な法身に非ず。空有の四句は既に法身に非ざれば、常・無常の四句、辺・無辺の四句、義亦た是くの如し(3)。

外人問うて云わく、「若し十二種の計有りて、倶(4)に仏に非ずんば、応に仏無かるべきや」(5)と。論主答えて云わく、「邪見深厚なれば、則ち如来無しと説く」(6)と。故に知る、是れ仏無きには非ず。外人又た問わく、「仏若し無に非ずば、便ち応に是れ有なるべし」(7)と。論主答えて云わく、「如来は寂滅の相なり。有と分別するも亦た仏に非ざるなり」(8)と。外人又た問わく、「若し仏は非有非無ならば、云何んが心を運《めぐ》らして仏身を観ずるや」(9)と。論主答えて云わく、「是くの如き性空の中には、思惟も亦た不可得《ふかとく》なり」(10)と。故に知る、微《かす》かにも心を寄せんと欲すれば、則ち仏を乖傷す。若し然らば、豈に常住の見を用て、用て仏と為す可けんや。

【注】(1)『中論』巻第四、観如来品、「空則不可説　非空不可説　共不共叵説　但以仮名説」(大正三〇・三〇中)を参照。青目の注、「諸法空、則不応説。諸法不空、亦不応説。諸法空不空、亦不応説。非空非不空、亦不応説」(同前)を参照。(2)底本の「具有」を甲本によって「具」に改める。(3)『中論』巻第四、観如来品、「寂滅相中無　常無常等四　寂滅相中無　辺無辺等四」(大正三〇・三〇中―下)を参照。(4)底本の「但」を底本の注記の考偽によって「倶」に改める。(5)『中論』巻第四、観如来品、「問曰、若如是破如来者、則無如来耶」(大正三〇・三〇下)を参照。(6)『中論』巻第四、観如来品、「邪見深厚者　則説無如来」(同前)を参照。(7)この文は『中論』に出ないが、これに対する答えと考えられる文はある。次注を参照。(8)『中論』巻第四、観如来品、「如来寂滅相　分別有亦非」(大正三〇・三〇下)を参照。(9)この文は『中論』に出ない。(10)『中論』巻第四、観如来品、「如是性空中　思惟亦不可　如来滅度後　分別於有無」(大正三〇・三〇下)を参照。

【解説】これまで、『法華経』の説く仏身が常住であるか無常であるかの問題をめぐって、三種の説を取り挙げ、これを一々批判してきた。いずれの説も吉蔵によって厳しく批判されたので、では、仏身の正しい理解とは何なのかという新しい問題が生じてきた。この問題に対して、吉蔵は『中論』観如来品の記述によりながら、如来は空有の四句（空・不空・亦空亦不空・非空非不空）、常無常の四句（常・無常・亦常亦無常・非常非無常）、辺無辺の四句（辺・無辺・亦辺亦無辺・非辺非無辺）の都合十二句によっては捉えられない存在であることを主張している。当然、常住の見によって仏身を捉えることも否定されるのである。

【訳】　質問。思うに、『中論』の否定の言葉は、邪を対治する方法であるだけである。まだ『法華経』が仏を明らかにすることが分からない。その様相はどのようなものか。

解答。『中論』には「如来は静かに滅した様相である。有であると分別することもまた仏ではないのである」とある。『法華経』には「諸法は静かに滅した様相であり、言葉で述べることはできない」とある。論主はやはり『法華経』の「静かに滅した様相」を引用して、法身を明らかにしている。『〔中〕論』は法身が四句を越え出ていることを明らかにしている以上、この経がどうして百非を絶しないことがあろうか。それゆえ寿量品には、法身が十の否定をすべて備えることをかいつまんで明らかにしている。つまり、「ここで死んだり彼しこで生まれたりする生死がなく、また世にある者も涅槃に入る者もなく、真実でもなく虚偽でもなく同一でもなく別異でもない」とある。能乗（乗る主体）の仏が常住でもなく無常でもない以上、所乗（乗られる対象）の法もまた三でもなく一でもない。ただ昔の三に対するために、強いて一と讃えるだけである。昔、仏が無常であると言ったのに対するために、かりに常住であると説くだけである。

一を説き常住を説くのを用妙と名づける。常住でもなく無常でもなく、三でもなく一でもなく、言葉で捉えるべき様相が静かに滅しているのを体妙と呼ぶ。

【訓読】 問う。蓋し是れ『中論』の遣蕩《けんとう》の言は邪に対するの術なるのみ。未だ『法花』に仏を明かすことを知らず。其の相云何ん。

答う。『中論』に云わく、「如来は寂滅の相なり。有と分別するも亦た仏に非ず」（1）と。『法花』に云わく、「諸法は寂滅の相にして、言を以て宣ぶ可からず」（2）と。論主は猶お『法華』の寂滅の相を引いて法身を明かすがごとし。『論』に既に法身は四句を出ずるを辨ずれば、此の経豈に百非を絶せざること有らんや。故に寿量品に略して法身は十不（3）を具足するを明かす。謂（4）わく、「生死の若しは退、若しは出有ること無し。亦た在世、及び滅度する者無し。実に非ず、虚に非ず、如に非ず、異に非ず」（5）と。然して能乗の仏は既に非常非無常なれば、所乗の法も亦た非三非一(6)なり。但だ昔の三に対せんが為めの故に、強いて歎じて一と為すのみ。昔、仏は無常なりと謂うに対せんが為めの故に、仮りに常と説くのみ。一を説き常を説くを名づけて用妙と為す。常に非ず無常に非ず、三ならず一ならず、言辞の相の寂滅するを称して体妙と為す。

【注】(1)二九七頁注(8)参照。(2)二二〇頁注(2)参照。(3)次の引用文にあるように、生・死・退・出・在世・滅度者・実・虚・如・異の十項を否定すること。(4)底本の「謂」の下の「不如三界見於三界」を甲本によって削る。(5)一六〇頁注(2)参照。(6)底本の「非常非無常所乗之法亦」を甲本によって削る。

【解説】これまで述べてきたように、吉蔵の立場は常住と無常という相対的次元を越えたところに置かれているのであり、この点を体妙・用妙という概念を用いて説明している。すなわち、常住でもなく無常でもなく、一乗でもなく三乗でもない、あらゆる言葉による規定を越えたものが体妙と規定され、その究極的立場を踏まえながら、言葉による表現を認める相対的次元に降り立って、無常に対して常住を明かし、三乗に対して一乗を明かすことを用妙と規定している。

## (七)　五種の妙

【訳】　質問。仏乗を妙とする以上、一代の教化は始めから終わりまですべて仏を明らかにしている。またいずれも妙でありうるか。

解答。一代の教化の始めから終わりまでに焦点を絞《しぼ》って、五種〔の妙〕によってこれを論じる。第一に根本妙、第二に枝末妙、第三に摂末帰本妙、第四に絶待《ぜつだい》妙、第五に無麁《むそ》妙である。

根本妙とは、『華厳経』の会座《えざ》において一乗の因果、究極的な法身を明らかにすることを意味する。それゆえ、かの〔経〕文に「衆生に歓喜の善を生じさせようとするので、王宮での誕生を示し、衆生に〔仏を〕恋い慕う善を生じさせようとするので、沙羅双樹の林での入滅を示す。如来は本当は世に出現もしないし、涅槃にも入らない。なぜであるか。法身は常住で、法界と同じであるからである」とある。

第二に枝末妙である。一仏乗について区別して三乗を説く。三のなかの二を麁と名づけ、仏乗を優れたものとなすので妙と呼ぶ。それゆえこの経に「ただこの一つの事がらだけが真実で、残りの二つは真実ではない」とある。

第三に摂末帰本妙とは、とりもなおさずこの経のなかで明らかにする仏乗は究極的で完全であるから妙と呼ぶ。

【訓読】問う。既に仏乗を以て妙と為せば、一化の始終、皆な仏を辨ず。亦た並びに是れ妙なることを得るや。

答う。一化の始終に約して、五種もて之れを論ず。一には根本妙、二には枝末妙、三には摂末帰本妙、四には絶待妙、五には無麁妙なり。

根本妙とは、謂わく、『花厳』の会《え》に一乗の因果、究竟の法身を明かす。故に彼の文に云わく、「衆生をして歓喜の善を生ぜしめんと欲するが故に、王宮の生を現じ、衆生をして恋慕《れんぼ》の善を生ぜしめんと欲するが故に、双林の滅を示す。如来は実には出世せず、亦た涅槃せず。何を以ての故に。法身は常住にして法界に同ずるが故に」(1)と。

二に枝末妙なり。一仏乗に於て分別して三を説く(2)。三の中の二を、之れを目づけて麁と為し、仏乗を勝と為すが故に、称して妙と為す。故に此の経に云わく、「唯だ一事のみ実にして、余の二は則ち実に非ず」(3)と。

三に摂末帰本妙とは、即ち此の経の中に辨ずる所の仏乗は究竟にして円満なるが故に、称して妙と為す。

【注】(1)出典未詳であるが、部分的に該当する箇所としては、『華厳経』巻第十四、兜率天宮菩薩雲集讃仏品、「如来不出世　亦無有涅槃」(大正九・四八五下)を参照。(2)八三頁注

(4)参照。(3)二三九頁注(4)参照。

【解説】仏乗を妙とする以上、釈尊の一代の教化はすべて仏を明らかにするものであるから妙と呼ぶことができ、そこに根本妙・枝末妙・摂末帰本妙・絶待妙・無麁妙の五妙が含まれることが明かされている。前の三種の妙は、その表現からすぐ気づくように、三種法輪を下敷にしたものである。三種法輪は第一章の来意門において解説したが、根本法輪は『華厳経』を指すので、根本妙は『華厳経』に説かれる仏乗(本文では「一乗の因果、究竟の法身」とある)を意味する。枝末法輪は、一仏乗から展開した三乗を意味するのであるが、そのなかの声聞乗・縁覚乗は麁と規定されるので、三乗のなかの仏乗が枝末妙と言われる。摂末帰本法輪は『法華経』の一仏乗を指すのであるから、これを摂末帰本妙と呼ぶのである。

【訳】第四に絶待妙とは、これまで述べてきた三種の妙はいずれも麁に対して妙を明らかにしたもので、まだ優れた妙ではない。けれども、第四の妙は麁でもなく妙でもなく、何と名づけたらよいか分からないので、強いて妙と讃える。それゆえ絶待妙である。

質問。どこにこの絶待妙の文があるか。

解答。『涅槃経』には「苦に対して楽を説くと、楽がまた苦となる。苦でもなく楽でもないのを、はじめて大楽と名づける」とある。さらにまた「小涅槃に基づかないのを大涅槃と名づける」とある。それゆえ『大智度論』には「十八空を相待空《そうだい》となし、独空は相待空ではない」とある。待と不待の二つの空がある以上、どうして待と不待の二つの妙がないであろうか。さらにまた、羅什の弟子である道場寺慧観が『法華経』の序を著述して「これを妙と呼ぶけれども、その本質は精麁の対立を越えている。〔蓮華の〕花に寄せてすばらしいさまを述べるけれども、道は形あるものの外に越え出て奥深い。偈頌に『この法は示すことができず、言葉で捉えるべき様相が静かに滅している』とある。二乗はそれゆえ思慮することを止め、補処〔の弥勒〕はそれゆえ望みを断つ」と言っている。〔慧観が〕序を作って羅什に示すと、羅什は「善男子よ。深く経蔵に入らなければ、このような説をなすことはできないのである」と讃えた。さらにまた『注法華経』には「三でもなく一でもなく、様相がなくなっているのを妙となし、大でもなく小でもなく、衆生に通じているのを法となす」とある。それゆえ絶待によって妙を解釈することが関河の伝統説であることが分かる。

第五に無麁妙とは、とりもなおさず浄土の法門である。それゆえ香積《こうしやく》菩薩は「私の国土には声聞や辟支仏という名称はない」と言っている。とりもなおさず麁がないのである。

「ただ清浄な大菩薩の集団があるだけである」とは妙があることを意味するのである。『大智度論』に「七つの宝石からなる世界にはもっぱら菩薩だけがいる」とあるのもまたそのことである。

この五種の妙はとりもなおさず順序をなしている。さらにまた、十方三世の仏たちの浄土・穢土の二土すべての教門を収めている。

【訓読】 四に絶待妙とは、上来の三種の妙は是れ皆な麁に対して妙を明かし、未だ是れ好妙ならず。然るに第四の妙は麁に非ず妙に非ず、何を以て之れに目づくるやを知らざれば、強いて歎じて妙と為す。故に是れ絶待妙なり。

問う。何処に此の絶待妙の文有るや。

答う。『涅槃』に云わく、「苦に対して楽と説けば、楽は還《ま》た苦を成ず。非苦非楽を、方《まさ》に大楽と名づく」(1)と。又た云わく、「小涅槃に因らざるを、大涅槃と名づく」(2)と。故に『智度論』に云わく、「十八空を相待空と為し、独空は相待空に非ず」(3)と。既に待と不待との二空有れば、寧んぞ待と不待との両妙無からんや。又た羅什の学士、道場の恵観は『法花』の序を著わして云わく、「之れを称して妙と為せども、体は精麁を絶す。花に寄せて微を宣ぶるも、道は像の表に玄なり。頌に曰わく、『是の法は示す可からず、言辞の相寂滅す』と。二乗は所以に慮を息め、補処は所以に望(4)を絶つ」(5)と。序を作り竟わりて羅什に示すに、羅什歎じて曰わく、「善男子よ、深く経蔵に入らざる自りは、是くの如き説を作すこと能わず」(6)と。又た『注法花経』に云わく、「非三非一にして相を尽くすを妙と為し、非大非小にして物を通ずるを法と為す」(7)と。故に知る、絶待もて妙を釈するは、関河の旧宗なり。

五に無麁妙とは、即ち浄土の法門なり。故に香積菩薩云わく、「我が土には声聞・辟支仏の名有ること無し」(8)と。即ち無麁なり。「唯だ清浄なる大菩薩衆のみ有り」(9)と。謂わく、妙有るなり。『智度論』に云わく、「七珍の世界には純ら諸菩薩のみ」(10)と。亦た是れ其の事なり。

此の五種の妙は、即ち是れ次第なり。又た十方三世の諸仏の浄穢二土の一切の教門を摂す。

【注】(1)『南本涅槃経』巻第二十一、光明遍照高貴徳王菩薩品、「若有苦者、不名大楽。以断楽故、則無有苦。無苦無楽、乃名大楽。涅槃之性無苦無楽。是故涅槃名為大楽」(大正一二・七四七上)を参照。(2)『南本涅槃経』巻第二十一、光明遍照高貴徳王菩薩品、「是大涅槃亦復如是。無有因縁、強為立名。善男子。譬如虚空不因小空名為大也。涅槃亦爾。不因小相、名大涅槃」(同前・七四七中)を参照。(3)『大智度論』巻第七十、「十八空皆因縁相待如内空。因内法故名内空。若無内法、則無内空。十八空皆爾。是独空。無因無待、故名独空」(大正二五・五五一上)を参照。(4)底本の「崖」は、原本の注記の考偽に「望」とある。『法華玄論』所引(大正三四・三七二上)にも「望」とある。次注に引く『法華宗要序』の本文では「塵」とある。「絶崖」はけわしい崖の意。「絶塵」は『荘子』に出る言葉であり、仏教では世俗＝俗塵を離れ越えるの意。いずれもここでは意味を取りにくい。補処の菩薩、弥勒であっても理解で

きないということが本文の文脈であるので、ここでは一応「望」に改める。さらに検討を要する。（5）慧観『法華宗要序』（『出三蔵記集』巻第八所収）、「雖寄華宣微、而道玄像表。称之曰妙、而体絶精麁。頌曰、是法不可示、言辞相寂滅。二乗所以息慮、補処所以絶塵」（大正五五・五七上）を参照。（6）『梁高僧伝』巻第七、慧観伝、「迺著法華宗要序以簡什。什曰、善男子。所論甚快」（大正五〇・三六八中）を参照。（7）劉虬『注法華経』は現存しない。これと同文は、『法華義疏』巻第三（大正三四・四九四下）に出るが、これは『法華経』方便品、「仏告舎利弗、如是妙法、諸仏如来時乃説之」（大正九・七上）に対する注である。（8）『維摩経』巻下、香積仏品、「彼土無有声聞辟支仏名」（大正一四・五五二上）を参照。ただし、『維摩経』では「香積菩薩」ではなく、「香積仏」である。（9）『維摩経』巻下、香積仏品、「唯有清浄大菩薩衆」（同前）を参照。（10）『大智度論』巻第十、「彼間菩薩、七宝世界種種宝樹、心念飲食、応意即得」（大正二五・一三〇上）を参照。

【解説】　ここは五妙のなかの第四絶待妙と第五無麁妙についてである。前の三つの妙は三種法輪それぞれにおける仏乗を妙と呼んだものである。したがって、これらの妙は声聞乗や縁覚乗の麁と比較相対して妙と規定されたものであるから、相待妙と呼ばれる。これに対して、麁妙の相対を絶したものを強いて妙と呼んだものが絶待妙なのである。吉蔵においては、相待・絶待の論理とでも呼ぶべきものが明らかに確立しており、それが彼の思惟の大きな特色でもある。

この相待妙・絶待妙は『法華玄論』巻第二にも、「問う。妙に幾種有るや。答う。略して二義を明かす。一には相待妙、二には絶待妙なり。相待妙とは、麁に待《たい》して妙を説く。絶待妙とは、麁に非ず妙に非ず、何を以て之れに字《な》づくるかを知らざるが故に、強いて名づけて妙と為す」(大正三四・三七一下)とある。さらに、この二妙を説く理由について次のように示している(引用は省略して趣旨のみを記す)。仏が麁に相対して妙を説くと、言葉に執著する迷える衆生は、もし道が麁でないならば、当然妙であるはずだと思い込んでしまう。しかし、このように理解された妙、すなわち、相待妙は麁を絶しているが、妙を絶していないから、真の妙とはいえない。これに対して、非麁非妙であり、麁妙をともに絶している絶待妙が真の妙なのである。以上が理由である。

ところで、この二妙は智顗の『法華玄義』巻第二上にも「二に妙を明かすとは、一に通釈し、二に別釈す。通を又た二と為す。一には相待、二には絶待なり」(大正三三・六九六中)と出る。これまで日本では『法華玄義』が多く読まれてきたので、吉蔵の相待妙・絶待妙よりも智顗のそれがむしろ有名である。そこで、両者のどちらが早くこの二妙を唱えたのかという問題が生じる。慧均《えきん》(生没年未詳)の紹介する興皇寺法朗(吉蔵の師)の説に「絶待中」とあることが報告されており、吉蔵自身も「絶待中」「絶待正」「絶待楽」「絶待大」など、さまざまな概念に応用していることを考えると、少なくとも吉蔵が智顗の説から直接学んだとは言えないのではないかと考える。かといって、『法華玄義』の二妙が智顗の弟子の灌頂が吉蔵から取り入れたと短絡することもできない。ちなみに、『摩訶止観』に相待止観・絶待止観が説かれ、『維摩経文疏』に相待不思議・絶待不思議が説かれている。ともあれ、僧宗《そうしゅう》(四三八—四九六)の『涅槃経』の注にすでに「相待」「絶待」があり、浄影寺慧遠《じょうようじえおん》(五二三—五九二)にも「絶待」とある事実を考え合わせると、この二妙の名称そのものの独創性をそれほど重視する必要がないのではないかとも考えられる。

本文に話を戻すと、絶待妙の思想的根拠として、吉蔵は『涅槃経』『大智度論』『法華宗要序』『注法華経』を挙げている。『涅槃経』の趣旨は苦楽という相対概念を越えた次元を大楽と呼ぶということで、この大楽が「絶待楽」に相当することになる。『大智度論』の趣旨は、相待空に対して、独空を「絶待空」に当てはめるのである。空に相待・絶待(本文では待・不待とある)があるなら、妙にも同じく相待・絶待が当然あると言っている点が興味深い。『法華宗要序』の引用では、「体は精麁を絶す」とある点が絶待妙に通じるのであろう。『注法華経』の引用では、「妙法」について、相対概念による把捉を突破超越したものであると解釈しているが、この点が絶待妙に通じると考えられたのであろう。吉蔵が最後に、絶待妙について、長安の鳩摩羅什門下の伝統的解釈であると結論づけている点は注目される。少なくとも吉蔵においては、絶待妙は自己の独創と誇るようなものではなく、彼の尊敬する学系の伝統説であると受け止められていたのである。最後に、第五の無麁妙は、これは釈尊の住する娑婆世界＝穢土の話ではなく、声聞や縁覚という麁なる存在がなく、菩薩という妙なる存在のみある浄土における法門を指したものである。

これらの五妙が順序をなしているとあるが、少なくとも前の三妙の順序は説法の時間的順序に基づいている。また、前の四妙は穢土、第五無麁妙は浄土の教えを指しているので、「十方三世の諸仏の浄穢二土の一切の教門を摂す」と言っているのである。

## (八) 『法華経』と仏性

【訳】 質問。この経は正面から果妙を明らかにしていることが分かったが、また因妙をも明らかにすることができるか。

解答。ある人が「この経は因を明かすが、まだ仏性を明らかにしていない。ただ万善という縁因によって成仏することを明かしているだけである。以前の三乗の因と比べて、妙と名づけるが、もし後の『涅槃経』の仏性という〔成仏の〕正因に比べると、まだ妙ではないのである」と言っている。今、十種の文の意義によってこれを推しはかると、この解釈と同じではない。

【訓読】 問う。已に知る、此の経には正しく果妙を辨(1)ず。亦た因妙をも辨ずることを得るや。

答う。有る人言わく、「此の経には因を明かせども、未だ仏性を辨ぜず。但だ万善の縁因成仏を明かすのみ。前の三乗の因に望むが故に名づけて妙と為すも、若し後の『涅槃』の仏性正因に望まば、未だ是れ妙ならざるなり」と。今、十種の文義を以て之れを推するに、此の釈に同じからず。

【注】 (1)底本の「辨正」を甲本によって「正辨」に改める。

【解説】 これまで、経題の「妙」は一乗＝仏乗が妙であることを意味することを明らかにし、さらに、この捉え方が吉蔵以前の解釈とどのように相違しているかを示してきた。一乗は因と果との両面を備えているが、一乗によって到達する果の側面に着目すると、果＝仏身が無常であるか、覆相して常住であるか、顕了に常住であるかという吉蔵以前の三種の学説が厳しく批判されたのである。結論的には、『法華経』の説く仏身は常・無常という相対概念を越えたものであることと、言葉による表現を認める相対的次元では、無常なる仏身ではなく、あくまで常住の仏身を説いているというものであった。これが「果妙」(妙なる果の意)である。そこで、次に、一乗の因の側面に着目して、『法華経』が因妙(妙なる因の意)を明かしているかどうかが新しい問題として設定されるのである。因妙とは具体的に言うと、『涅槃経』に説かれる仏性のことである。仏性という概念は、インドにおいて四世紀頃に成立したと推定される大乗の『涅槃経』にはじめて説かれるのであるから、『法華経』に仏性という用語がないのは当然なのであるが、ここでは、衆生が成仏する根拠としての仏性が思想として『法華経』に説かれるかどうかが議論される。仏性はブッダ・ダートゥ(buddha-dhātu)の漢訳で、仏としての本質の意である。これが衆生に内在すると『涅槃経』は説くのである。「一切衆生悉有《しつう》仏性」(一切衆生に悉く仏性有り)は『涅槃経』の有名なスローガンである。

さて、中国の南北朝時代の代表的な教判の一つである五時教判においては、『涅槃経』は第五時の常住教と規定され、同帰教と規定された第四時の『法華経』よりも高い地位を占めていた。この常住教という名称から、『涅槃経』は仏身の常住を説くが、『法華経』は説かないということが、二経の優劣比較の基準となっていることが容易に推定される。これに対する吉蔵の批判は上に述べた通りである。では、二経の比較において、仏性の説・不説が基準となっているかどうかと言えば、吉蔵が『三論玄義』において紹介する五時教判においてはまったく言及されていない。ただし、『法華玄論』巻第二に「旧云わく、此の経は但だ縁因成仏を明かすのみにして、未だ仏性正因を明かさず」（大正三四・三七四上）とあり、『法華経』は「仏性正因」を明かさないという旧説を紹介、批判している。『涅槃経』（『南本涅槃経』巻第二十六、師子吼菩薩品、「因に二種有り。一には正因、二には縁因なり」（大正一二・七七五中）。また、「正因とは名づけて仏性と為す。縁因とは発菩提心なり」（同前・七七八上））に説かれる正因とは成仏するための中心的な原因である仏性を意味する。縁因とは成仏するための補助的な原因を意味し、すべての善がそれに当たるので、「万善の縁因」と言われるのである。智顗は『涅槃経』に基づいて、独自に三因仏性の説を立てたが、それによれば、仏教的真理である真如を正因仏性、真如を認識する智慧を了因仏性、成仏のために補助的役割を果たす善行を縁因仏性とそれぞれ呼ぶ。

さて、本文の「ある人」、『法華玄論』の旧説とはいったいだれの学説なのかについて、吉蔵は言及していないが、智顗の『法華玄義』巻第一下には法雲を批判するなかで、「那《な》んぞ忽《たちま》ち法華に一乗を明かすは是れ了にして、仏性を明かさざるは是れ不了なりと言うや。那んぞ復た法華に縁因を明かすは是れ満にして、了因を明かさざるは是れ不満なりと言うや（どうして軽々しく『法華経』に一乗を明かしている点は了義であるが、仏性を明かしていない点は不了義であると言うのか。どうしてまた『法華経』に縁因仏性を明かしている点は完全であるが、了因仏性を明かしていない点は不完全であると言うのか）」（大正三三・六九一下―六九二上）と述べ、『法華経』が仏性を明かしていないという法雲説を批判している。智顗の三因仏性説によれば、縁因を明かしているが、了因を明かしていないとする。了因は正因＝真如を悟る智慧のことであるから、了因のみでなく、正因をも明かしていないことになると考えられる。

したがって、吉蔵の紹介する学説も法雲の説を指している可能性は十分にあると言えよう。ところで、法雲の『法華義記』を参照すると、『法華経』が仏性を明かしていないことをことさらに指摘した文章を見出すことはできない。ただし、『法華義記』巻第一に「涅槃経に亦た言わく、護法もて金剛の身を得、不殺もて長霊の報を感ず、と。双べて縁正の両因を明かし、具さに仏果の業を述ぶ」（大正三三・五七四中）と述べ、『涅槃経』に縁因と正因の二仏性を説いていることを強調しているのは、逆に『法華経』にはそのような説がないことを示したものと受け取ることができる。

一方、浄影寺慧遠の『大乗義章』教迹義《きょうしゃくぎ》に紹介される劉虬の五時教判においては、「四に仏、成道し已わりて、四十年の後、八年の中に於て、法華経を説き、一乗を辨明し、三を破して一に帰す。未だ衆生に同じく仏性有りと説かず。但だ如来は前、恒沙を過ぎ、未来、数に倍するを彰《あら》わし、仏常を明かさず。是れ不了教なり。五に仏、滅度に臨んで、一日一夜、大涅槃を説き、諸の衆生は悉く仏性有り、法身は常住なりと明かす。是れ其れ了義なり」（大正四四・四六五上）とあるように、仏身の常住ばかりでなく、仏性の説・不説をも基準として、『法華経』と『涅槃経』の優劣を判定している。これは注目すべき資料であるが、吉蔵自身は劉虬の五時教判については何ら言及していない。

要するに、吉蔵の紹介する五時教判においては、仏性の説・不説が『法華経』と『涅槃経』との優劣比較の基準であることについては言及されていないが、法雲の説と推定される旧説として、『法華経』は仏性を明かしていないとする法華経観を紹介しているので、おそらく吉蔵以前には、『法華経』は仏性を説かないという点が『涅槃経』より劣る一つの理由として挙げられていたのであろう。しかし、大乗経典はすべて道（仏教的真理）を明かす点で平等であるという吉蔵の経典観からすれば、上のような法華経観は許されるはずもなく、吉蔵は彼の法華疏のなかで、『法華経』にも思想的、原理的には仏性が説かれていることを論証しようと努力した。『法華遊意』においても、以下に述べるように、十種の根拠を挙げて、『法華経』に仏性が説かれることを論じている。

【訳】　第一に、大乗にもし三つあれば、三つの性があることになる。道理としてただ一仏乗だけである以上、それゆえただ一つの仏性があるだけである。

第二に、もしこの経は、ただ善人には仏性があるが、悪人には仏性がないと明かすだけであるから『涅槃経』と異なると言うならば、常不軽菩薩が増上慢の四衆の悪人を見て「私はあなたがたを軽んじない。あなたがたは菩薩道を修行してきっと成仏する」と言う。『法華論』には「すべての衆生にみな仏性があることを示すので、すべて当然成仏するであろう」と解釈している。このことから推しはかると、善人だけに仏性があるのではないことが分かる。さらにまた、譬喩品の信を勧める文には「あなたがたがもしこの言葉を信受することができるならば、すべてみな当然仏の悟りを完成することができるであろう」とある。これは明らかにすべてが成仏することを説いている。どうして悪人を排除するであろうか。

第三に、もしこの経にはただ一乗という名称があるだけなので、仏性を明かさないとするならば、思うにこれは一つの法が多くの名称をもつということをまだ認識していないから、この誤りを犯しただけである。『涅槃経』には「仏性に五つの名称がある」とある。一乗は五つの〔名称の〕なかの一つである。さらにまた「仏性はまた一でもあり一でもない。どうして一とするのか。すべての衆生は同じく一乗であるから、一とする。どうして一でないとするのか。数えられる法ではないからである」とある。そこで仏性と一乗とはいずれも別名であることが分かる。

【訓読】　一には大乗に若し三有らば、則ち三性有り。既に道理として唯だ一仏乗のみなれば、所以に唯だ一仏性のみなり。

二には若し此の経には但だ善人に仏性有り、悪人に仏性無しと明かすのみなれば、『涅槃経』に異なると言わば、常不軽菩薩、増上慢の四衆の悪人を見て云わく、「我れ、汝等を軽んぜず。汝等は菩薩道を行じて、必ず当に作仏すべし」(1)と。『法花論』に釈して云わく、「一切衆生に皆な仏性有りと示すが故に、悉く当に作仏すべし」(2)と。此れを以て之れを推するに、善人のみ独り仏性有るには非ずと知る。又た譬喩品の勧信の文に云わく、「汝等、若し能く是の語を信受せば、一切皆な当に仏道を成ずることを得べし」(3)と。此れは分明に一切成仏すと説く。豈に悪人を簡ばんや。

三には若し此の経には但だ一乗の名のみ有るが故に、仏性を明かさずば、蓋し是れ未だ一法多名を識らざるが故に、此の謬りを生ずるのみ。『涅槃』に云わく、「仏性に五名有り」(4)と。一乗は則ち五の中の一なり。又た言わく、「仏性は亦た一にして、非一なり。云何んが一と為すや。一切衆生は同じく一乗なるが故に一と為す。云何んが非一なるや。数法に非ざるが故なり」(5)と。則ち知る、仏性と一乗とは皆な是れ異名なり。

【注】　(1)『法華経』常不軽菩薩品、「我深敬汝等、不敢軽慢。所以者何。汝等皆行菩薩道、当得作仏」(大正九・五〇下)を参照。　(2)『法華論』巻下、「菩薩記者、如下不軽菩薩品中示現。応知。礼拝讃歎作如是言、我不軽汝汝等皆当得作仏者、示現衆生皆有仏性故」(大正二六・九上)を参照。　(3)『法華経』譬喩品、「汝等若能　信受仏語　一切皆当　成得仏道」(大正九・

一五上)を参照。(4)二一六頁注(1)参照。(5)『南本涅槃経』巻第二十五、師子吼菩薩品、「仏性者、亦色、非色、非色非非色。亦相、非相、非相非非相。亦一、非一、非一非非一。……云何為一。一切衆生悉一乗故。云何非一。説三乗故。云何非一非非一。無数法故」(同前・七七〇中―下)を参照。原文には脱落がある。

【解説】第一の根拠。教法(乗)と、その教法を受ける衆生の本性(性)との対応関係に基づいて、もし三種類の大乗があれば三性があることになるが、真実には一仏乗しかないのであるから、性も唯一であり、これが仏性にほかならないというものである。三性とは、声聞乗によって阿羅漢となるべき本性(決定声聞種性)、縁覚乗によって縁覚(辟支仏)になるべき本性(決定縁覚種性)、仏乗によって仏となるべき本性(仏性)の三つを言ったものであろう。『法華経』はすべての衆生が成仏することのできる一仏乗を説くのであるから、その成仏の根拠として唯一の仏性を説いているはずであるというもので、無仏性説に対する批判として妥当性を持ちうる。

第二の根拠。『法華経』無仏性説を修正した説、すなわち、善人の仏性を説くが、悪人の仏性を説かないとする説を取り挙げて批判している。常不軽菩薩が増上慢の四衆(悪人)に成仏の記別を授けている文を引き、さらに、その文に対する『法華論』の解釈、すなわち、一切衆生に仏性があることを示すという解釈を参照して、『法華経』は悪人を排除していないと結論づけている。次に、一切の成仏を明かす譬喩品の文を引いて、悪人を排除していないことを重ねて明かしている。批判として有効性を持ちうる。

第三の根拠。『法華経』に仏性という用語は出ていないが、一乗がとりもなおさず仏性の異名であるというものである。これは『涅槃経』自身に、一乗＝仏性とあるのであるから、批判として有効性を持ちうる。

【訳】 第四に、例を引用してこれを解釈する。もしこの経に仏性という言葉がないことがとりもなおさずまだ仏性を明かしていないことであると言うならば、『涅槃経』や『華厳経』には八識という名称はないし、また変易の生死という言葉もないので、『涅槃経』や『華厳経』には当然まだ八識や二つの生死を明かしていないはずである。

第五に、『宝性論』には「究極的な一乗の経には、如来蔵があることや三宝に区別のないことを説く」とある。この経（『法華経』）は究極的な一乗を明らかにする以上、また如来蔵をも明らかにしていることが分かる。それゆえ信解品に「ところが〔仏は〕私のためには『あなたがたには当然如来の知見、宝の蔵の分け前があるだろう』ということを説いてくれなかった」とあるのは、その証拠である。

第六に、『中論』四諦品には「熱心に努力して悟りを修行するけれども、もし先に仏性がなければ、最終的に成仏することができない」とある。長行には「鉄に金の性質がなければ、鍛錬しても、最終的に金にはならない」と解釈している。もしこの経に仏性を明かさないならば、あらゆる善を修行しても成仏することができない。

第七に、天親が『金剛般若経』を解釈しているが、それでさえ仏性を明かしている。ましてや『法華経』はなおさらである。

【訓読】 四には例を引いて之れを釈す。若し此の経に仏性の語無きは即ち是れ未だ仏性を明かさずと言わば、『涅槃』・『花厳』に八識の名無く、亦た変易生死の語も無ければ、則ち『涅槃』・『花厳』は応に未だ八識及び二の生死を明かさざるべきなり。

五には『宝性論』に云わく、「究竟一乗経に、如来蔵有り、及び三宝に差別《しゃべつ》無しと説く」(1)と。此の経に既に究竟一乗を明かせば、則ち知る、亦た如来蔵をも辨ず。故に信解品に云わく、「而も我が為めに『汝等当に如来の知見、宝蔵の分有るべし』とは分別せず」(2)と。其の証なり。

六には『中論』四諦品に云わく、「復た懃《つと》めて精進し菩提の道を修行すと雖も、若し先に仏性無くんば、終に成仏することを得ず」(3)と。長行に釈して云わく、「鉄には金性無ければ、復た鍛錬すと雖も、終に金を成ぜず」(4)と。若し此の経に仏性を明かさずんば、万善を修すと雖も、成仏することを得ず。
七には天親、『金剛波若』を釈するに、尚(5)お已に仏性を明かす(6)。況んや『法花』をや。

【注】(1)『究竟一乗宝性論』巻第一、「無障浄智者　如実見衆生　自性清浄性　仏法僧境界」(大正三一・八二三下)、「究竟一乗宝性論一切衆生有如来蔵品第五」(同前)を参照。(2)『法華経』信解品、「不為分別汝等当如来知見宝蔵之分」(大正九・一七中)を参照。(3)『中論』巻第四、観四諦品、「雖復勤精進　修行菩提道　若先無仏性　不応得成仏」(大正三〇・三四上)を参照。(4)『中論』巻第四、観四諦品、「以先無性故、如鉄無金性雖復種種鍛煉終不成金」(同前)を参照。(5)底本の「上」を甲本によって「尚」に改める。(6)正確な出典は未詳であるが、天親菩薩造・菩提流支訳『金剛般若波羅蜜経論』巻上に「仏有三種。一者法身仏。二者報仏。三者化仏」(大正二五・七八四中)と三身に言及しているのを参照。

【解説】　第四の根拠。仏性という用語がないからといって、仏性について説かれていないと短絡することはできないというものである。実例として、『涅槃経』や『華厳経』に『解深密経』に出る八識(眼・耳・鼻・舌・身・意の六識と第七末那《まな》識、第八阿頼耶《あらや》識)という用語や、『勝鬘経』に出る変易の生死(分段の生死と合わせて二種の生死という)という用語がないからといって、それらについて説いていないとは言えないであろうというのが、吉蔵の言いたいことである。しかし、これはあまり説得力のない議論である。

第五の根拠。究竟一乗経(これは経典の固有名ではないと考えられる)には如来蔵(如来の胎児の意で、仏性と同義)が説かれるという『究竟一乗宝性論』を引用して、一乗を説く『法華経』はその経に該当するから、当然如来蔵について説いているはずであるというものである。吉蔵は信解品において、仏がかつては声聞たちのために「如来の知見、宝蔵の分」を説いてくれなかったという文に基づいて、「如来の知見、宝蔵の分」を如来蔵と同一視し、これが今『法華経』において説かれたのであると解釈しているのである。信解品の文を如来蔵と同一視するのは問題であるが、『究竟一乗宝性論』の引用には、ある程度の説得力があると言えよう。もちろん、理論的な説得力ではなく、仏教内部の議論として、インドの権威ある論書を引用するという点においてである。

第六の根拠。成仏するためには、その根拠として仏性がなければならないという論理に基づいて、『法華経』において万善成仏が説かれる以上、当然仏性が説かれているはずであるというものである。

第七の根拠。天親の解釈を援用しながら、『法華経』以前に説かれた『金剛般若経』にすでに仏性が説かれたのであるから、当然『法華経』にも説かれているはずであるというものである。当時は、説時の前後について、『金剛般若経』の後に『法華経』が説かれたという共通認識があったので、この議論もある程度の妥当性を持ちうる。

【訳】 第八に、『涅槃経』に引用する『摩訶般若経』には「我と無我とには二つの相はない」とある。これは衆生の無我と仏性の真我とにはそれ以上相違がないことを明かしている。『大品般若経』に仏性を明かしているのであるから、まして『法華経』はなおさらである。

第九に、そもそも仏性を見てはじめて常住の身を獲得する。寿量品に常住を明かす以上、どうしてこの経に仏性を明かさないことがあろうか。

第十に、人の言葉は信頼しにくく、聖人の言葉は信じるのが適当である。天親の『法華論』は七箇所で仏性を明かしている。第一に方便品には「ただ仏と仏だけがやっと諸法の真実の様相を究め尽くすことができる」とある。『〔法華〕論』には「諸法の実相とは、如来蔵と法身との本質は不変であるからである」とある。乃至、法師品を解釈して「仏性の水から遠くないことが分かるからである」と言っている。

十種の文の意義によって推しはかると、すぐにこの経が仏性を明かしていることが分かる。つまり、因門が究極的であることが因妙を意味するのである。

【訓読】八には『涅槃経』に引く『摩訶波若』に云わく、「我と無我とに二相有ること無し」(1)と。此れは衆生の無我と仏性の真我と、更に異なり有ること無しと明かす。而も『大品』に已に仏性を明かす。況んや『法花』をや。

九には夫れ仏性を見て、方に常身を得。寿量品に既に常を明かせば、豈に此の経に仏性を明かさざることを得んや。

十には人語は依り難く、聖語は宜しく信ずべし。天親の『法花論』に七処に仏性を明かす(2)。一には方便品に云わく、「唯だ仏と仏とのみ乃ち能く諸法の実相を究尽《くじん》(3)す」(4)と。『論』に云わく、「諸法の実相とは、謂わく、如来蔵法身の体不変なるが故なり」(5)と。乃至、法師品を釈して云わく、「仏性の水を去ること遠からずと知るが故なり」(6)と。

十種の文義を以て往推するに、即ち知る、此の経に已に仏性を明かす。即ち因門究竟するを因妙と謂うなり。

【注】(1)『南本涅槃経』巻第八、如来性品、「如我先於摩訶般若波羅蜜経中説我無我無有二相」(大正一二・六五二下)を参照。(2)吉蔵のいう『法華論』における仏性を明かす七処については、学者によってその文が特定されている。(3)底本の「究竟尽」を甲本によって「究尽」に改める。(4)『法華経』方便品、「唯仏与仏乃能究尽諸法実相」(大正九・五下)を参照。(5)『法華論』巻下、「言実相者、謂如来蔵法身之体不変義故」(大正二六・六上)を参照。(6)『法華論』巻下、「得仏性水、成阿耨多羅三藐三菩提故」(同前・一〇上)を参照。

【解説】　第八の根拠。『大品般若経』に仏性が説かれていると解釈した上で、『法華経』以前に説かれた『大品般若経』に仏性が説かれているのであるから、当然『法華経』にも説かれているはずであるというものである。実際には『大品般若経』にも仏性という用語は出ないので、あまり説得力はないが、『大品般若経』と仏性を結びつけているのは『涅槃経』自身であるから、解釈としてはある程度の有効性を持ちうると思われる。

第九の根拠。仏性を見てはじめて常住の仏身を獲得できるという前提に立って、寿量品に仏身の常住を明かしている以上、仏性を説いているはずであるというものである。仏だけが仏性を明瞭に見ることができるという『涅槃経』の説に基づいた議論であると思うが、ある程度の説得力を持ちうると思う。

第十の根拠。天親の『法華論』を権威として引用している。つまり、天親によれば、『法華経』の七箇所の文が仏性を説いているからである。本文では、方便品と法師品の文の解釈を引用している。

これまで十種の根拠を挙げてきたが、『法華経』に仏性という用語がないのは見やすい事実であるから、吉蔵はさまざまな理由を挙げて仏性が原理的に説かれているはずであることを論証しようとしたのである。仏性があるから、成仏できるという当時の共通認識を承認すれば、吉蔵の議論はある程度の説得力を持ったものと評することができると思われる。

以上、妙と法の解釈を見てきた。法が果という点でも因という点でも妙であることを述べている。具体的に言えば、『法華経』には果妙としての仏身の常住と因妙としての仏性とが明かされていることを種々の視点から論証しようとしている。吉蔵の経題の解釈は、この仏身の常住と仏性の考察であり、これはそれぞれ『法華経』の後分の身の真実、初分の乗の真実と直結するテーマなのである。

## (九) 蓮華の解釈

### (1) 法と譬喩

【訳】 次に蓮華を解釈する。『経』に「名称・様相を越えた法について、衆生のために名称・様相を借りて説く」とある。衆生にこの名称・様相に基づいて名称・様相を越えたものを悟らせようとすることは、思うにこれは下に教えを与えることの根本中心であり、多くの聖人たちの本心である。名称・様相を越えたものについて名称・様相を借りて説く理由は、『大品般若経』に「すべての衆生はみな名称・様相のなかに留まっている。今、その名称・様相を止めようとするので、名称・様相を借りて名称・様相を越えたものを悟らせる」とある通りである。

共通性の立場から言えば、妙法と蓮華はいずれも名称・様相である。それゆえ『〔法華〕経』に「妙法蓮華という名の大乗経を説く」とある。個別性に準拠して言えば、妙法は名称を越えた名称であり、蓮華は様相を越えた様相である。それゆえこの経の題名は、法と喩えとをどちらも取り挙げ、名称と様相とをともに並べているのである。

【訓読】次に蓮華を釈す。『経』に言わく、「無名相の法を、衆生の為めの故に名相を仮りて説く」⑴と。衆生をして此の名相に因りて無名相を悟らしめんと欲するは、蓋し是れ教を垂るるの大宗にして、群聖《ぐんじょう》の本意なり。無名相の中に名相を仮りて説く所以は、『大品』に云うが如し、「一切衆生は皆な是れ名相の中に行ず。今、其の名相を止《とど》めんと欲するが故に、名相を借りて無名相を悟らしむ」⑵と。

通じて言わば、妙法と蓮華とは皆な悉く是れ名相なり。故に『経』に云わく、「大乗経の妙法蓮華と名づくるを説く」⑶と。別に拠りて言わば、妙法は則ち是れ無名にして名、蓮花は是れ無相にして相なり。故に此の経の題は、法と喩と双べて挙げ、名と相と倶に陳《の》ぶるなり。

【注】⑴八三頁注⑵参照。⑵正確な出典は未詳であるが、『大品般若経』巻第二十四、善達品、「衆生但住名相虚妄憶想分別中。是故菩薩行般若波羅蜜、於名相虚妄中抜出衆生」（大

正八・三九八中)を参照。(3)『法華経』序品、「今日如来当説大乗経名妙法蓮華教菩薩法仏所護念」(大正九・四中)を参照。

【解説】本項は、経題の「蓮華」の解釈である。はじめに名称・様相を越えた究極的次元を衆生に悟らせるために、あえて名称・様相を借りて、それらを越えた究極的次元を説き示すという、吉蔵の基本的考えを明示している。その上で、名称と様相を区別しない立場からは、妙法と蓮華はいずれも名称・様相であり、名称と様相とを区別する立場からは、妙法は名称を越えた名称であり、蓮華は様相を越えた様相であることを明かしている。そして、結論として、『法華経』の経題は、妙法という法と蓮華という譬喩とが並列し、また、妙法という名称と蓮華という様相が並列していると述べている。

### (2) 分陀利(プンダリーカ)とは何か

【訳】旧説に「外国では分陀利と呼び、ここでは蓮華と翻訳する」とある。今思うに、分陀利は必ずしも蓮華と翻訳しない。『涅槃経』には「人間のなかの蓮華、人間のなかの分陀利華」とある。それらが二つとも出ている以上、相違するようである。今思うに、蓮華が通名であり、分陀利が別称である。そうであると分かる理由について、全部で五つの証

## 菅野博史（かんの　ひろし）

1952年福島県に生まれる。1976年東京大学文学部卒業。1984年東京大学大学院博士課程単位取得退学。1994年博士（文学、東京大学）。創価大学大学院文学研究科教授、公益財団法人東洋哲学研究所副所長、中国人民大学客員教授。専門は仏教学、中国仏教思想史。著書・訳書に『中国法華思想の研究』（春秋社）、『南北朝・隋代の中国仏教思想研究』（大蔵出版）、『中国仏教の経典解釈と思想研究』（法藏館）、『法華文句』Ⅰ～Ⅳ〔第三文明選書〕、『現代語訳　法華玄義』上・下（東洋哲学研究所）、『法華経入門』（岩波書店）など

法華《ほっけ》とは何《なに》か
『法華《ほっけ》遊意《ゆうい》』を読《よ》む

二〇二五年一月一五日　初版第一刷発行

著　者　菅野博史
発行者　西村明高
発行所　株式会社法藏館
京都市下京区正面通烏丸東入
郵便番号　六〇〇-八一五三
電話　〇七五-三四三-〇〇三〇（編集）
〇七五-三四三-五六五六（営業）

装幀者　熊谷博人
印刷・製本　中村印刷株式会社


ISBN 978-4-8318-2686-2 C1115

法蔵館文庫既刊より

価格税別

ぎ-1-1
現代語訳
南海寄帰内法伝
七世紀インド仏教僧伽の日常生活
義浄 撰
宮林昭彦
加藤栄司 訳
唐の僧・義浄がインドでの10年間にわたる留学生活で見た7世紀の僧侶の衣・食・住の実際とは。戒律の実際を知る第一級資料の現代語訳。原書は、鈴木学術財団特別賞受賞。
2500円

と-1-1
文物に現れた北朝隋唐の仏教
礪波護 著
隋唐時代、政治・社会は仏教に対していかに関わり、仏教はどのように変容したのか。文物を含む多彩な史料を用いスリリングに展開される諸論は隋唐時代のイメージを刷新する。
1200円

と-1-2
馮道
乱世の宰相
礪波護 著
五代十国時代において、五王朝、十一人の皇帝に仕え、二十年余りも宰相をつとめた希代の政治家・馮道。乱世においてベストを尽くしたその生の軌跡を鮮やかに描きあげる。
1200円

さ-3-2
縁起の思想
三枝充悳 著
縁起とは何か、縁起の思想はいかに生まれたのか。そして誰が説いたのか。仏教史を貫く根本思想の起源と展開を探究し、その本来の姿を浮き彫りにする。解説＝一色大悟
1400円

お-5-1
涅槃経入門
横超慧日 著
釈尊最期の教えを伝える『涅槃経』の成立過程や思想内容をわかりやすく解説した好著。日本の仏教にも多大なる影響を与えた『涅槃経』の真髄とは何か。解説＝下田正弘
1200円